대한민국 국군 100년사

1895~1945 그리고 1945~1995

대한민국 국군 100년사

1895~1945 그리고 1945~1995

인 쇄: 2014년 6월 30일
발 행: 2014년 7월 5일

지은이: 한용원
발행인: 부성옥

발행처: 도서출판 오름
등록번호: 제2-1548호 (1993. 5. 11)
주 소: 서울특별시 서초구 서초동 1420-6
전 화: (02) 585-9122, 9123 / 팩 스: (02) 584-7952

E-mail: oruem9123@naver.com
URL: http://www.oruem.co.kr

ISBN 978-89-7778-425-3   93340

* 잘못된 책은 교환해 드립니다.
* 값은 뒤표지에 있습니다.

이 도서의 국립중앙도서관 출판예정도서목록(CIP)은 서지정보유통지원시스템
홈페이지(http://seoji.nl.go.kr)와 국가자료공동목록시스템(http://www.nl.go.
kr/kolisnet)에서 이용하실 수 있습니다. (CIP제어번호: CIP2014019008)

대한민국 국군 100년사

1895~1945 그리고 1945~1995

한용원 지음

서문

지난 2011년 6월 10일 신흥무관학교(新興武官學校) 창설 100주년 기념행사를 계기로 필자는 '신흥무관학교기념사업회'의 공동대표로서 장차 과업을 발굴하는 데에 관심을 집중시켜왔다. 그 결과 그동안 우리 독립운동사 연구에서 소홀히 여겨왔던 무장투쟁사에 대한 연구를 일층 활성화시키고, 국군의 정통성 저해요인을 발굴·척결하여 국군의 정통성과 정체성을 분명하게 찾으려는 것임을 확인하게 되었다.

이는 결국 선대(先代) 국군의 활동을 체계화시켜 이해함과 동시에 독립운동사에서 차지하는 신흥무관학교의 위상을 부각시켜야 할 것임을 말해주는 것이기도 한 것이다. 이러한 맥락에서 이 책에는 1895년부터 1945년에 이르기까지 50년간에 걸친 선대 국군의 무장투쟁사와 1945년부터 1995년까지 50년간에 걸친 대한민국 국군의 창군 및 성장사를 포괄한 우리 국군 100년사를 재조명한 내용을 담아야 할 필요를 느끼게 되었다.

선대 우리 국군은 비록 국권(國權)은 상실했지만 군권(軍權)은 빼앗기지 않고 대한제국(大韓帝國) 국군 → 의병 → 독립군 → 광복군으로 군맥(軍脈)

을 유지해오면서 국권회복을 위해 50년간에 걸친 대일항쟁을 전개하여 왔다. 이에 필자는 제2장 '대한제국 국군'에서 일제가 청·일전쟁과 러·일전쟁을 통해 대한제국을 식민지화하는 과정의 규명에 중점을 두되, 특히 대한제국 국군의 해산 과정에 유의하고자 하였다.

그리고 제3장 '의병'에서는 을미·을사·정미의병과 1910년대의 의병 등 네 차례에 걸쳐 일어난 한말 근대 의병의 활동과 정신을 종합·분석하는 데 역점을 두었다. 제4장 '독립군'에서는 독립운동의 책원지(策源地)가 되어왔던 간도(間島) 지방에서 1919년 3·1운동 후 대한제국 육군무관학교 출신 및 신흥무관학교 출신들이 중심이 되어 의병전쟁에서 독립전쟁으로 맥이 이어지도록 최선의 노력을 전개해 왔던 실상을 조명할 것이다.

제5장 '광복군'에서는 대한민국 임시정부(약칭 臨政)의 군대창설과 그 역할에 중점을 두어 접근하되, 특히 한·중 간 '한국광복군 9개 행동 준승(準繩)'을 통한 규제 강요로부터 '관어한국광복군중한양방상정판법'을 통한 규제 해제로의 이행관계를 고찰할 것이다. 이상에서의 논의와 같이 우리 선대의 국군은 일제가 대한제국의 군권과 국권을 박탈하려고 하자 이에 항거하여 제1의 창군 의병, 제2의 창군 독립군, 제3의 창군 광복군으로 그 형태를 바꾸어 가면서 50년간에 걸쳐 무장투쟁을 전개하였다. 이렇게 의병 20년, 독립군 25년, 광복군 5년 등 50년간에 걸쳐 독립운동이 전개될 수 있었던 원동력은 우리 선대 국군의 자주독립주의와 무장투쟁주의에 바탕을 둔 독립투쟁정신이었음을 확인할 필요가 있는 것이다.

다음으로 대한민국 국군의 50년간에 걸친 창군 및 성장사에 관해 논의하되, 국군의 창설과 신흥무관학교의 전통 계승에 관해 중점을 두려고 한다. 우리 국군은 우리 민족 5천년사를 지킨 모든 국군과 의병의 빛나는 전통을 계승하고 있으며, 임정(臨政)의 국군인 광복군의 전통을 직접 계승하여 탄생하였다. 그리고 우리 국군은 광복 직후부터 6·25전쟁 발발 직전까지 창설된 것으로 보는 것이 온당할 것이다.

그러므로 1940년대 후반기를 창군기(創軍期)로 보고, ①민족자생의 창군운동 과정, ②미군정(美軍政)의 경비대(警備隊) 창설 과정, ③대한민국 정부의 국군 창설 과정을 단계별로 조명할 것이다. 그리고 6·25전쟁 발발로부터 1990년대 중반 평시작전통제권을 환수받을 때까지를 국군의 성장기로 보고, 이를 1950년대 전쟁 및 정비기, 1960년대 체제 정비기, 1970년대와 1980년대 자주국방추진기로 세분하여 조명할 필요를 느낀다.

우선 창군운동 과정에서는 국권회복의 자주독립정신을 견지하고 독립투쟁 전선에 투신했던 광복군 출신들이 대중적 지지를 받게 되자 일본군 및 만주군 출신들도 '광복군을 모체로 국군을 편성'해야 한다는 데 '공동의 동의'를 하였다. 그러나 미군정이 경비대를 창설하면서 민족자생의 군사단체를 해체시키자 창군운동 세력이 분열(실리론과 명분론)된 데다가 광복군의 주력이 중국 땅에 머물고 있는 상황이어서 대한민국 국군은 광복군의 주력을 형성했던 신흥무관학교 출신들과 연계성이 결여될 수밖에 없었던 것이다.

이에 반해 미군정은 해방공간에서 광복군 출신을 도외시하고 일본군 출신을 골간으로 하여 경비대를 창설한 데다가 경비대의 조직과 육성 과정에서 검증된 군사영어학교(軍事英語學校, 약칭 軍英) 및 경비사관학교(警備士官學校, 약칭 警備士) 출신 장교들의 성장을 뒷받침해왔기 때문에 미군정과 경비대 출신 간의 연계성은 시간이 흐를수록 심화되어 갔다. 이러한 현상은 6·25전쟁 후 반공세력이 득세하고 항일세력이 뒷전으로 밀려나게 되자 더욱 공고화되었을 뿐 아니라 군영 및 경비사 출신들이 헤게모니를 장악한 국군의 리더십에서는 국군의 광복군 정통성 계승 노력을 약화 내지 변질시켰다고 볼 수 있을 것이다.

더욱이 국군은 성장 과정에서 구군부(舊軍部)의 헤게모니 시대(1961~1979)와 신군부(新軍部)의 헤게모니 시대(1980~1996)를 거침으로써 제도적 군부가 민족사적 정통성을 제고시키는 데 걸림돌로 작용하였다. 그러므로 육군사관학교가 1978년 『육군사관학교 30년사』를 펴내면서 "대한민국 육군사관학교의 연원을 밝힘에 있어 대한제국의 무관학교를 그 시초로 삼을 수는 없다. … 경비사관학교는 고난의 가시밭길을 헤치고 창군과 그 후 군 발전의 위업을 이룩한 군 간부들의 배움의 요람이었으며 명실상부한 육군사관학교의 모체였다"고 기술하여 군의 정통성을 저해시키는 한 요인으로 작용하게 만드는 결과를 빚었다.

그러나 국가와 그 기구인 군대는 정통성을 공유(共有)하는 것인데, 국가가 임정의 법통을 계승한 데 반해 국군이 광복군의 정통성을 계승하지 못했다고 한다면 이는 어불성설(語不成說)일 것이다. 그리고 국군의 전통은 의병 → 독립군 → 광복군으로 이어지는 민족독립운동의 선상에서 찾아야 하는 것이지 전통 군대의 명맥을 역사적으로 이어온 바가 없는 경비대에서 찾는 것은 연목구어(緣木求魚)나 다를 바가 없는 것이다. 이러한 맥락에서 지난날 독립군의 독립투쟁정신을 오늘의 우리 국군이 잘 계승할 수 있도록 지속적인 노력을 추진해야 할 필요가 있는 것이다.

이 책이 나온 데에는 한국의 근·현대사를 전공한 김종민 동문께서 다방면의 연구지원을 해주셨고, 도서출판 오름의 부성옥 대표가 이 책의 출판을 흔쾌히 맡아 주신 데 힘입은 바가 컸다. 그리고 최선숙 부장을 비롯한 오름 편집부 여러분의 노고 덕분이기도 하다. 여러분들께 충심으로 감사드리는 바이다.

2014년 3월 1일
지은이 한용원

차례

제7장 정통성 계승

제8장 종장

▌도표 차례

서장

I. 국군의 연원

우리 민족은 1895년 을미사변(乙未事變)으로부터 1945년 광복에 이르기까지 의병 20년, 독립군 25년, 광복군 5년 등 50년간에 걸쳐 독립운동을 전개하여 왔다. 그런데 이 같은 반세기에 걸친 독립운동사는 비록 그 운동 형태와 지도이념은 다양했으나 운동 속에 일관된 정신이 존재하고 있었으며, 그것이 바로 우리 선대들의 자주독립주의와 독립전쟁주의에 바탕을 둔 독립투쟁정신(獨立鬪爭精神)이었다. 이러한 맥락에서 대한민국 국군은 우리 민족 5천 년사를 지킨 모든 국군과 의병의 빛나는 전통을 계승하고 있으며, 특히 대한민국 임시정부의 국군인 광복군의 전통을 직접 계승하고 있는 것이다.

1948년 8월 15일 대한민국 정부가 수립되어 대한민국 국군이 창설되자 미군정의 경비대가 국군에 편입되고, '육·해·공군 출신 동지회' 회원들이

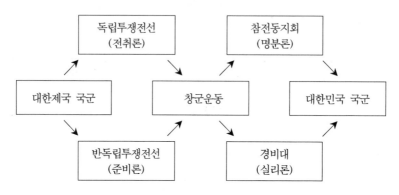

〈도표 1〉 창군 과정의 전개

국군에 입대함으로써 해방공간에서의 창군운동 세력은 〈도표 1〉과 같이 대한민국 국군으로 합류하였다. 즉 우리 국군의 창군 과정은 독립의 전취론(戰取論)을 견지했던 광복군 출신들과 독립의 준비론을 견지했던 일본군 및 만주군 출신들이 해방공간에서 함께 만나 창군운동을 전개하면서부터 시작되었으며, 그 과정에서 '광복군모체론(光復軍母體論)'에 공동의 동의를 창출한 바 있었다. 그러므로 미군정의 경비대 창설로 인해 비록 실리론자들은 제도권 내에서, 명분론자들은 제도권 밖에서 각각 활동하였지만 대한민국 정부가 수립되고 국군이 창설되자 국군에 합류하여 광복군의 후예가 되었다.

1905년 11월 을사조약(乙巳條約)이 일제에 의해 강제로 체결돼 우리의 외교권이 일본에게 박탈당하자 우리 민족은 일제에 저항하는 국권회복운동을 의병활동과 애국계몽운동의 양면에서 전개하여 왔다. 그리고 이러한 활동을 전개하기 위해 1907년 4월 20일 양기탁(梁起鐸), 이동휘(李東輝), 전덕기(全德基), 이동녕(李東寧), 이갑(李甲), 유동열(柳東說), 안창호(安昌浩) 등 7명은 극비리에 회합을 통해 비밀결사 신민회(新民會)를 창립하였다. 그러므로 신민회를 창립한 세력은 ①『대한매일신보』를 중심으로 한 집단(양기탁, 박은식, 신채호, 임채정 등), ②상동교회와 그 부설기관인 상동청년학원을 중심으로 한 집단(전덕기, 이동녕, 이회영, 이준, 김병헌, 김구, 김진호, 이용태 등), ③무관 출신 집단(이동휘, 이갑, 유동열, 노백린, 조성환, 김희선 등), ④평안도 일대의 상인·실업인 집단(이승훈, 안국태 등), ⑤미국에서 활동하던 공립협회 집단(안창호, 이강, 정재관, 임준기, 김성무 등) 등으로 형성되었다1)고 할 것이다.

신민회의 이상설(李相卨)과 이회영(李會榮)은 1908년부터 국외에 독립운동기지를 건설하고 무관학교를 설립하여 독립군 장교를 양성하는 문제를 검토하기 시작했는데, 이회영의 경우 대한제국 육군장교 출신 김형선(金瀅璇)·이관직(李觀稙)·윤태훈(尹泰勳) 등과 만주(滿洲)에서 독립군을 양성하는 문제에 관해 수차 논의한 연후 그를 따르는 의병장 출신 이기영(李冀永)·성재구(成載九)와 대한제국 장교 출신 장유순(張裕淳)·이관직·윤태훈 등과 동지를 모으는 일에 관해서도 수차에 걸쳐 논의하였다. 그리고 그들은 신민회가 독립군 기지를 유하현(柳河縣) 삼원포(三源浦)에 설치하기로 결정하자 김형선·이장녕(李章寧)·이관직 등 대한제국 장교 출신들과 더불어 삼원포로 망명해 왔다. 그런데 삼원포로 집단 망명한 인사들은 전국적 인사들로 구성되었다.2) 다시 말하면 망명자들은 서북 출신 양기탁·안태국(安泰國)·이동휘·노백린(盧伯麟)·유동열·이갑·김구(金九) 등 이외에 전덕기·이회영·이시영(李始榮)·조성환(曺成煥)[이상 서울], 주진수(朱鎭洙)[강원도], 이동녕[충남 천안], 신채호(申采浩)[충북 청원], 이상룡(李相龍)·김대락(金大洛)·황호(黃濩)·김동삼(金東三)[이상 경북 안동], 이건승(李建昇)[경기 강화] 등 전국적 인사들이었다.

이들 집단 망명자들은 '독립전쟁전략'의 추진을 위해 삼원포에 신한촌(新韓村)부터 건설하기로 하였다. 그러나 이 사업이 구체적인 실천에 들어가기 전인 1909년 10월 26일 안중근(安重根)의 이토 히로부미(伊藤博文) 격살사건이 일어나 안창호 등 신민회의 간부들이 일제의 헌병대에 구금되었다가 1910년 2월에 석방된 사건이 발생하였다. 그러므로 신민회의 간부회의에서는 일제 헌병대에 구속되었던 간부들이 원칙적으로 국외로 망명하여 독립전

1) 국가보훈처, 『100년만의 만남 신흥무관학교』(2011), 9쪽.
2) 이기동, 『비극의 군인들』(일조각, 1982), 175쪽.

쟁의 수행을 위한 신한촌 건설 사업을 담당하도록 하는 것이 좋겠다는 의견 집약이 이루어졌다고 한다. 아울러 이회영, 이상룡, 이동녕 등 민족지도자들이 삼원포의 신한촌 건설에 앞장서는 것이 좋겠다는 의견 집약도 이루어졌고, 따라서 이들은 각 도에서 자원한 100여 호가 1910년 말로부터 1911년 초에 이르기까지 이곳으로 이주하여 신한촌 건설에 참여하도록 유도하였다. 이러한 노력의 결과 1911년 4월 교민 자치단체인 경학사(耕學社)가 조직되고, 6월에는 그 산하에 사관양성기관인 신흥강습소가 창설되었다.

신흥강습소(신흥무관학교)에서는 대한제국 육군무관학교 출신들이 중심이 되어 1920년 8월 공식적으로 폐교될 때까지 10년가량 지속적으로 정규군과 같은 독립군의 무관을 양성하여 3,500여 명을 배출할 수 있었다. 따라서 대한제국 육군무관학교 출신들의 지도하에 성장한 신흥무관학교 출신들은 1920년 10월 청산리전투(靑山里戰鬪) 후로부터 독립군을 관장하고 독립전쟁을 주도할 수 있었다. 그러므로 신흥무관학교 출신들은 독립군을 있게한 원동력을 제공했을 뿐 아니라 독립전쟁을 주도한 원동력을 제공한 것으로 보아야 할 것이다. 이러한 맥락에서 대한민국 국군은 우리 민족 5천 년사를 지킨 모든 국군과 의병의 빛나는 전통을 계승하고 있는 것으로 보아야 하고, 특히 대한민국 임시정부의 국군인 광복군의 전통을 직접 계승하고 있는 것으로 보지 않을 수 없는 것이다.

그럼에도 불구하고 『육군사관학교 30년사』와 『육군사관학교 50년사』에서는 "대한민국 육군사관학교의 연원을 밝힘에 있어 대한제국 육군무관학교를 그 시초로 삼을 수는 없다. … 육군사관학교는 1946년 5월 1일 창설된 경비사관학교를 그 시발점으로 삼아야 할 것이다"고 기술하고, "경비사관학교는 고난의 가시밭길을 헤치고 창군과 그 후 군 발전의 위업을 이룩한 군 간부들의 배움의 요람이었으며, 명실상부한 육군사관학교의 모체였다"고 강조하였다.[3] 그리고 "우리 국군의 태동기에 공적으로 설립된 최초의 군 간부 양성기관이라는 측면에서 본다면 경비사관학교의 전신인 군사영어학교까지

---

3) 육군사관학교, 『육군사관학교 30년사』(1978), 68쪽.

소급하지 않을 수 없다"고 부연하였다.

　이러한 주장은 우리 민족의 역사가 "대한제국의 붕괴와 일제의 식민통치로 인해 단절되어 광복 후 신생 대한민국 국군의 창건에는 아무런 연대(連帶)나 영향을 미치지 못하였다"는 인식이 전제되어 있는 것이다. 다시 말하면 ①육군사관학교에서는 대한제국 붕괴와 일제의 식민통치를 내세워 역사의 단절론을 강조할 뿐 아니라 "육군사관학교는 대한제국 무관학교와는 아무런 연대가 없다"고 주장한다.

　②그리고 육군사관학교에서는 한말의 무관학교와 독립전쟁기의 무관학교들이 법제사적 측면에서 볼 때 광복 후 육군사관학교 창설과는 연대성이 없었던 데 반해서 "경비사관학교와는 공고한 연대성을 확립함으로써 '경비사관학교가 명실상부한 육군사관학교의 모체'가 되었다"고 주장한다.

　③나아가 육군사관학교에서는 소위 '전통위원회'가 중심이 되어 국민의 정서와는 괴리되는 개념으로 정통성의 개념을 변질시켰다. 육군사관학교에서는 국가와 그 기구인 군대가 정통성을 공유한다는 사실을 외면하고, 국군의 전통을 의병 → 독립군 → 광복군으로 이어지는 민족독립운동의 선상에서 찾으려고 하지 않으며, 심지어 정통성의 개념을 목적보다 수단에 그 중요성을 부여하였다.

　그러나 주지하듯이 우리의 국민 정서는 첫째, 국가와 그 기구인 군대는 정통성을 공유하는 것으로 보아 국가가 임시정부의 법통을 계승했다면 국군은 의당 광복군의 정통성을 계승한 것으로 인식하고, 둘째, 우리 국군의 군맥이 의병 → 독립군 → 광복군으로 이어진다고 보아 전통 군대의 명맥을 역사적으로 이어온 바가 없는 미군정의 경비대에서 결코 찾지 않으며, 셋째, 정통성의 개념을 수단적 차원이 아닌 목적적 차원에서 부여해 왔었다.

　그런데 육사에서 이 같은 주장을 하게 된 배경요인 속에는 역사의 단절론보다 더 큰 압력으로 작용했던 당시의 환경여건의 영향이 있었기 때문이라고 생각된다. 첫째, 미군정은 일본군 출신이 대종(大宗)을 이룬 경비대를 창설하여 대한민국 국군이 '경비대모체론'을 신봉하는 상황이 전개되어가도록 부채질했다고 볼 수 있는 것이다.[4]

둘째, 군영 출신이 국군의 헤게모니를 장악한 가운데 제7대 육군참모총장 (1952.7.23~1954.2.13) 백선엽(白善燁) 장군이 광복군 출신을 육사 교장으로 임명하는 관례를 폐지한 데 이어 제8대 육군참모총장(1954.2.14~1956. 6.26) 정일권(丁一權) 장군이 정규 육사 1기를 육사 11기로 기칭을 변경하는 등5) 경비대모체론을 부각시킬 수 있는 조치를 단행하였다.

셋째, 6·25전쟁으로 인해 독립운동 세력이 뒷전으로 물러나고 반공주의 세력이 전면으로 부각되는 상황이 도래한 데다가 5·16세력이 제3공화국 헌법을 제정하면서 1948년 헌법 전문에서 선언한 임시정부의 정통성 부분을 삭제한 상황이 전개되고 있었다. 1955년 4월 27일 육군본부(참모총장: 군영 출신 정일권)에서는 "군의 역사와 전통을 단절 없이 계승시켜야 한다"는 명분을 내세워 정규 육군사관학교 제1기생을 육사 제11기생으로 기별 호칭 변경을 한다고 육사에 시달한 조치는 매우 중요한 의미를 지니는 것이었다. 육군본부는 1951년 진해에서 육군사관학교를 창설할 때에 "정규 육군사관학교 제1기생을 모집한다"고 공포했던 사실을 무시하고 육군사관학교에 '기별 호칭 변경'을 시달함으로써 사관생도들이 반발하는 사태가 야기되었다.

그러나 기별 호칭 변경 조치는 경비사관학교 출신 입장에서 본다면 집단적 이해를 관철시키기 위한 수단이었다. 그들은 신생 대한민국의 국군 창설 과정에서 복잡하게 얽힌 다양한 창군 요원들을 획일화시키면서도 경비대 출신들의 위상을 제고시키기 위해 1946년 5월 1일 창설된 경비사관학교를 부각시키는 방법을 구사했으며, 그것을 통해 정규 육사 출신들에게 경비사관학교를 선호의 상징으로 각인시키고자 했을 것으로 사료된다. 그러나 국군의 연원을 반독립투쟁전선(反獨立鬪爭戰線)에서 찾을 수는 없는 것이다. 우리 선대의 국군은 1907년 8월 1일 일제가 대한제국 국군을 해산시키려 하자

4) 한용원, 『창군』(1984), 205-206쪽(미군정은 전통 군대의 명맥을 역사적으로 이어온 광복군을 도외시하고, 일본군 출신을 골간으로 경비대를 창설하였음).

5) 노태우, 『노태우 회고록―상권』(조선뉴스프레스, 2011), 74-75쪽(당시 육군본부는 육사 창설일을 5월 1일로 하고, 재학 중인 생도의 기별 호칭도 변경한다고 육군사관학교에 통보하였음).

이를 거부하고 군권을 보유한 채 의병으로 변신하여 항일투쟁을 전개하였다.

정미년에 국군과 의병이 배합하여 일으킨 제3차 의병전쟁은 일제의 초토화작전으로 인해 기지를 상실한 의병들을 북천대장정에 오르게 했을 뿐 아니라 국경을 넘어 만주와 연해주로 이동하도록 만들었고, 따라서 이들은 독립군으로 변신하여 항일투쟁을 지속적으로 전개하였다. 나아가 간도에 신흥무관학교가 창설되어 독립군의 간부를 양성하게 됨에 따라 1940년 9월 17일 광복군이 창설되었다. 그리고 독립군이 광복군에 편입됨에 따라 신흥무관학교 출신들의 정신이 핵(核)이 된 독립투쟁정신이 광복군의 정신으로 자리매김하게 되었을 뿐만 아니라 이 같은 광복군의 정신은 1948년에 창설된 대한민국 국군에 계승되었던 것이다.

II. 국군 100년의 역사

이 글은 1895년부터 1945년까지 50년간에 걸친 선대 국군의 무장투쟁사와 1945년부터 1995년까지 50년간에 걸친 대한민국 국군의 창군 및 성장사를 포괄·조명하려고 한다. 우리 선대의 국군은 앞서 기술했듯이 비록 국권은 상실했으나 군권은 빼앗기지 않고 대한제국 국군 → 의병 → 독립군 → 광복군으로 군맥을 유지해 오면서 대일항쟁을 계속하였다. 특히 1907년 8월 1일 일제가 대한제국 국군을 해산시키려 하자 이를 거부하고 의병이 된 국군이 주도한 제3차 의병전쟁은 연합의병군의 서울탈환 대작전까지 전개하였다.

서울탈환 대작전은 비록 실패로 돌아갔으나 전국적으로 군인 출신 의병장들이 대거 등장하여 전국 의병장의 1/4 수준을 차지하게 되었고, 따라서 의병군의 전력과 전기가 크게 확충·신장된 의병전이 전개되기에 이르렀다. 이러한 가운데 지역을 초월한 인적 구성과 동지 상호간의 연대의식을 통해 민족운동의 밑거름이 되고자 했던 신민회가 가진 자의 도덕적 의무를 다하기 위해 애국계몽운동과 외교활동 노선으로부터 독립전쟁전략을 추구하면서 독립운동기지 건설에 앞장섰던 것이다. 신민회의 회원들은 대체로 가산을 정리하고 가족을 대동하여 서간도(西間島) 지역으로 집단 망명을 했는데, 망명지사들이 서간도에 온 목적이 항일독립운동기지를 세우고 항일독립운동을 전개하기 위한 것이었기 때문에 그것과 직결되는 사업은 바로 무관학교의 설립이었던 것이다.

그렇기 때문에 신민회의 망명지사들이 세운 신흥무관학교는 그들의 적극적인 관심과 지원에 힘입어 지속적으로 무관 양성에 진력할 수 있었으며, 따라서 10년간에 걸쳐 3,500여 명에 달하는 무관을 양성할 수 있었다. 이는 임정 및 노병회(勞兵會) 등의 지원으로 중국의 군관학교에서 1921년부터 1945년까지 25년간에 걸쳐 양성된 무관 1,300여 명과 비교한다면 그 3배에 달하는 것이다.[6] 그러므로 1920년 청산리전투 후로부터 신흥무관학교 출신들은 독립군을 관장하고 독립군을 주도할 수 있게 되었을 뿐 아니라 이를 통해 선대 국군의 50년간에 걸친 무장투쟁사를 더욱 빛나게 하였다. 그리고 신민회 간부들은 독립전쟁전략을 최고의 전략으로 채택하여 무관의 양성에 진력해 왔기 때문에 항일운동가 중에서 무관 출신 집단을 선호했을 것으로 볼 수 있는데, 독립군에 투신했던 무관 출신 집단은 ①대한제국 무관학교 출신 독립운동가들, ②신흥무관학교 출신 독립운동가들, ③일본육사 출신 독립운동가들, ④중국 군관학교 출신 독립운동가들 등 4개의 부류였다.

이 중에서 체계화가 곤란한 중국 군관학교 출신 독립운동가를 제외한 3부류의 독립군 참여 실태를 비교해 보고자 한다.[7] 대한제국 무관학교 출신 독립운동가들은 독립군의 무관 양성과 무장투쟁에 지대한 영향을 미쳤는바, 첫째, 무관학교 출신 독립운동가들은 의병전쟁으로부터 독립전쟁으로

---

6) 한시준, 「신흥무관학교 이후 독립군 군사간부 양성」, 『신흥무관학교와 항일무장독립운동』(신흥무관학교 100주년 기념사업회, 2011), 46-61쪽.

7) 한용원, 「신흥무관학교와 대한제국육군무관학교출신 독립운동가들」, 『신흥무관학교, 어떤 인물들이 참여했나?』(신흥무관학교기념사업회, 2012), 29-38쪽.

그 맥을 이어감에 있어 가교 역을 효과적으로 수행하였고, 둘째, 무관학교 출신 독립운동자들은 신민회가 독립군 양성을 효과적으로 추진할 수 있도록 적극적으로 지원했으며, 셋째, 신흥무관학교와 북로군정서(北路軍政署)의 사관연성소(士官練成所) 교관들은 대부분 의병활동을 통해 전투 경험을 한 바 있기 때문에 무관 후보생들에게 독립투쟁정신의 진수를 전수할 수 있었다. 그리고 신흥무관학교 교관들은 대체로 대한제국 육군무관학교 출신들이었기 때문에 신흥무관학교의 교육 과정은 무관학교의 교육 과정을 본받아 채택되게 하였다. 그러므로 대한제국 무관학교 출신들은 의병 20년, 독립군 25년, 광복군 5년 등 50년간에 걸친 독립전쟁의 전반부 25년간을 주도할 수 있었다.

다음으로 신흥무관학교 출신들은 50년간에 걸친 독립전쟁의 후반부 25년간을 주도하였다. 1911년 6월에 창립된 신흥무관학교는 당해년에 대흉작을 맞게 되었으나 신흥학교 유지회의 지원으로 다음 해에 통화현(通化縣) 합니하(哈泥河)로 이주하여 제2의 독립기지를 창설하였다. 신흥무관학교의 인재 배출 방식은 ①본과와 속성과를 통해서 배출하는 방식과 ②신흥학우단(新興學友團)이 조직되어 독립운동 인재를 양성하는 방식이 있었다. 이 중에서 본과는 4년제의 중학 과정을 지칭하고, 특별과는 3개월 혹은 6개월 기간에 무관을 양성하기 위한 속성과였다. 그런데 1910년대와 그 후에도 신흥무관학교의 명성이 지속된 것은 신흥학우단을 조직하여 독립운동 인재를 지속적으로 육성시켰기 때문이었다. 신흥무관학교 졸업생들은 독립군에 편성되어 무장투쟁을 전개하거나 지방에 파견되어 2년간 의무적으로 교편생활을 하였다. 그럼에도 불구하고 그들은 신흥학우단을 중심으로 백서농장(白西農場)이라고 하는 군영(軍營)을 설치·운영하였다.

백서농장 설치·운영의 목적은 첫째, 신흥무관학교 졸업생들이 무관교육을 필한 후 독립을 위하여 즉각 싸울 수 있는 방도가 없었기 때문에 그로 인해 고심하고 실의에 빠지지 않도록 하기 위해서였고, 둘째, 신흥무관학교 졸업생들의 독립을 향한 찌를 듯한 강렬한 의지를 소화(消化)·조절하기 위해서였으며, 셋째, 신흥무관학교 졸업생들이 독립전쟁을 벌일 기회를 놓친

것에 대한 통분과 비운이 서려 있어 이를 진정시키기 위한 것이기도 하였다. 이러한 맥락에서 본다면 한족회(韓族會)는 신흥무관학교·신흥학우단·백서농장을 통하여 항전(抗戰) 준비를 철저히 해왔으며, 이를 통해 신흥무관학교 졸업생들은 독립전쟁의 후반부 25년간을 주도할 수 있었다.

끝으로 일본육사 출신 중에서도 독립운동가들이 나왔다. 1898년 일본 정부가 일본육사 정규 과정에 조선 무관들의 입학을 허용함에 따라 노백린·어담(魚潭) 등 국비생 21명이 일본육사 11기로, 이갑·김응선(金應善) 등 국비생 및 사비생 8명이 제15기로 각각 입교·졸업하였다. 그런데 제11기의 경우 졸업을 앞두고 국왕의 아관파천(俄館播遷)으로 인해 관비 지급이 중단되자 일본에 잔류하면서 유길준(兪吉濬)과 접촉해 왔던 생도들은 정부를 전복하기 위한 비밀결사 혁명일심회(革命一心會)를 조직하였다. 그러나 비밀결사 결성이 탄로가 나서 조택현·장호익·김홍진 등은 형장의 이슬로 사라지고, 김형섭·김희선·김교선·방영주 등은 주한일본군사령부 참모장 사이토(齋藤) 중좌의 구명운동으로 처형 일보 직전에서 종신유형으로 감형되었고, 1년 후인 1905년 주한 일본군총사령관 하세가와(長谷川好道) 대장의 특별사면을 받고 참위(參尉)로 복직하는 특혜를 받았다.[8]

한편 임관시 특혜를 받았던 8형제배들(일본육사 15기)도 일심회의 예를 따라 비밀결사 효충회(效忠會)를 결성하였고, 이를 통해 일제가 고종(高宗)에게 양위하도록 압력을 가하는 사태가 발생하자 황제 양위의 저지를 위한 대신격살 음모를 꾸몄으며, 이로 인해 이갑·임재덕 등은 이희두·어담 등과 일제 헌병대에 체포되어 사태가 진정될 때까지 옥살이를 해야 했다. 나아가 1907년 8월 1일 대한제국의 국군이 해산되자 '조선보병대'의 무관 양성 책임을 지게 된 일제는 '대한제국의 유복자들'이었던 홍사익·이청천(李青天: 본명 池大亨, 이명 池青天·池錫奎) 등을 일본육사 26기로, 윤상필·이종혁 등은 일본육사 27기로 각각 양성시켰다. 그러므로 일본육사 출신들은 대체로 '일제에 순응'하는 편이었고, 이러한 양태는 주한 일본군사령관이 하세가

---

8) 이기동, 앞의 책, 52-185쪽.

와 대장과 우쓰노미야(宇都宮太郎) 대장 때 현저히 표출되었다. 그러나 일본육사 출신 노백린, 김희선(金羲善), 이갑, 유동열, 김광서(金光瑞), 이청천, 이종혁(李種赫) 등은 독립운동가로 활약하였고, 이들은 대체로 임시정부에서 군무업무를 수행하였다.

그러나 1895년 을미항쟁 이래 반세기 동안 수십만 선열들의 희생과 줄기찬 투쟁의 결과로 인해 1945년 8·15광복을 맞게 되었다. 그러므로 8·15광복은 연합국의 승리와 일제의 패망으로 우리 민족에게 "주어진 것"이 아니라 우리 민족이 50년간에 걸쳐 주체적·주동적으로 이룩한 국권회복인 것이다.9) 따라서 8·15광복은 주어진 것이 아니라 "쟁취한 것"이며, 반세기에 걸친 독립항쟁(운동)은 특수성을 지니게 되었다. 우리 민족의 독립항쟁의 특수성은 ①국가의 보호가 전무한 상황하에서 전개된 애국·애족 활동이었고, ②국민으로서의 의무 이행의 차원이 아니라 순수하게 자발적으로 독립항쟁에 참여했으며, ③직접 피해의 폭이 넓을 뿐 아니라 생명의 위협이 뒤따르며, 생활상의 고초와 정신적 고충이 극심하였고, ④항쟁기간이 세대가 바뀔 만큼 반세기에 걸침으로써 유족의 세대는 이미 3~7세까지 내려와 있는 현상이 시현되고 있다.10)

탈식민지 사회의 국가와 그 기구는 자생적 요인과 외생적 요인의 상호작용에 의해 형성되는 것이다. 8·15광복 후 한국군의 창군 과정도 민족자생의 창군운동 과정, 미군정의 경비대 창설 과정, 대한민국 정부의 국군 창설 과정 등 3단계로 진행되었다. 그런데 창군운동 과정에서 국군의 이념과 정신이 형성되고, 경비대 창설 과정에서 국군의 조직과 훈련이 이루어짐으로써 창군운동 과정과 경비대 창설 과정은 국군 창설의 준비 과정에 해당하는 것으로 볼 수 있을 것이다. 창군운동은 광복 후의 국군사를 미군정의 경비대가 아닌 민족자생의 창군운동 단체로부터 시작하게 만든 역사적 의의를 지니는 데다가 창군운동 과정에서 창군운동 단체들로부터 "국군은 광복군의

---

9) 윤우, 「8·15는 광복이다」, 『광복회보』(1994.2.15).
10) 윤우, 「독립항쟁의 특성과 자발적 헌신의 민족사적 가치」, 『순국』(2012.11).

독립투쟁정신을 계승해야 한다"는 '합의된 인식'을 이끌어낼 수 있었다.11)

그러나 미군정은 창군 과정에서 가장 중요한 정신적 요소를 무시하였다. 즉 미군정은 경비대를 창설할 때에 독립투쟁전선에서 활약한 광복군 출신을 도외시하고, 반독립투쟁전선에서 복무한 일본군 출신을 선호하여 이들이 대종을 이루게 하였다. 따라서 창군 과정은 시작부터 비뚤어지게 전개될 수밖에 없었다. 더욱이 국군사의 원형인 창군사가 분단사와 맞물려 전개된 데다가 광복군 문화, 일본군 문화, 미국군 문화가 접합되어 시발함으로써 국군은 우여곡절 속에서 성장해야만 했다. 그러므로 광복군의 독립투쟁정신을 계승한 초창기의 국군은 일본군 출신이 주류를 형성한 가운데 미군의 장비와 교리에 의해 육성되어 왔기 때문에 우리의 군대 문화가 형성되는 데는 상당한 시간적 흐름과 정신적·물질적 여유를 필요로 하였고, 따라서 국군 50년사는 역경 속의 창군과 동족상잔의 전쟁 그리고 전후 복구 및 체제 정비와 자주국방의 건설로 점철되어 왔다고 할 것이다.12)

하지만 창군사가 분단사와 맞물려 전개되고 다문화(한·미·일)가 접합되어 시발함으로써 광복군의 정통성이 국군에게 제대로 계승되어 정착할 수가 없었으며, 나아가 국군의 성장 과정에서 구군부의 헤게모니 장악(1961~1979)과 신군부의 헤게모니 장악(1980~1996)의 영향으로 인해 국군의 정통성이 제고될 수가 없었다. 한국의 군-사회 관계의 전개에 미친 가장 중요한 변수는 군부의 정치개입인데, 군부의 정치개입과 관련하여 군-사회 관계 전개의 추세를 보면 건군으로부터 유신체제가 출범하기 전까지는 친화적이었으나 유신체제의 출범으로부터 군부정권이 종식될 때까지는 불화적이었다고 말할 수 있으며, 군부정권의 종식으로부터 오늘에 이르기까지는 유보적이라고 볼 수 있겠으나 장차는 점차 친화적으로 전환될 것으로 기대하고 있는 것이다.

---

11) 한용원, 「국군 50년: 창군과 성장」, 『국방연구』 제41권 제1호(국방대학교 안보문제연구소, 1998), 10쪽.
12) 한용원, 앞의 글, 21-32쪽.

그리고 역사적 유산은 상황적·인위적 산물인 동시에 구조적·문화적 산물이라는 맥락에서 볼 때 우리의 군-사회 관계는 첫째, 냉전구조와 분단상황으로 인해 군부가 과대 성장했을 뿐 아니라 라스웰(Lasswell)이 말한 병영국가 가설이 적용될 수 있는 환경이 조성되었다. 즉 폭력의 전문가인 정치군인들이 과대 성장한 군부를 배경으로 하여 지배 엘리트로 등장할 수 있었고, 반공·안보 이데올로기를 지배도구로 활용하여 지배·통제체제를 공고하게 다질 수 있었다. 둘째, 군부지배사회인 프레토리안 사회(Praetorian society) 상황 속에서 프레토리안 군부가 대두하였다. 즉 구군부 세력이 지배하는 프레토리안 사회에서 새로운 프레토리안 군부인 신군부 세력이 성장할 수 있었다.

셋째, 가부장적 권위주의 정치문화로 인해 해방과 더불어 도입한 서구식 민주주의에 대한 신념이 결여되었을 뿐 아니라 강력한 중앙집권적 통치의 전통으로 인해 권위주의 정치를 지향함으로써 자유민주주의가 제대로 성장할 수 없었다. 넷째, 1960년대 한국군이 근대화의 기수 역할을 담당함으로써 한국의 자본주의 산업화가 성공할 수 있었으나 군이 군부정권의 정권안보를 위한 도구로 동원되어 그 위상이 실추되었다. 그러므로 군의 정치개입으로 인해 군의 정통성은 제고될 수 없었는데, 이는『육군사관학교 30년사』와『육군사관학교 50년사』에서 육사의 '경비사모체론'을 주장한 바 있었던 육군사관학교의 반응에서 엿볼 수 있는 것이었다. 논의야 여하튼 육군사관학교에서는 2011년 1월 '신흥무관학교 100주년 기념사업회'가 육사를 기념행사장으로 사용하려고 협의해오자 "신흥무관학교가 대한민국 육군사관학교 창건에 아무런 연대나 영향을 미치지 못했다"고 주장하면서 육사를 기념행사장으로 사용하는 것을 거부하였다.

III. 정통성 문제

창군운동은 해방 후의 군국사를 미군정의 경비대가 아닌 민족자생의 창군운동 단체들로부터 시작하게 만든 역사적 의의를 지니는데, 그때 창군운동 단체들은 창군운동 과정에서 장차 국군은 "광복군의 독립투쟁정신을 계승해야 한다"는 '합의된 인식'까지도 이룩하였다. 그러나 미군정은 경비대의 창설을 조기에 완료시키려고 정통성의 판별기준을 제대로 적용하지 못했을 뿐만 아니라 창군 과정에서 가장 중요한 정신적 요소마저 무시하였다. 즉 미군정은 경비대를 창설할 때에 독립투쟁전선에서 활약한 광복군 출신을 도외시하고, 반독립투쟁전선에서 복무한 일본군 출신을 선호함으로써 이들이 경비대의 대종(大宗)을 이루는 것을 방임하였다.[13]

그러므로 우리 사회에서는 미군정의 경비대를 창설하는 데 주역(主役)을 담당했던 군사영어학교 출신들이 창군동우회(創軍同友會)를 결성하고 '경비대모체론(警備隊母體論)'을 주장하면서 지난 65년간 대한민국 군군의 창군요원으로 자처하는 비정상적 상황이 전개되어 왔다. 이러한 상황의 전개로 인해 4년제 정규 사관학교 출신들이 중심이 된 육군사관학교 학교사편찬위원회에서는 '경비사모체론(警備士母體論)'에 입각하여 1978년에 『육군사관학교 30년사』를, 1996년에 『육군사관학교 50년사』를 각각 펴내었다.

동서(同書)에서는 일제의 식민통치로 인해 역사가 단절되었기 때문에 "대한제국 무관학교는 신생 대한민국 국군의 창건에 아무런 연대나 영향을 미치지 못했다."고 단언하고, "경비사관학교야말로 고난의 가시밭길을 헤치고 창군과 그 후 군발전의 위업을 이룩한 군간부들의 배움의 요람이었으며, 명실상부한 육군사관학교의 모체였다."라고 하여 사실상 '육사의 경비사모체론'을 주장하고 있다.[14] 이러한 맥락에서 『육군사관학교 30년사』와 『육군

---

13) 한용원, 『창군』(박영사, 1984), 205-206쪽.
14) 육군사관학교, 『육군사관학교 30년사』(1978), 68쪽.

사관학교 50년사』는 광복군의 정통성을 계승해야 할 국군이 경비대모체론을 신봉하도록 조장하는 데 한 몫을 한 것으로 평가하지 않을 수 없다.

대한민국 국군의 정통성과 관련하여 주류(主流)를 형성하는 논리는 "광복군이 국군의 정신적 모체라는 것(곧 광복군모체론)"이다. 그러나 창군동우회의 영향을 받는 군부의 일각에서는 "경비대를 모체로 국군을 편성하였다"고 주장하여 국군의 정통성이 제자리를 찾는 데 저해요인을 형성하고 있다. 그러므로 군의 정통성 문제를 보다 심오하게 다룰 필요가 있다.

①군의 정통성 문제는 군의 정신적 측면과 직결되는 것이지 인적 구성이나 제도 채택 등 수단적 측면과는 거리가 먼 것인데, 미군정은 경비대를 비이념적 집단으로 만들기 위해 불편부당과 기술주의를 강조했을 뿐 아니라 출신배경을 도외시하고 기술능력에 입각, 대원을 선발·충원하여 경비대를 육성함으로써 건군 시 경비대의 사상문제는 심각하게 전개되었다.

②초대 국방장관 이범석은 "경비대를 국군에 편입시킨다"는 국방부훈령 제1호(1948.8.16)를 공포·집행하고, "군의 정신은 광복군의 독립투쟁정신을 계승한다"고 천명하여 국군이 광복군의 정통성을 계승하도록 길을 텄다.

③대한민국 임시정부가 창설한 광복군은 의병과 독립군의 후신(後身)으로서 정통·합법적 군대일 뿐 아니라 대한민국 국군의 정신적 모체이기 때문에 대한민국 정부가 임정의 법통(法統)을 계승했다면 대한민국 국군은 의당 광복군의 정통성을 계승하여 국가와 군이 정통성을 공유하도록 만들어야 할 것이다.

④우리 선대(先代)의 국군은 국권은 상실했어도 군권은 빼앗기지 않고 대한제국 국군 → 의병 → 독립군 → 광복군으로 군맥(軍脈)을 유지하여 대일항쟁을 계속하였고, 따라서 일제 식민지시대에도 민족사(民族史)가 단절된 일은 없었다. 그러나 국군의 정통성이 앞서 기술했듯이 '역사의 단절론'이나 '경비사모체론'에 휘둘려 제자리를 찾지 못하고 있는 실정이다. 따라서 필자는 1990년대 초(1990~1992) 군부에서 추진한 군의 정통성 제고 노력에 관해 논의해야 할 필요를 느낀다.

1990년에 전쟁기념사업회는 군의 정통성을 제고시키기 위해 장창호 장군

주간으로 의병·독립군·광복군·국군·북한인민군을 각각 전문적으로 연구한 교수를 선정하여 『현대사 속의 국군─군의 정통성』이라는 책자를 출간하였는데, 이 책은 당시 정신문화원 박성수 교수가 의병, 국사편찬위원회 신재홍 부장이 독립군, 서울교육대 이연복 교수가 광복군, 한국교원대 한용원 교수(필자)가 국군과 정통성, 북한연구소 김창순 이사장이 북한인민군을 체계적으로 연구한 결과물이었고, 1991년 6월 21일에는 조선일보사의 후원으로 학술회의도 개최하였다. 이 같은 저서의 출간과 학술회의의 개최에 대한 반향으로 학회에서는 학술회의를, 군의 부서에서는 정훈교재를 발간하는 반향을 보였다.

삼균학회(三均學會, 회장 조만제)에서는 1991년 말 광복회의 지원을 받아 재향군인회 장성급 회원을 대상으로 향군회관에서 「국군 창설과 정통성 계승」에 관한 학술회의를 개최하였다. 이 학술회의에는 전역한 장성 500여 명이 참석하여 성황을 이루었으며,15) 따라서 군부에 2차적 반향을 불러일으켰다. 육군사관학교 교수부에서는 1992년 여름 어느날 「정통성의 판별기준」에 관한 워크숍을 개최한다고 필자를 초정하였다. 외부 초청자는 필자뿐이었고, 육사교수부 측의 주논쟁자는 역사과 김기훈 교수(육사 30기, 하와이대 박사)였으며, 상당수의 사회과학전공 교수들이 논쟁에 참여하였다.

동 워크숍에서 김 교수는 판별기준을 올바른 계통(orthodoxy)으로 보는 시각에 섰고, 필자는 합법성(legitimacy)으로 보는 시각에 섰으며, 따라서 필자는 목적적 차원을 강조하고, 김 교수는 수단적 차원을 강조하였다. 그리고 육군본부에서는 군사연구실장 차기문 장군의 주간으로 1992년에 『국군의 맥(國軍의 脈)』이라는 책자를 출간하였다. 동 책자는 박성수 교수가 고대·중세·근세의 우리 국군에 관해 저술하고, 필자가 광복군·국군 그리고 정통성에 관해 저술했었는데, 정훈교재로 활용한 것으로 알고 있다.

그러나 이러한 군부의 노력에도 불구하고 육군사관학교에서는 학교사(學

---

15) 동 학술회의에서 '경비대모체론'을 부정한 필자의 발표에 대해 군사영어학교 출신 유홍수 장군은 기술주의를 내세워 반박하였음.

校史)를 수정하려는 의지는 보이지 않고 오히려 전통의 수호를 지향한다는 '전통위원회'를 설치하여 대비하고 있는 상황이었다. 이에 2012년 2월 15일 개최된 신흥무관학교기념사업회 창립총회에서는 육군사관학교가 그 연원을 경비사관학교라고 인식함으로써 군의 정통성이 훼손되고 있다[16]고 보아 육사의 학교사에서 '국군의 태동' 부분의 수정을 요청하기로 결정하였다. 이러한 결정이 이루어짐에 따라 육사와 접촉하여 그 같은 제안을 하기로 된 필자는 2012년 3월 20일 육사의 의전비서관을 만나 육사 교장(중장 박종선)과의 면담을 요청하였다.

육사에서는 학교장과의 면담에 관한 답변보다는 2012년 3월 27일 "육사 학교사는 국방부 공간사와 그 맥을 같이 하고 있기 때문에 국방부 공간사의 변화없이 학교사의 내용 수정은 고려될 수 없다."는 입장을 밝히는 학교장 명의의 서류를 보내왔다. 그리고 연이어 전통위원회를 대변한다는 모 장교가 전화를 걸어옴으로써 동 위원회의 성격을 어느 정도 유추할 수 있었다. 이러한 상황하에서 향후 군영 및 경비사 출신들의 정통성 인식에 있어 문제점은 그들이 자연사함에 따라 점차 해소되어 나갈 것이나 국민정서와는 상이한 정통성의 개념을 지향하는 육사전통위원회는 정통성에 대한 인식부터 수정하지 않으면 안 될 것이다.

---

16) 한용원, 「신흥무관학교기념사업회의 주요 과제에 관하여」(신흥무관학교기념사업회 창립총회 기조강연문, 2012), 4-5쪽.

제**2**장

대한제국 국군

I. 대한제국의 성립

나라의 운명이 바람 앞의 등불처럼 전개되고 있을 때 나라를 건지기 위해 온갖 힘을 기울인 사람들은 독립협회 회원들과 그들을 지지하는 일부 민중들이었다. 그들은 개화·독립의 열망을 견지하고 위로는 국왕을 설득하며, 아래로는 국민 대중을 계몽·지도하였다. 서재필을 중심으로 독립신문을 간행하고 독립협회를 결성하며 독립문의 건설을 꾀해오던 독립협회는 일부의 조신(朝臣) 및 유생들과 함께 칭제(稱帝)·건원(建元)할 것을 1897년 국왕에게 건의하였다. 이에 국왕은 1897년 8월 17일 종전에 사용하던 건양(建陽) 연호를 폐지하고 광무(光武) 연호를 쓰게 되었고, 10월 12일에는 황제 즉위식을 거행하고 국호를 대한(大韓)이라고 일컬어 독립제국임을 세계에 널리 알렸다.

원래 '칭제·건원'은 1895년 을미사변 직후 친일파 내각이 주장해온 것이

었는데 당시 서울 주재 구미(歐美) 각국 공사들이 강경한 반대의사를 표시
함으로써 보류하지 않을 수 없었으나, 1897년에 들어와 내외의 정세가 급변
함으로써 실현을 보게 되었다. 고로 대한제국의 성립은 을미사변의 발생과
상관관계에 있었다고 할 것이다. 을미년(1895년)에 조선의 정세는 ①총리
대신 김홍집(金弘集)을 중심으로 한 정부의 주도세력, ②내무대신 박영효
(朴泳孝)를 중심으로 한 개화독립당, ③군무대신 조희연(趙羲淵)을 중심으
로 한 친일개화파, ④국왕과 왕후 민비(일본인 낭인들에게 시해당한 후 '明
成皇后'라는 시호가 내려짐. 편의상 이하 '명성황후'라 칭함)가 핵을 이룬 왕
실과, ⑤재기를 도모하는 대원군 일파로 사분오열되어 있었다. 그리고 을미
개혁의 막이 오른 때에 이노우에(井上馨) 공사가 대한 이권을 독점함으로써
일본은 영국, 미국, 러시아, 독일, 프랑스 등 구미 5개국으로부터 항의를 받
고 있는 실정이었다.

나아가 군무 문제로 인해 왕실과 내각이 충돌하였다. 이는 신태휴(申泰
休)의 훈련대 대장 임명 문제와 훈련대 및 시위대의 육성 문제로 인해 야기
되었다. 당시 조선의 군대에는 훈련대(訓鍊隊)와 시위대(侍衛隊)가 있었는
데, 훈련대는 청·일전쟁 개전 후 일본군 수비대 장교가 편성·교육한 2개
대대의 정부 직속부대를 의미하였고, 시위대는 미국인 교관 다이가 훈련·
육성한 왕실 직속부대를 의미하였다. 내무대신 박영효는 왕궁의 호위를 친
일세력이 맡도록 하기 위해 시위대를 밖으로 끌어내고 왕궁에 훈련대를 배
치하고자 기도하여 왕실의 협조를 구했으나, 명성황후의 비밀한 지시(內示)
에 의한 경무사(警務使) 이윤용(李允用)의 연출로 인해 순검(巡檢)들이 도처
에서 훈련대 병정들을 모욕하거나 폭행하였다.

이러한 일이 잦아지자 훈련대 병정들이 격분하여 집단적으로 경무서(警
務署)를 습격하여 순검을 살상하고, 각처의 파출소를 파괴하는 사건도 발생
하였다. 이로 인해 사회적 물의가 야기되자 왕궁에서는 이를 구실삼아서 훈
련대를 아예 해산시키기로 결정을 보았다. 명성황후 일파로부터 훈련대를
해산시키라는 통고를 받은 미우라(三浦梧樓) 공사는 분격하여 1895년 8월
20일(양력 10월 8일) 명성황후를 시해키로 음모하였다.[1]

미우라 공사는 스기무라(杉村濬) 서기관, 구스노세(楠瀨幸彦) 무관 등과
더불어 시해 흉계의 실행 방안의 대강을 확정했는 바, ①조선 국왕 측근의
간신을 제거하여 국정을 바로잡는 것이 이번 거사의 목적이라고 선전한다.
②대원군을 추대·옹위하여 대궐에 들어가서 시해를 단행한다. ③행동부대
에서는 조선의 훈련부대를 앞세움으로써 이번 거사를 조선 군대의 쿠데타같
이 위장한다. ④실제의 행동부대는 일본인 낭인들로 구성하고 그들의 엄호
및 전투는 일본군 수비대가 담당한다. ⑤대원군을 호위할 별동대에는 일본
조계(租界)의 경비를 담당하고 있는 경찰대를 동원한다.

이렇게 해서 명성황후를 시해하고 정부를 개편하게 되면 대원군이 독자
적으로 전권하려고 할 것을 우려하여 스기무라 서기관으로 하여금 4개조의
서약문을 기초하여 대원군의 사전 승낙을 받아두도록 하였다. 그것은 ①대
원군이 국왕을 보익하며 궁중을 감독하되, 일체의 정무는 내각에 맡기고 절
대로 간섭하지 않을 것, ②김홍집, 어윤중(魚允中), 김윤식(金允植) 3인을 중
심으로 한 내각을 성립시키고 개혁을 단행할 것, ③이재면(李載冕, 대원군의
장남)을 궁내부대신에, 김종한(金宗漢)을 궁내부 협판에 임명할 것, ④이준
용(李埈鎔, 대원군의 친손자로 이재면의 아들)을 3년간 일본에 유학시킬 것
등이었다. 한편 미우라 공사는 일본군 수비대 대대장 우마야 하라 소좌와
조선군 훈련대 제2대대장 우범선(禹範善) 등을 공사관으로 초치하여 거사
준비를 하도록 지시하고, 『한성신보(漢城新報)』 사장 아다치 겐조(安達謙
藏)에게는 50여 명의 민간인으로 구성된 일본의 낭인부대를 편성하도록 지
시하였다.

이렇게 하여 명성황후의 시해를 위한 행군 순서는 조선의 훈련대, 일본의
수비대, 일본의 낭인부대를 중심으로 다음처럼 계획되었다. ①행군 대열의
맨 앞에 아다치가 지휘하는 '한성신보 부대' 수십 명과 경찰대 10여 명, ②두
번째로는 조선인 우범선이 지휘하는 훈련대 제1대대, ③세 번째는 파성관
(巴城館)에서 열린 축하연에 참석했던 일본인 낭인들로서 대원군의 교여(轎

1) 육군본부, 『창군전사』(1980), 24쪽.

興)를 에워싼 수십 명, ④네 번째는 일본군 수비대 1개 대대, ⑤맨 끝에는 조선인 이두황(李斗璜)이 지휘하는 훈련대 제2대대 순이었다.[2] 이는 공덕리 의 별장에 있던 대원군을 궁중으로 호위해 가는 일이 곧 명성황후의 시해를 위한 행군 순서였음을 의미하는 것이었다. 그리고 명성황후의 침전 옥호루 를 목표로 한 폭도부대는 조선인 부대와 일본인 부대로 혼성 편성되었으며, 이 부대들은 다이 장군이 지휘하는 시위대와 궁중에서 잠시 충돌키도 하였 다. 논의야 여하튼 명성황후 시해에 가담했던 훈련대는 괴뢰군으로 지탄받 아 마땅할 것이다.

한편 미우라 공사는 1895년 8월 22일(양력 10월 10일) 명성황후의 시해 를 숨기기 위해서 김홍집·김윤식·조희연 등과 상의한 연후 국왕을 강요하 여 명성황후를 폐위시키는 조칙을 내게 하였다. 그리고 8월 23일(양력 10월 11일) '시위대를 훈련대에 편입'시켜 이들에게 왕궁 호위를 맡기고 8월 24일 친일파 중심으로 부분적으로 개각도 단행하였다. 그러나 1895년 9월 하순 러시아 웨베르(Waeber) 공사는 조선 정부 및 왕실에 대해 ①폐비된 명성황 후를 복위시킬 것, ②대원군을 축출할 것, ③조희연, 권형진(權瀅鎭) 등을 파면시킬 것, ④그 외 왕비 시해사건에 관계한 자들을 색출·처벌할 것 등 4가지 문제를 제의하여 압박을 가하였다. 그리고 1896년 2월 10일에는 공 사관 경비를 강화한다는 구실을 내세워 인천의 자국 군함에서 수병(水兵) 120명, 대포 1문, 탄약·식량 등을 서울로 끌어들였다.

러시아 수병이 러시아 공관 경비를 담당케 된 다음 날 2월 11일 새벽 국 왕과 세자는 궁녀용 교자를 타고 몰래 영추문을 빠져나와 아관으로 피난하 여 아관파천을 단행하였고, 러시아 공관에서 웨베르·이범진(李範晉)·이완 용(李完用) 등의 영접을 받은 고종은 그날로 경무관 안환(安桓)을 불러 명성 황후 시해사건과 관련된 김홍집·유길준·정병하(鄭秉夏)·조희연·장박(張 博) 등 5적을 잡아 죽이라는 명령부터 하달하였다. 그러나 독립된 주권국가 가 남의 나라 공관으로 피난한 것은 국가의 위신을 떨어뜨리는 것이었다.

---

2) 이선근, 『대한국사 8』(신태양사, 1973), 104-105쪽.

그러므로 독립협회에서는 국왕에게 칭제·건원할 것을 건의하고, 그러기 위해 국왕의 빠른 환궁을 호소하였다. 이에 국왕은 1897년 2월 20일 독립협회를 비롯한 각 방면의 진언을 더 이상 물리칠 수 없어 러시아 공사관을 떠나 새로 수리한 경운궁(덕수궁)으로 환궁하였다. 그리고 백성들의 칭제·건원 요구를 수용하여 ①1897년 8월 17일부터 종전에 사용하던 건양(建陽) 연호를 버리고 광무(光武)를 쓰게 되었고, ②1897년 10월 12일(음력 9월 17일) 황제 즉위식을 거행하고 국호도 대한(大韓)이라 일컬어 독립제국임을 세계에 알렸다.

황제 즉위식 거행이 끝나자 다음날 주한 열국 공사의 거의 전부가 황제를 알현·축하함으로써 신생 대한제국의 체면이 서게 되었고, 이제까지 천연되어 왔던 왕후의 국장도 명성황후(明成皇后)로 추존된 가운데 1897년 11월 21일 장의를 치를 수 있게 되었다.3) 그러나 조선 말기의 왕권은 형식과 명칭만 새롭게 했을 뿐 러시아의 간섭과 열강의 농락을 면할 수는 없었기 때문에 황제국으로서의 내용을 갖춘 것은 아니었다. 웨베르 공사의 후임 스페이어(A. de Speyer)가 황제 즉위식이 끝나자마자 영국인 재정고문 브라운을 해임하고 그 자리에 러시아인 알렉세예프를 임명할 것을 한국 정부에 강요하였다. 이에 한국 정부가 브라운을 해임시키자 영국과 러시아 간에 적대의식이 조성되어 영국 측이 군사적 시위까지 감행(거문도를 저탄소로 사용하겠다는 구실로 점거)함으로써 한국 정부는 브라운을 다시 복직시켜야 했다.

1896년 2월 11일 이래로 고종을 자기네 공사관에 보호하게 된 러시아는 겉으로 보호를 내세우면서도 실제로는 조선의 국정 전반에 걸쳐 영향력을 행사하고자 함으로써 일·러 간 대결하는 양상이 전개되었다. 그러나 국제 정세는 국력이 좌우하는 것이다. 러시아에 맞서 싸우기에는 일본의 국력이 부족하였다. 그래서 이토 내각은 러시아를 가상의 적국으로 정하고 10개년 계획의 군비 확장에 총력을 기울였다. 그는 전 국민에게 "하루 세 끼를 두

---

3) 이선근, 앞의 책, 268-276쪽.

끼로 줄여서라도 상비병 15만 명에 전시병력 60만 명을 목표한 대육군과 22만 톤의 무적해군을 보유하자"고 호소하고,[4] 청국에서 받아들일 배상금 및 정부 세출예산의 40% 이상을 육·해군의 확장비에 충당하기로 하였다. 더욱이 일본 정부는 청·일전쟁 후 약 10년간 유지되어 오던 한반도를 둘러싼 러시아와 일본 사이의 일종의 세력 균형을 미국과 영국이 일본을 편들게 만듦으로써 깨어지게 되었다.

한편 독립협회는 서재필의 주도하에 우선 러시아의 간섭을 물리치기 위해 만민공동회를 결성하고 전면적인 항쟁을 전개하였다. 독립협회는 만민공동회라는 칭호를 내걸고 근대적 정치운동의 일환인 가두진출을 전개하여 러시아에게 재정고문과 군사교관의 철수 그리고 한·러은행의 폐쇄를 요구하였고, 이에 대한 정부는 러시아 정부에 만민공동회의 요구사항을 수용하도록 주문하였으며, 이에 러시아 정부는 곤경에 빠진 대한제국 정부의 요청을 수락하였다.[5] 그러나 대한 정부는 독립협회를 약화시키고 그 운동을 억누르기 위해 보부상패로써 황국협회라는 반동단체를 조직하여 독립협회에 대해 반격을 가하게 하였다. 이로 인해 정부와 협회 간의 관계가 악화되었고 따라서 황제는 11월 4일 "이른바 협회라고 이름을 가진 것은 모두 혁파하라"는 조칙을 발표하기에 이르렀다.

나아가 정부 측은 지난날 만민공동회에 임석하여 그 결의문에 가(可) 자를 쓰고 날인한 정부 대신들을 모조리 인책·사퇴시켰다. 이렇게 독립협회에 혁파령이 내려지자 보부상의 폭력은 더욱 심화되어 양자 간에 유혈충돌 사태가 전개되고 독립협회에 대한 정부의 탄압은 심화되어 독립협회는 결국 해산되고 말았다. 이상에서의 논의처럼 조선왕조가 대한제국으로 바뀐데는 근대국가·자주국가로 전환해야 한다는 시대적 요청이 있었기 때문이었다. 그러나 ①근대국가 수립운동은 수구적인 정치세력이 대한제국을 지배하면서 독립협회를 중심으로 하는 민중의 개혁 요구를 거부했기 때문에 좌절되

---

4) 이선근, 앞의 책, 182쪽.
5) 이선근, 앞의 책, 273-274쪽.

었고, ②자주국가 수립운동은 일본이 미국과 영국의 지원을 받아 대한제국
의 보호국화 및 식민지화의 길을 재촉했기 때문에 좌절되었다.

러·일전쟁이 발발하자 미국의 루스벨트 대통령의 거중 조정으로 러·일
양측은 1905년 8월 9일부터 포츠머스에서 강화회담을 개최했는데, 일본은
전승(戰勝)한 만큼의 대가를 회담에서 챙길 수는 없었으나 부족한 대가를
한국에서 보충하는 회담전략을 구사하여 이득을 챙겼다. 즉 일본은 미국과
영국의 도움을 받아 러·일전쟁을 벌이고, 또 이들 두 나라의 중재로 전쟁을
유리하게 끝낼 수 있었으며, 역시 이들 두 나라의 승인을 받아 한국의 보호
화의 길을 재촉할 수 있었다. 일본은 1902년 영일 동맹을 체결하여 영국과
미국의 지지와 전비 부담으로써 러·일전쟁을 수행했는데, 미국과 영국은
일본의 러·일전쟁 비용(총 19억 8천만 엔) 중 12억 엔을 부담하였다. 그리
고 태프트-가쓰라 비밀협약(Taft-Katsura Agreement, 1905.7.29)으로 일본
이 한국에 보호권을 확립하는 데 동의한 미국의 중재에 의해[6] 포츠머스조
약(Treaty of Portsmouth)을 체결하고(1905.9.5) 전쟁을 종결하였다.

포츠머스조약의 체결로 인해 일본의 한국 보호국화 계획은 국제적 승인
을 받게 되었고, 따라서 일본은 대한제국의 보호국화 및 식민지화의 길을
재촉할 수 있었다. 일제가 마침내 1905년 11월 17일 을사5조약(을사늑약)
을 강제로 체결하자 한국 민족은 일제에 저항하는 국권회복운동을 본격적으
로 전개하였다. 이러한 국권회복운동은 의병활동과 구국계몽운동의 양면에
서 전개되었는데, 구국계몽운동을 전개했던 대표적인 단체는 1907년 4월
창립된 신민회였다. 신민회의 회원들은 과거 독립협회와 만민공동회 운동에
앞장섰던 인물들로서 서로 잘 알고 지내던 사이였으며, 그 후 구국계몽운동
의 지도자로 활약하다가 신민회의 창설과 더불어 비밀회원으로 가입한 자들
이었다.

신민회 회원은 1910년경에 800여 명에 달하여 이들은 국외에 독립운동기

---

6) 한용원, 『남북한의 창군』(오름, 2008), 15쪽(미국은 1905년 7월 일본과 태프트-가쓰라
   밀약을 체결함으로써 대한제국 멸망의 묵시적 방조자가 되었음).

지를 건설하고, 무관학교를 설립하여 현대적 정규군과 같은 독립군을 창건
하는 데 진력하였다. 그러므로 대한제국 국군 출신이며 신민회의 핵심회원
이었던 노백린, 이갑, 이동휘, 유동열, 조성환, 김희선 등은 독립군의 주요
간부로 활약하였다. 노백린은 미국에서 비행사를 양성하고, 이갑과 이동휘
는 만주에서 밀산무관학교와 동명무관학교를 각각 창설하여 독립군을 양성
하였다. 그리고 1919년 4월 13일 상하이에 임시정부가 수립되자 군무총장
에 이동휘(1920년에 노백린), 동 차장에 조성환(1920년에 김희선), 참모총
장 유동열(1920년 임명) 등이 발탁되었다.

II. 군의 위상 변화

임진왜란 후 조선의 군제(軍制)는 왕실 호위를 주목적으로 하는 수도(首
都) 중심의 군제 곧 왕군(王軍)의 군제를 채택하고 있었다. 그리고 조선 말
흥선대원군이 집정할 때(1864~1873)에 국방관청이던 비변사(備邊司)를 폐
지하고 군·정(軍·政)을 분리시켜 정치는 의정부에서, 군사는 삼군부(三軍
府)에서 맡도록 하였다. 나아가 대원군의 쇄국정책은 결과적으로 병인양요
(1866)를 자초하고, 그 후 신미양요(1871)를 겪게 만들었다. 하지만 1873년
대원군이 하야하고 명성황후 일파가 집권했으나 두 번의 양요를 겪고 나서
도 국방에 관한 개선책을 마련하지 못하였다. 1874년 3월 비록 대원군이
추진해온 강화포대의 축조가 완성되었고, 7월 대포도 제조했지만 국방 개선
의 효력은 별무하였다.

이는 병인·신미양요 때 프랑스와 미국의 군함이 6.5인치 신식포를 장착
한 데 영향을 받아 선진국의 최신 군함들이 1870년대 후반에 거포를 장치하
게 됨으로써 조선의 국방개선 효과가 드러나지 않았기 때문이었다. 그러므
로 1875년 8월 일본의 군함이 강화도를 침공하는 운양호사건이 발생했을

때 강화포대는 상대조차 안 되어 마치 대포와 소총이 대결하는 양상을 시현하였다. 임진란(1592) 이래 300년간 조선의 집권세력은 국방을 외면하였고, 따라서 운양호사건은 결과적으로 1876년의 강화도조약(한·일수호조약)을 체결토록 만들었다. 당시 조선은 국력이 쇠약한 탓으로 인해 불평등조약을 체결하고 강요된 개국을 해야만 했었다.

이는 명성황후가 대원군이 10년간이나 세도를 부리며 다스려온 쇄국주의에 도전한 개화정책의 시작이기도 하였다. 명성황후는 1880년 12월에 삼군부(三軍府)를 폐지하고 청국의 관제를 모방하여 통리기무아문(統理機務衙門)을 만들었으며, 청국과 일본국에는 군사 및 병기 제조술 등을 배울 유학생들을 파견하고, 일본에는 1881년 1월에 근대 문물제도를 시찰·조사하기 위한 신사유람단을 파견하였다. 그리고 일본 군함의 위력에 굴복하여 문호를 개방한 조선 왕조는 1881년 5월 19일 별기군(別技軍)이라는 일종의 시험적인 신식군대를 조직하여 근대화의 첫발을 내딛었다. 그러나 구식군대가 1882년 7월 23일(음력 6월 9일) 임오군란을 일으키자 임오군란은 결과적으로 일본군의 조선 주유(駐留)를 초래하였다.

청군은 군란 후에 별기군 5군영을 해체시키고 청군의 군제인 신건친군영(新建親軍營)을 창설하여 청군에 예속된 군대를 만들었다. 한편 갑신정변(甲申政變)으로 궁지에 몰리게 된 일본은 청국과 1885년 4월 18일 천진조약(天津條約)을 체결하여 조선 내 양군의 주유(駐留)를 철폐토록 만들었다. 천진조약으로 인해 청·일 양군이 철퇴하게 됨에 따라 그동안 청병의 호위를 받아오던 왕실은 평양에서 정병(精兵) 500명을 선발하여 친위병(親衛兵) 서영(西營)을 설치하였다. 그리고 천진조약에 앞서 1884년 5월 조선은 러시아와 수호조약을 맺었는데, 러시아는 청·일 양국의 심각한 대립 속에서 그들과 동등한 발언권을 요구하고 등장하였다.

조선의 조정에서는 청·일의 개전이 불가피해지자 그들보다 세력이 큰 러시아를 등에 대고 비밀협약을 시도하였다. 즉 ①러시아는 군사교관으로 장교 4명, 하사관 16명을 조선왕국에 파견한다. ②군사교관의 급료는 조선왕국내의 적당한 이권을 러시아 정부에 부여한다는 것이다. 그러나 이 협약이 체결되기 전에 내막이 일본 정부에 알려지자 일본은 러시아의 동진정책과 태평양 진출을 경계하고 있던 영국에게 이를 통보해 주었다. 당시 영국은 러시아의 한반도 진출에 대비하여 극동함대가 남해의 거문도를 1885년 4월 15일부터 불법 점령하고 있었다. 그러므로 한·러 비밀협정 교섭 전개사실이 폭로되자 조선 정부에서는 영국 부영사 및 주청 영국공사에게 항의서를 제출하는 한편 일본에 대표를 파견하여 교섭하였다. 따라서 한·러 비밀협정 교섭은 백지로 환원되고 말았다.

이 사태의 해결 과정을 보면 청·일 양국이 공동전선을 형성하자 러시아는 청국에 조정을 의뢰하였고, 청국의 이홍장(李鴻章)은 주청러시아 공사로부터 "러시아도 조선의 어느 지점이든 점령하지 않겠다"는 확약을 얻고 주청 영국공사를 통하여 거문도에서 영국군이 물러가기를 교섭함으로써 1887년 2월 27일 영국함대는 거문도에서 철수하였다. 그런데 청국은 1885년 8월 청국으로 납치해갔던 대원군을 3년 만에 귀국시켜 명성황후 일파와 고종의 친러정책을 견제케 하였다. 즉 서울에 파견되었던 원세개(袁世凱)가 귀국한 대원군 일파를 비호하고 명성황후의 친러세력을 억압하자 명성황후 일파는 러시아 공사 웨베르에게 ①조선왕국을 보호해 줄 것, ②청국의 종주권을 배제해 줄 것, ③청국이 불응할 때에는 군함을 파송하여 지원해 줄 것을 비밀리에 요청하는 서한을 보냈다.[7]

웨베르는 이 같은 내용을 본국에 타전키 위해 전신국에 의뢰했으나 "전선의 단선으로 불가능하다"고 청국인 전신관리원이 거짓말을 하고 이 내용을 원세개에게 통보함으로써 원세개는 대노하여 고종과 명성황후 일파에 대하여 갖은 협박과 공갈로 친러세력에게 치명적인 요구조건을 제시하였다. 즉 ①러시아군의 파병에 앞서 청군을 진주시키겠다. ②무력한 군주 고종을 폐하고 대원군의 장손 준용(埈鎔)을 옹립하라는 것이었다. 이 같은 원세개의 요구를 받은 조선의 조정에서는 긴급회의를 열고 회신하기를 ①문제의 외교서신을 러시아공사에게서 회수하겠다. ②사건은 국왕 이하 각 대신들이 전

---

7) 육군본부, 『창군전사』, 20쪽.

혀 아는 바 없으며 이는 간신배들의 소행이다. ③여사한 간신배를 즉각 유배시키겠다고 하였다. 그러나 비밀문서의 반환을 요구받은 웨베르 공사가 그러한 문서를 받은 바 없다고 묵살함에 따라 명성황후 일파는 울며 겨자 먹는 격으로 원세개에게 굴복하였다.

이에 원세개의 비위를 맞춘 명성황후는 청국의 호의를 사게 되어 대원군 세력을 타도하는 데 성공했을 뿐 아니라 친청노선(친청 사대주의 노선)을 지향하여 10여 년간 정치적 안정을 유지할 수 있었다. 한편 명성황후의 개화정책은 군사 면에서도 혁신을 가져왔다. 1881년 4월에 명성황후는 별기군(別技軍)이라는 신식군대를 만들었다. 이는 일본에서 유학하고 돌아온 별군관(別軍官) 윤웅렬(尹雄烈), 한성근(韓聖根) 등이 중심이 되어 일본의 육군 공병 소위 호리모도 레이죠(掘本禮造)를 교관으로 초빙하여 우선 100명의 별기군을 창설한 것이었다. 별기군은 서양식 소총에다가 초록색의 군복으로 단장하였고, 역사상 최초의 개화된 신식군으로서 일본군대식으로 훈련되었으며, 그 규모는 사관생도 140명에 일반병이 300명이었는데, 이들이 장안을 활보하자 일반주민은 물론 구식군대의 선망의 대상이 되었다.

구식군대는 1881년 12월에 5군영(훈련도감, 어영청, 총융청, 금위영, 수어청)을 개편하여 무위영과 장어영의 2영으로 축소시켰는데, 양영의 병력은 5,000명에 불과했던 데다가 무위영(武衛營)은 궁궐의 수비가 주 임무였다. 1882년 6월 9일 구식군대가 임오군란을 일으켜 관청과 척신들의 집을 습격하고 별기군의 교관인 호리모도 소위를 살해하였으며, 이 군란으로 인해 별기군은 창설 1년 만에 해산당하고 말았다. 그리고 군란을 계기로 재집권한 대원군은 통리기무아문(統理機務衙門)을 폐지하고 3군부(三軍府)를 부활시켰으며, 무위영·장어영을 다시 5군영으로 환원시켰다. 그러나 대원군은 동년 8월 청국에 납치됨으로써 정권은 다시금 고종에게로 돌아갔다. 이렇게 되자 원세개는 1882년 8월 말에 대원군이 부활시킨 5군영의 군대를 해산시키고, 청군 군제에 따라 신건친군영을 창설하고 좌영, 우영의 2군영을 만들었다.

좌·우영 군대가 청국 장교에 의해 훈련을 받았을 뿐 아니라 원세개의 주

도하에 주한청국군사령관 오장경(吳長慶) 제독의 통제하에 있게 되자 청군
은 구식 청동포 10문과 영국제 신식소총 1,000정을 원조해 주었다. 그리고
일본도 동년 12월 죽첨진일랑 공사가 부임할 때 일본 천황의 예물이라고
하면서 신식소총 425정과 실탄 5만발을 고종에게 증납하는 경쟁을 벌였다.
이로 인해 친군영은 1883년 11월 일본 군제의 별기군을 개편하여 전영(前
營)을 설치한 데 이어 1884년 8월에는 후영(後營)과 별영(別營)을 설치함으
로써 5영으로 확장되었다. 그러나 1884년 4월 친군영의 5영이 편제의 모순
과 각 영이 분산되어 경비가 많이 들게 되자 군제를 다시 개혁하여 장위(壯
衛)·통위(統衛)·총어(摠禦) 3영으로 축소시켰다.[8]

  이처럼 3군영으로 군제 개혁을 단행하자 조선 정부에서는 청·일·러 등
의 군사교관을 배제하고 제3국인인 미국인 교관 다이(W. M. Dye) 장군,
닌스테드(Nienstead) 대령, 리젠도어 대령, 리 소령 등 4명을 1888년 2월에
초빙하여 1887년 12월에 설치된 연무공원(鍊武公院; 士官養成所)에서 3군영
사관의 훈련에 임하게 하였다. 이는 청·일 양국이 천진조약에서 조선의 군
사교련을 담당할 수 없도록 협약한 바 있었기 때문에 조선 정부에서 임의로
미국의 교관들을 고용할 수 있었기 때문이었다. 그리고 미국식에 의한 훈련
과 관련하여 1890년 4월 미 해군 50명이 궁궐을 호위하게 되었는데, 이는
미국공사 히드가 부임하여 고종에게서 얻은 신임의 결과였지만 명성황후 측
의 항의로 곧 철수하였으며, 연무공원은 1894년 갑오개혁(甲午改革) 때까지
6년간 존속하였다.

  임오군란 이후 조선 왕군은 허다한 개폐를 거듭했는데, 그렇다고 군대가
크게 발전하거나 정예군이 된 것도 아니었다. 그것은 청·일·러 등 3국간섭
으로 정국이 안정을 찾지 못했기 때문이었다. 더욱이 1894년 4월에는 동학
농민운동(東學農民運動)이 일어났다. 이 농민봉기는 결과적으로 청군과 일
본군을 다시금 국내에 불러들이는 꼴이 되었는데 그들의 구실은 동학농민군
을 진압한다는 것이었다. 물론 조선 정부에서 청군의 파병을 요청한 것이

8) 육군본부, 앞의 책, 22쪽.

일본군의 출병을 초래하게 되어 양국 군대는 성환(成歡)에서 충돌하게 되었으니 이것이 청·일전쟁의 발단이었다. 동년 6월 김홍집 내각이 성립되고 갑오개혁이 시작되었다. 갑오경쟁에 의하여 1894년 6월 28일 오늘의 국방부에 해당하는 군무아문(軍務衙門)이라는 기관이 만들어져 전 육·해군 군정의 통합, 군인·군속의 감독과 관내 제부를 통솔하다가 1894년 12월 17일 폐지하였다.

1894년 7월 무력으로 왕궁을 점령하고 명성황후 일파의 정권을 타도한 개화당은 종래의 3영의 군대를 무장해제시키고 8월에 친일내각과 한일잠정합동조관을 체결하였으며, 이에 의하여 약간의 왕조 군대를 일본군의 지도하에 재편성하게 되었으니 이것이 훈련대의 시작이었다. 즉 1895년 4월 일본공사관의 무관 구스노세를 교관으로 초빙하여 1895년 5월 일본군대식으로 편성된 훈련대를 창설했는데, 훈련대는 해산된 3영의 병졸 가운데서 선발하여 제1대대(492명)와 제2대대(482명)를 편성한 것이었다. 그리고 훈련대 창설과 동시에 사관양성소를 부설하여 3개월의 단기 양성을 목표로 영관소장 밑에 교관 3명을 두었는데 왕유식, 권태한, 이대규 등이 이 양성소 출신이었다.

1894년 11월 부임한 일본공사 이노우에가 고종에게 강권한 20개조 내정개혁강령 속에는 "군제를 개정한다"는 항목이 들어 있었다. 즉 "국내의 민란을 진압하고 안녕을 보존·유지하는 데 필요한 병비(兵備)를 설치하라"[9]고 하면서 그 방법으로 첫째, 사관을 양성할 것, 둘째, "구식군대는 일체 폐지하고 신식병을 증설하라"고 하였다. 그때 일본은 청나라와 전쟁을 벌여 승리하고 있었으므로 조선 정부에 대해 강요하고 싶은 것은 모두 다 강요하였고, 일제에 대항할 군사력을 갖지 못한 조선으로서는 일본의 요구를 받아들일 수밖에 없었다. 그런데 일본은 조선의 군제를 개혁하여 조선군을 근대화시켜 주는 데 진정한 목적이 있었던 것이 아니었다. 일본은 조선군을 근대화시키고 강화시켜 준다는 명분하에 일본의 감시를 받는 군대, 일본의 말을

---

9) 이선근, 『대한국사 7』(신태양사, 1973), 297쪽.

잘 듣는 군대를 만들고자 했던 것이다. 즉 괴뢰군을 만들고자 했던 것이다.

그러므로 일본은 갑오개혁(일명 甲午更張)을 단행하면서 친일개화파 김홍집을 내각수반으로 임명하도록 강요하고, 따로 군국기무처(軍國機務處)라는 전담기구를 설치하여 제멋대로 남의 나라 제도를 뜯어고쳤으며, 특히 군사고문으로는 일본군 장교 두 사람을 꼭 임명하여 활용하라고 강요하였다. 따라서 김홍집의 친일내각은 일본공사관 무관 구스노세 중좌를 교관으로 초빙하여 신식군대인 훈련대를 조직케 하였다. 하지만 명성황후 측에서는 훈련대를 견제하기 위해 미국인 다이 준장, 닌스테드 대령 등의 도움을 받아 시위대를 창설·활용하고 있었다. 이러한 상황하에서 미우라 공사가 훈련대를 왕궁 호위의 목적으로 활용하도록 조선 왕실에 요구했으나 관철되지 못한 데다가 오히려 명성황후 측이 훈련대를 해체시키라고 통고해오자 명성황후를 시해하는 을미사변에 훈련대를 동원하여 수족처럼 활용하였다.

1895년 10월 7일 시해사건이 발생하자 10월 10일 시위대를 훈련대에 편입시켜 종전처럼 왕궁을 호위케 했으나 10월 12일 훈련대도 해산시키고 새로이 친위대와 진위대를 설치한 뒤 친위대로 하여금 왕궁을 호위케 하였다. 그러므로 육군은 친위대와 진위대의 2종으로 나뉘었는데, 친위대는 서울에 주둔하여 왕성 수비에 전임(專任)하고, 진위대는 지방에 주둔하여 지방 진무(鎭撫)와 변경 수비에 진무하였다. 이러한 상황하에서 1897년 10월 12일 대한제국이 성립하자 새로운 면모를 갖춘 대한제국의 국군이 태동하였다. 대한제국의 국군은 황제가 직접 통수하는 체제를 갖추어 군부(軍部) 외에 원수부(元帥府)를 황궁 안에 설치하여 용병은 물론 군령을 장악케 하였다. 이로써 군주권이 강화되고 국군의 사기가 앙양되었다.

그러나 동학농민운동이 일어나자 관군(官軍)을 투입하여 진압시키려 했으나 중앙군(京軍)은 이동 중에 절반 정도가 이탈하여 보부상으로 충당해야만 했고, 지방군(鄕軍)은 죽창을 들고 싸우는 농민군에 불과한 동학군에게 패배만 거듭하였다. 이러한 정황에도 1904년 2월 10일 러·일전쟁이 일어나기 전까지는 대한제국 국군이 자주성(自主性)을 유지해 왔다. 그러나 러·일전쟁이 개전된 후에는 일본군이 대거 침략, 내정간섭이 시작됨으로써 또다시 대한제국 국군은 수난기에 접어들었다. 일제는 먼저 원수부를 해체하고 병력을 1만 명 이하로 대폭 축소시켜 버림으로써 대한제국의 식민지화 기도를 노골화하였다. 그리고 일제는 미국과 영국의 지원으로 러·일전쟁을 수행했을 뿐 아니라 루스벨트 대통령의 알선으로 1905년 9월 5일 체결된 포츠머스조약으로 인해 일본의 대한제국 보호국화 계획을 국제적으로 승인받을 수 있었다.[10]

그러므로 러·일전쟁 중에 대한제국 정부를 강박하여 한일의정서에 도장을 찍게 했던 일제는 개전 3개월 만에 대한제국을 보호국으로 만들기로 결정하여 각종 침략적인 조약을 강요하다가 1905년 11월 17일 을사5조약을 강제로 체결하였다. 을사조약은 1905년 9월 5일 포츠머스조약을 체결하면서 강압적이며 불법적으로 이루어진 조약이었기 때문에 고종 황제는 불법적으로 체결된 이 조약에 도장 찍기를 거부했을 뿐 아니라 세계 공론에 호소하기 위해 1907년 7월 18일 헤이그 밀사사건을 유발시켰다. 헤이그 밀사사건을 이유로 일제는 고종 황제를 강제로 퇴위시켰을 뿐 아니라 1907년 8월 1일 대한제국 국군을 해산시켰다.

III. 군대의 해산

대한제국의 군대가 해산에 이르기까지 대한제국의 내외 정세의 전개를 살펴볼 필요가 있다. 별기군의 창설(1881년)을 효시로 하여 한말 군대는 서양식 복장에 신식 소총으로 혁신을 하게 되었으나 군사개혁은 출발점부터 별기군과 구식군대의 병존으로 인해 악순환이 되풀이되었다. 더욱이 한반도의 주변국가인 일본·청국·러시아의 3대 강국은 한반도에서 세력의 각축전

---

10) 한용원, 앞의 책, 63-65쪽.

을 벌이고 문약한 조선왕조에 대해 간섭하는 실정이었다. 그리고 1894년 1월 동학농민운동이 일어나 이를 진압키 위해 장어영의 관군이 출동했으나 동학군들에게 패배하여 관군의 무력한 단면을 보여주었다.

1885년 4월 18일 청·일 양국은 천진조약(天津條約)을 체결하여 ①양국의 조선 내 주둔군을 4개월 내에 철병하고, ②조선에 변란이 일어나 파병 시에는 사전에 통고하고 사후에 즉시 철병하기로 약정하였다. 그러므로 이 조약은 청·일 양국의 갈등을 완화시켰으나 청국이 조선에 대한 종주권(宗主權)을 상실토록 만들었다. 동학농민운동이 일어나자 청국은 "조선의 요청에 따라 출병한다"고 일본 정부에 통고하고 거류민 보호를 내세워 인천에 파견했으며, 일본군 제9여단은 거류민 보호, 조선의 왕조 보호, 조선의 독립 보장을 내세워 인천에 상륙하였고, 상황이 이 지경에 이르자 6월 16일 일본 측은 청국 측에 대하여 "청·일 양국이 공동으로 조선의 내정 개혁을 단행하자"고 제안했으며, 이에 청국 측은 일본이 강화조약에 의하여 조선을 독립국가로 인정한 이상 일본이 조선의 내정에 간섭할 이유가 없으니 청군과 함께 철병할 것을 요구하였다.11)

그러나 6월 26일 일본 측은 철병에 반대하고 독력으로 조선의 내정 개혁을 강행하겠다고 나섬에 따라 조선 정부는 이를 승인하지 않을 수 없었고, 따라서 원세개가 본국으로 도피하고 명성황후 일파에게 처벌령이 내려진 반면, 친일 김홍집 내각이 들어서 대원군을 받들게 됨으로써 청국과의 제 조약은 파기되고 말았다. 이렇게 되자 청국도 본국에서 증원군을 보내게 되어 청·일 간에 충돌이 불가피하였고, 그 충돌은 전쟁으로 비화되었다. 즉 7월 23일 일본 해군이 아산만 풍도 앞바다에서 청국의 함대에 포격을 가하였으며, 일본 지상군이 7월 29일 성환에서 청군을 공격하여 이 땅에서 청·일전쟁이 일어나고 말았다. 1895년 4월에 청국 측은 일본에 화의를 청하여 4월 17일 일본 시모노세키(下關)에서 강화조약을 체결하였고, 이 조약에서 청·일 양국은 "조선은 완전한 자주독립국임"을 확인하였다.

---

11) 육군본부, 『창군전사』, 33-34쪽.

그런데 청·일전쟁에서 일본이 연전연승한 대가로 청국한테서 할양받은 요동반도·대만·팽호열도 중에서 요동반도를 러시아·프랑스·독일의 3국 간섭으로 1895년 12월 반환하게 됨에 따라 일본의 국위(國威)가 급전낙하 되는 가운데 명성황후 일파는 친러책을 구사하게 되었다. 즉 명성황후 일파 는 러시아 공사 웨베르와 제휴하여 박영효의 고종폐위 음모사건을 기화로 친일내각을 무너뜨리고 친러파인 이범진·이완용 등을 등용하여 제3차 김홍 집 내각을 구성하였다. 이에 친일파인 권형진·조희연(趙羲淵)·김가진 등이 일본공사 미우라를 만나 친러파를 제거하기로 하고 다시 대원군을 받들어 거사를 하기로 음모했는데, 명성황후는 이 같은 음모를 모르고 미우라 공사 에게 훈련대의 해산을 통고하였다.

그로 인해 을미사변이 발생하자 친일파 일당들은 친러파인 이범진·이완 용 등을 파직하고 김홍집을 다시 총리대신으로 임명하여 조희연(趙羲淵)· 유길준·권형진 등을 대신에 임명, 제4차 김홍집 내각을 구성하였다. 더욱이 시해사건과 단발령이 지방 민심을 크게 격동케 하여 1895년 12월에는 의병 이 춘천에서 일어나 경기·강원·충청·경상도로 확산되었고, 따라서 정부에 서는 1896년 1월 친위대의 과반 병력을 의병 토벌차 지방에 출동함으로써 서울의 경비는 약화되었다. 그러므로 을미사변으로 인해 물러나 러시아 공 사관에 잠입한 친러파 이범진은 러시아공사 웨베르와 공모하여 인천에 정박 중인 러시아 군함에서 수병(水兵) 120명을 서울로 입성케 함으로써 공사관 의 경비를 강화시켜 고종과 황태자의 아관파천을 유도하는 술수를 구사하 였다.

아관파천으로 인해 친일내각이 무너지고 이범진 등 친러파들이 정권을 장악한 가운데 웨베르 공사는 군대로써 공사관을 철통같이 경비하면서 고종 을 마음대로 조종하여 많은 이권을 챙겼다. 한편 1896년 4월 러시아 황제 니코라이 2세의 대관식에 참석했던 야마가타(山縣) 원수가 러시아에 대하여 "한반도를 38도선에서 분할하자"고 제안했으나 러시아는 러·일 양국이 조 선의 내정에 간섭하지 말고 고종이 속히 환궁하도록 권유하며, 공동 보호를 지향하자고 제안함으로써 러·일 양국은 조선에 대해 직접 간섭을 하지 않기로 협약하였다. 이는 당시 러시아의 극동정책이 조선보다도 만주에 중점을 둔 데서 비롯되었으며, 따라서 러시아는 "다른 나라가 만주에서 러시아의 이권을 침략하려고 기도한다면 그 어구(於口)를 철저히 지켜야 한다"는 전략을 구사하였다.

1900년 5월 북청사변(北淸事變, 일명 義和團事件)이 일어나 영국·러시아·독일·프랑스·미국·이탈리아·일본 등 7개국이 연합군으로 출병하여 북경에서 사건을 진압하자 러시아를 제외한 모든 나라는 철병했으나 러시아는 동해철도(東海鐵道)를 보호한다는 구실로 철병하지 않음으로써 이를 계기로 1902년 영·일(英·日) 간 동맹이 체결되었다. 그러므로 러시아는 극동 침략을 본격화하고, 영·일은 러시아에 대한 공동방위를 추구하였다. 1903년 7월 23일 일본은 청국에 대한 기회균등과 조선에 있어 일본의 우위를 인정할 것을 러시아에 요구했으나 러시아는 만주에 병력과 야포를 증강시키는 것으로 회답을 대신하였다. 더욱이 1904년 1월 중순경 일본은 영국의 제보로 러시아군이 대일작전계획을 확정했다는 것을 알게 되었고, 따라서 전쟁이 불가피하다는 결론에 도달하였다.

이에 일본은 1904년 2월 6일 러시아에 최후통첩을 보내고 2월 10일 대러 선전포고를 했는데, 선전포고에 앞서 2월 8일 해군으로 여순항(旅順港)을 기습하였다. 러·일전쟁에서 일본의 육군은 봉천(奉天) 대회전에서 승리하는 등 전승을 하였고, 해군은 발틱함대를 일본해에서 맞이하여 전멸시키는 등 전과를 획득했으며, 1905년 9월 5일에는 포츠머스조약을 체결하여 전쟁을 종식시켰다. 이처럼 세계의 3등국이었던 일본군이 세계의 최강국이었던 러시아군을 격파시킴으로써 포츠머스조약을 통해 일본은 조선의 처리권, 러시아군의 만주 철퇴, 여순조차권 및 동청철도지선 취득과 사할린의 절반을 할양받았으며, 따라서 일본은 일약 세계의 제1등국으로 부상할 수 있었다.

러·일전쟁이 벌어지자 대한제국 정부는 일본군의 계속적인 입국과 통과를 막지 못했는데, 이는 1904년 2월 23일 한·일의정서가 체결되었기 때문이었다. 한·일의정서의 핵심은 일본이 대한제국의 독립과 영토 보전, 내란 시 개입, 군략(軍略)상 필요에 따라 토지수용의 편의를 일본이 보장받은 데 있었다.[12] 1905년 러·일 간에 조인한 강화조약 제22조에는 조선에 있는 일본의 특수한 지위가 승인되었고, 이를 배경으로 하여 일본은 한·일 보호 조약을 11월 17일 체결했는데, 이것이 을사보호조약으로서 일본은 이 조약으로 조선의 외교권을 박탈하였다. 이 조약에 대한 반대운동이 전국적으로 일어나 시종무관장(侍從武官長) 민영환(閔泳煥) 등은 자결을, 민종식·최익현·신돌석(申乭石)·유인석(柳麟錫) 등은 의병을 일으켰다.

일제가 대한제국의 외교권을 박탈하자 1906년 2월 1일 서울에 통감부가 설치되어 초대 통감에 이토 히로부미가 취임하였으며, 이렇게 통감정치가 시작되자 영·미·청·독·불 등 주한공사들이 본국으로 귀국하게 되고 외국 주재 우리의 사신들도 소환되었다. 을사조약은 1905년 9월 5일 포츠머스조약을 체결하면서 강압적이며 불법적으로 이루어진 조약이었기 때문에 고종 황제는 불법적으로 체결된 이 조약에 도장 찍기를 거부했을 뿐 아니라 세계 공론에 호소하기 위해 1907년 7월 18일 헤이그 밀사사건을 유발시켰다. 헤이그 밀사사건을 이유로 일제는 고종 황제를 강제로 퇴위시키고 순종을 제위에 앉혔을 뿐 아니라 7월 24일 정미7조약을 체결하고 이 조약에 부수된 '비밀각서'에 의하여 대한제국 국군의 해산을 단행하였다.

그러면 이제 군대의 해산에 관해서 살펴보기로 한다. 1906년 2월 1일 서울에 설치된 통감부는 일본이 필요로 하는 사항을 직접 대한제국 정부에 명령·집행케 하는 권력을 가져 외교는 물론 내정에도 간섭할 수 있었다. 이러한 맥락에서 이토 히로부미는 1907년 7월 31일 국가재정을 절약한다는 구실로 황제를 위압하여 군대 해산의 조칙을 반포케 하였다. 일본은 청·일 전쟁을 도발하면서 이미 조선내정개혁(朝鮮內政改革)이라는 음모를 꾸민 바 있었다. 즉 일본은 한국에게 근대화시켜 준다는 명분을 내세워 한국을 식민지화하려는 음모를 꾸몄으며, 이를 위해 일본군은 전시에 서울에 입성하여 경복궁을 포위하고, 1894년 7월 23일 조선군의 무장을 해제시켜 버렸다.

일본이 제시한 내정개혁 안에는 군제 개혁안을 포함하고 있었으나 군제

---

12) 육군본부, 앞의 책, 40쪽.

의 개혁은 한국군을 강화시키기보다 약화시키는 데 그 목적을 두고 있었다. 앞서 기술했듯이 일제는 조선의 군사고문으로 일본군 장교를 임명하고 신식 군대인 훈련대를 조직토록 하여 괴뢰군화 함으로써 정치적으로 이용하려고 하였다. 그 후 1897년 10월 12일 대한제국이 성립되자 국군이 창설되어 원수부를 설치하는 등 새로운 면모를 갖추었으나 일제는 대한제국 국군이 현대화된 무기로 장비할 수 없도록 외교적 술책을 구사하였다. 그리고 청·일전쟁이 종료되고 러·일전쟁이 시작될 때까지 대한제국 국군은 자주성을 유지해 왔으나 1904년 2월 10일 러·일전쟁이 발발하자 일제의 강압으로 원수부가 해체되고 1만 6천여 명으로 증강되었던 병력은 8천여 명으로 축소당하고 말았다.

1907년 8월 1일 대한제국 국군이 해산될 당시 대한제국 국군의 병력은 7,000여 명에 불과하였다. 이는 일본공사 하야시(林權助)가 러·일전쟁 중에 대한제국 국군 병력을 1만 6천여 명에서 8,000명으로 반감시켜 버린 후에도 해마다 감소됨으로써 해산 당시에는 7,000여 명에 불과하여 서울에는 시위 2개 연대와 헌부(憲部)·연성·무관·유년 학교 등에 5,000여 명이 배치되었고, 지방에는 8개 진위 대대에 2,000여 명이 배치되고 있었다.[13] 대한제국 국군의 해산에 앞서 일본군사령부(사령관 하세가와 대장)는 대한제국 국군에게 지급되는 소총과 탄환을 철저히 통제하고, 봉급의 지급을 중단하며, 외출·외박을 금지케 하고, 화약·탄환·창고의 접수를 단행하는 조치를 취하였다.

그리고 이토는 황제에게 "황제 시위에 필요한 자만은 선치(選置)하고 기타는 일체를 해산케 한다"는 군대 해산의 조칙(詔勅)을 반포케 함과 동시에 "해산 시 인심이 동요되지 않도록 예방하고 폭동자는 진압할 것을 통감에게 의뢰한다"고 부연한 각본까지 만들기는 했으나 황제의 조칙이 있다고 해도 군대가 조용히 해산한다는 보장은 없기 때문에 이토는 7월 24일 본국에 수비병력을 요청하였으며, 따라서 제12사단에서 1개 혼성여단이 급파되어 7

---

13) 육군본부, 앞의 책, 43쪽.

월 31일 서울에 도착하였다.

당시 대한제국 내에는 일본군 1개 사단 병력이 주둔하고 있었으나 대부분 국경선에 배치되어 있었기 때문에 군대 해산에는 활용할 수가 없었다. 군대 해산 방법은 군부대신 이병무 부장(李秉武 副長)이 헌병사령관, 여단장, 연대장, 대대장, 기병대장, 포병연대장, 공병대대장 등을 소집하여 융희 황제의 조칙을 전하고 협조를 당부하는 방식을 취하였다.

군대 해산에는 일본군 2개 중대 병력을 각 병영에 배치하여 감시케 하고 필요할 땐 병력을 사용토록 했는데, 하세가와 사령관은 "조용히 해산을 실행토록 하라"고 당부하였다. 군대 해산에는 장교들과 황실 호위의 1개 대대 병력(시위 보병 1개 대대와 기병 1개 중대)이 제외되었는데 이 병력도 1931년 4월 1일 해산되었다. 해산 당일 7시에 대관정(大觀亭)에 모인 군 수뇌부 인사들은 군부대신 이병무 중장, 일본군사령관 하세가와 대장, 시위혼성여단장 양성환(梁性煥) 참장 이하 재경부대의 대대장급 이상의 지휘관들이었다. 단지 제1연대 제1대대장 박승환(朴昇煥) 참령은 병을 핑계로 선임중대장 김재합(金在洽) 대위를 대리 참석케 하였다.

군대 해산 일정은 8월 1일 서울지구의 전부대로부터 9월 3일 북청부대(진위보병 제8대대)에 이르기까지 1개월간이 소요되었는데, 부대 해산에 저항하여 ①서울 시위 제1연대 제1대대장 박승환 참령의 자결, ②원주 진위보병 제5대대의 항전 ③수원의 진위보병 제1대대 강화도 분견대의 봉기 등이 야기되었다. 서울지구의 군대 해산 시에는 중대장급에게만 조칙 내용을 알리고 사병들에게는 일체 비밀에 붙인 가운데 각 중대장이 사병들의 총기를 반납케 하고 오전 10시까지 해산식이 개최되는 을지로5가 소재 훈련원에 집합시킬 예정이었다. 그러나 군대 해산에 반대한 대한제국 국군의 항전은 시위대 제1연대 제1대대 대대장 박승환 참령의 자결을 도화선으로 시작되었다.[14]

박 참령의 자결 총성이 울리자 중정(中庭)에 정렬해 있던 사병들은 대열

---

14) 육군본부, 앞의 책, 44-46쪽.

을 벗어나 무기고로 달려가 문을 부수고 총기와 탄환을 되찾아 대대의 무장해제를 감시하던 교관 구리하라에게 난사하였다. 이에 구리하라가 도주하자 제1연대 제1대대 병사들이 병영 밖으로 쏟아져 나왔고, 그때 훈련원으로 향하던 인접부대 제2연대 제2대대를 만나게 되자 봉기를 독려했으며, 이 같은 의거를 일으킨 두 대대의 병사들은 기관총의 엄호하에 공격해 오는 우세한 적의 공격을 격퇴하면서 3시간 동안 병영을 사수하였고, 병영을 빼앗긴 후에도 일부 병사들은 계속 시가전을 벌여 일본군에게 항전하였다. 이 싸움에서 우리 군대는 일본군 100여 명에게 손실을 주었으나,[15] 우리 군대는 100여 명이 전사하고 200여 명이 부상당했으며 500여 명이 체포되었다.

다음으로 지방 진위대의 봉기에 관해 살펴보면, 8월 2일 원주 진위대 대대장 홍유형이 소집명령을 받고 상경하자 대대장 대리 김덕제(金德濟)와 특무장교 민긍호(閔肯鎬)가 비밀리에 봉기계획을 세워 8월 5일 하오 원주 진위대 병사들은 일제히 무기고를 장악하고 1,200정의 소총과 40,000발의 탄환을 확보하였다. 이렇게 해서 무기를 든 병사들은 원주시민과 합세하여 우편취급소, 군아(軍衙), 경찰분서를 습격하고 원주시를 장악하여 8월 10일 일본군 진압부대가 도착할 때까지 원주를 점령하였다. 그리고 원주 진위대 병사들은 일본군의 원주성 공격을 사전에 탐지하고 2대(隊)로 나누어 원주성을 철수하되, 민긍호는 충주·제천·죽산·여주 방면으로, 김덕제는 평창·강릉·양양 방면으로 진출하여 광범한 의병항쟁을 기도하였다.[16]

원주 진위대의 봉기에 이어 수원 진위대대 강화 분견대의 병사들이 봉기하였다. 8월 9일 그들은 지홍윤(池弘允), 유명규, 이동기(李東基) 등을 선두로 동 분견대의 무기고를 습격하여 무기를 탈취하였고, 소대장 민완식(閔完植) 부위가 도주한 가운데 시민들에게 무기를 분급한 분견대는 군수이며 일진회의 수령인 정경수를 처단하고 일본 순사를 사살하여 강화성을 완전히 장악하였다. 그러나 8월 11일 일본군 진압부대가 기관총으로 집중사격을 가

---

15) 박은식, 『한국독립운동지혈사 (상)』(서문당, 1975), 46쪽.
16) 육군본부, 앞의 책, 46-48쪽.

하는 가운데 성이 왜군에 의해 함락되자 분견대 병사와 무장 시민단의 대부분(600명)은 섬을 탈출하여 통진·해주 등지의 의병투쟁을 강화시켜 주었다. 러·일전쟁 중에 발생한 제2차 의병전쟁(을사의병)은 군대 해산을 계기로 제3차 의병전쟁(정미의병)으로 확대·발전하였다.

IV. 무관 양성과 진로

1876년 개항 이래 외국의 강력한 세력들이 조선에서 각축전을 벌였던 영향 때문에 군대도 일본식, 청국식, 미국식, 러시아식 등으로 한 번씩 거치지 않으면 안 되었던 것이다. 갑오개혁(1894년)을 계기로 내정개혁을 단행하게 되자 군부에서도 군대를 혁신시키고자 선진 외국의 군사교육의 습득이 필요하게 되었다. 1880년에 이미 우리 군대에서도 일본의 군사학교인 육군호산학교(陸軍戶山學校)와 육군교도학교(陸軍教導學校)에 유학하여 하사관 교육과정을 이수한 군사경력자들이 있었다. 그 후 일본육군사관학교에 최초로 입학한 학생은 박유굉(朴裕宏)이었는데, 그는 1883년에 육군유년학교에 입학하여 유년 과정을 졸업한 뒤 사관학교에는 1886년에 진학하였다. 그러나 그는 졸업을 1년 앞두고 1888년 5월에 자결하고 말았다.

박유굉은 김옥균(金玉均), 박영효(朴泳孝) 등의 알선으로 도일 유학 중이었는데, 갑신정변 후 조선 정부에서 유학생을 소환할 때 수차에 걸쳐 불응한 바 있었다. 이에 그 가족들이 국내에서 보복을 당하자 그 소식을 듣고 비탄 끝에 자결한 것으로 알려졌는데 그때 그의 나이가 22세였다. 그 다음으로 일본육군사관학교에 유학한 경우로는 훈련대의 사관연성소 설립계획에 따라 이병무(李秉武)가 1895년 5월부터 1896년 3월까지 사관학교에서 연수하였다. 이를 이어 조선 무관들의 특별 과정 입학이 허가되어 1896년 1월 조성근(趙性根), 신우균(申羽均), 성창기(成暢基), 이희두(李熙斗), 권태한(權泰

翰), 김상열(金商說), 이대규(李大珪) 등 11명이 정부 파견 유학생의 신분으로 입교하였다.[17]

그러나 그들은 동년 7월 박영효 등 친일내각이 실각함으로써 정부로부터 귀국명령을 받게 되자 학업을 수료하지 못하고 귀국해야만 했다. 한편 조선 왕조는 신식군대의 육성을 위해 1887년 12월에 최초의 장교 양성소라고 할 연무공원(鍊武公院)을 설치하였다. 그리고 연무교관은 청·일·러의 교관을 배제시키고 제3국인인 미국인 다이 준장, 닌스테드 대령 등을 1888년 2월에 초빙하여 활용하였다. 그러나 일본이 갑오개혁의 일환으로 군제 개혁을 주문함에 따라 김홍집의 친일내각은 일본공사관 무관 구스노세 중좌를 교관으로 초빙하여 1895년 신식군대인 훈련대를 조직하였다. 이에 명성황후는 훈련대를 견제하기 위해 왕궁을 호위할 시위대를 창설하면서 미국인 교관을 활용하였다.

그리고 조선왕조는 훈련대의 사관양성소를 1897년 12월에 개칭하여 육군무관학교를 설치하였다. 무관학교의 입학 자격은 18세 이상 23세까지의 남자로서 선발했는데, 수업 연한은 6년이고 육군유년학교를 졸업한 자는 3년이었다. 병과는 보병, 포병, 기병, 공병, 치중 등으로서 각과는 군사학 일반과 훈련이 위주였으나 무기는 없었다. 삼청동(三淸洞)에 위치한 무관학교에는 일본인 교관(대위)과 조교(하사)가 있었고, 한국인 교관이 각과에 있었다. 학과는 주로 국어, 수학, 역사, 지리 등이고, 일본어를 매일 가르쳤다.[18] 한편 갑오개혁을 계기로 군부 개혁을 뒷받침하기 위해 조성근 등 조선무관 11명을 일본육군사관학교 특별 과정에 입학을 허용했고 일본 정부는 육사 정규 과정에도 1898년부터 조선 무관들의 입학을 허용하였다.

일본육사 정규 과정에는 1898년 12월 1일 어담, 노백린 등 21명이 제11기생으로, 1902년 12월 1일 김응선, 이갑 등 8명이 제15기생으로 각각 입교하였다.[19] 제11기생은 어담, 노백린, 윤치성, 강용구, 김교선, 조택현, 장호

---

17) 육군본부, 앞의 책, 28쪽.
18) 육군본부, 앞의 책, 29쪽

익, 권승록, 김규복, 김상설, 권호선, 김관현, 김성은, 김희선, 방영주, 이기옥, 김형섭, 김홍남, 김홍진, 임재덕, 장인근 등이 입학하여 1899년 11월에 졸업하였으며, 졸업과 동시 일본의 각 연대에 배속되어 6개월간의 견습사관 생활을 하고 귀국하여 참위 임명장을 받았다. 그중 노백린, 김형섭 참위는 1901년 4월 무관학교의 보병과 교관에, 어담, 김교선 참위는 포병과 교관에, 김성은은 공병과 교관에, 김희선은 기병과 교관에 각각 임명되어 근대화된 선진국의 군사기술을 전수하였다.[20]

제15기생은 김응선, 유동열, 이갑, 박영철, 박두영, 전영헌, 남기창, 김기원 등이 입학하여 1903년 11월에 졸업했으며, 일본에서 6개월간의 견습사관 수업 중 러·일전쟁이 돌발하자 동경 근위사단을 따라 종군하게 되었다. 그들은 근위사단이 대한제국을 통과할 때 본국 정부로부터 '원수부관전장교'라는 칭호를 얻었고, 전선이 만주로 확대되자 여순요새 공방전도 관전하여 근대전에 대한 식견도 넓혔다. 그들은 임관하자 모두 장교양성소인 무관학교에 보직되었는데, 박두영과 박영철은 교관으로, 유동열, 김기원, 김응선, 이갑 등은 학도대 구대장으로 임명되었다. 그리고 그들은 무관학교로부터 신설된 연성학교와 유년학교에 진출하여 한말 3대 군사교육기관을 장악하였다.[21]

이러한 상황에서 1904년 9월 일제 측의 강요로 군비 축소가 단행될 때 근대교육을 받지 못한 무관들이 군직을 떠남으로써 향후 일본육사 출신이 군의 요직에 등용될 전망이 밝아졌는데, 이는 근위사단장이던 하세가와 중장이 대장으로 진급하여 조선주둔군 사령관으로 부임해옴으로써 더욱 확고해지게 되었다. 일본육사 출신들은 1904년 군제 개혁 때부터 일본 군인들과 동등한 대우를 받았다. 이는 대부분의 일본육사 출신 장교들이 '대세'에 순응하는 길을 택한 데다가 조선주둔 일본군사령부와 일제 총독부에서는 일본

---

19) 이기동, 앞의 책, 12-17쪽.
20) 이기동, 앞의 책, 12-13쪽.
21) 이기동, 앞의 책, 26-27쪽.

육사 출신들을 군부와 관계(官界)에 중용·활용한 데서 드러났다.

그 결과 조선보병대의 경우 이병무, 조성근, 어담 등은 중장까지, 이희두, 왕유식, 김응선 등은 소장까지 각각 승진했으며, 김관현, 박영철 등은 1920 년대에 도지사를 각각 두 번씩이나 역임하였다.[22] 그러나 일제에 저항하여 구국활동에 투신한 자들도 있었다. 노백린은 군대 해산 직후 무관학교장에 임명되었으나 곧 군직을 박차고 고향인 황해도에 은거하면서 비밀결사 신민 회에 관여, 구국활동을 전개하였다. 이갑과 유동열도 신민회에 관여하였고, 군복을 벗은 다음에는 서북학회(西北學會)를 중심으로 정치·사회활동을 벌 였다. 그리고 김희선은 병합 직전 국외로 망명하여 광복운동을 전개하였다.

한편 대한제국 내에 1898년 6월 설치된 육군무관학교에서는 1909년 7월 3일 폐교될 때까지 11년간 존속하면서 630여 명의 무관을 양성하였다. 고종 은 열강의 위협으로 국기(國基)가 위협받게 되면서 1896년 1월 11일 무관양 성기관의 설치를 위한 '무관학교관제(칙령 제2호)'를 반포하였다. 무관학교 의 설치 목적, 구성, 운영방법 등을 명시한 무관학교관제에 의하면 교장은 군부대신에 예속케 하여 지휘체계를 갖추고, 18명의 직원과 약간 명의 통역 관을 둘 수 있도록 하였다. 하지만 관제를 반포한지 1개월 뒤인 2월 11일 고종이 러시아공사관으로 옮긴 아관파천의 정변이 발생하여 무관학교는 모 든 기능이 정지된 채 유명무실해졌다. 이처럼 초기에 무관학교가 정변으로 인해 기능을 발휘하지 못하고 있다가 1898년 4월 1일 군부대신 이종건이 무관학교 부활문제를 고종에게 건의하여 다시 빛을 보게 되었다. 개정된 무 관학교관제가 5월 14일 칙령 제11호로 반포됨으로써 무관학교는 실질적으 로 기능할 수 있게 되었다.

개정안은 전에 반포한 무관학교관제와 비교하여 응시연령이 하향 조정되 고, 교관과 조교를 약간명씩 증가시켜 교장이 20명의 직원을 둘 수 있도록 하였다. 그리고 개정안에 의해 학도의 모집이 시행되어 1898년 6월에 200 명 모집인원에 1,700여 명이 지원하여 8.5대1의 경쟁률을 시현하였으며, 선

---

22) 이기동, 앞의 책, 20-21쪽.

발된 200명의 학도들은 7월 초에 입학시켜 1년 6개월간 교육·훈련을 실시하였다.23) 이렇게 교육·훈련을 수료한 무관학교 생도들은 1900년 1월 19일 장연창(張然昌) 등 128명이 무관학교 제1회 졸업시험을 통과하여 참위로 임관하였다. 무관학교 제1회 졸업생이 배출되자 정부는 1900년 3월 27일 칙령 제12호로 '무관 및 사법관 임용규칙'을 발표하여 제도적 뒷받침을 했는데, 동 규칙에 의하면 대한제국의 무관에 임용되기 위해서는 무관학교를 졸업한 자로서 원수부의 시험에 합격해야만 가능하였다.

당시 육군무관학교는 청년들의 선망의 대상이 되었으나 재정의 부족으로 인해서 50여 명의 사비 교육생을 입교시키는 등 편법을 동원하였다. 이처럼 무관학교는 존폐의 곡절을 거듭하면서도 이후 500여 명의 장교를 배출하여 대한제국의 군사력 향상에 기여했을 뿐 아니라 대한제국이 일제의 식민지로 변모되자 일부는 국권회복을 위한 항일투쟁에 투신하여 그 선봉이 되었다.24) 1907년 8월 1일 군대가 해산된 후에는 일본인 교관과 조교가 군사훈련을 전담하였다. 하지만 역대의 무관학교장은 이학균(李學均), 이병무, 조성근, 노백린, 이희두(李熙斗) 등이었으며, 1907년 8월 군대 해산 때 무관학교는 그대로 존속했지만 1909년 7월 명목상의 존재였던 군부가 폐지될 때 무관학교도 폐지되었다.

이때 대한제국 정부와 통감부 사이에는 무관 양성을 일본 정부 당국에 위임하기로 합의를 보아 폐교 당시의 1·2학년 생도들 가운데 일부를 국비생으로 일본에 유학시키기로 하였고, 이들이 일본육사에 유학하여 제26기생과 제27기생으로 졸업하였다. 이들 유학생들은 일본에 도착하자 동경중앙유년학교 예과 2·3학년생으로 입학하여 상급생은 1912년 5월에, 하급생은 1913년 5월에 각각 동교를 졸업하고, 6개월간의 대부(隊附) 근무를 수료한 연후 사관학교에 진학하였다. 1912년 유년학교를 졸업한 권영한, 김준원,

23) 김삼웅, 「대한제국 육군무관학교와 신흥무관학교」, 『신흥무관학교와 항일 무장독립운동』(신흥무관학교 100주년 기념사업회, 2011), 14쪽.
24) 김삼웅, 앞의 글, 16쪽.

민덕호, 박승훈, 신태영, 안병범, 염창섭, 유승열, 이대영, 이응준, 조철호, 지석규(이청천), 홍사익 등은 사관후보생으로서 6개월간의 대부 근무를 마치고 육사 제26기생으로 진학하여 6개월간 군사학을 공부한 다음 1914년 5월에 졸업하였다.[25]

1913년 유년학교를 졸업한 김석원, 김인욱, 김종식, 김중규, 남우현, 박창하, 백홍석, 서정필, 원용국, 유관희, 윤상필, 이강우, 이동운, 이종혁, 이희겸, 장기형, 장석윤, 장성식, 장유근, 정훈 등은 사관후보생으로서 6개월간의 대부 근무를 수료하고 육사 제27기생으로 진학하여 1915년 5월 졸업하였다. 그런데 일본육사 제26기와 제27기 유학생들은 한일합방(1910년)에 비분강개하여 전원 퇴학하여 귀국하거나 집단 자결하여 울분을 표출시키자는 주장도 있었으나 지석규가 주장한 대로 "이왕 군사교육을 배우러 온 것이니 배울 것은 끝까지 배운 다음 장차 중위가 되는 날 일제히 군복을 벗어던지고 조국 광복을 위해 총궐기하자"고 맹서했다고 한다.[26]

한일합방에 비분강개한 데다가 3·1운동이 일어나 충격을 줌으로써 대한제국 무관학교 출신 장교 중에는 항일투쟁의 선봉에 선 자들이 나왔다. 박승환이 군대 해산에 대해 자결로 항거한 것을 시작으로 하여 김재합(金在洽)이 의병장으로서 무장투쟁을 전개하였고, 국외로 망명한 신팔균(申八均)은 만주에서 무장독립군 훈련에 심혈을 기울였으며, 신규식(申圭植)은 임시정부의 법무총장과 외무총장으로 활약하였다. 그리고 대한제국 무관학교 출신 장교 내지 생도로서 일본육사를 졸업한 제11기 노백린, 김희선, 제15기 이갑, 유동열 등은 항일운동 대열에 참여하여 임정이 수립되자 노백린과 김희선은 군무총장과 군무차장에 추대되고 유동열은 참모총장에 추대되었다. 또한 제23기 김경천, 제26기 이청천, 제27기 이종혁도 독립운동 일선에서 활약하다가 이청천은 광복군 초대사령관을 역임하고 이종혁은 육군주만참의부 군사위원장으로 활약하였다. 그리고 〈도표 2〉와 같이 이갑, 김경천, 이

---

25) 이기동, 앞의 책, 22-27쪽.
26) 이기동, 앞의 책, 24쪽.

탁(李沰), 이동휘 등 대한제국 무관학교 출신 장교들 다수는 독립군에 투신하였다.

〈도표 2〉 대한제국 국군 출신 독립군 주요 간부

성명	계급	성명	계급
노백린	정령	윤기섭	부위
이 갑	부령	황학수	부위
유동열	참령	박형식	부위
이동휘	참령	여 준	부위
신팔균	정위	이 탁	부위
안 무	정위	김좌진	참위
박영희	정위	조성환	참위
김희선	정위	신규식	참위
나중소	부위	지청천	무관학교 졸, 일본군 중위
김창환	부위	김경천	무관학교 졸, 일본군 중위

제3장

의병

I. 의병전쟁의 전개

대한제국 국군은 1897년 조선 왕조가 대한제국을 선포함으로써 창군되었으나 그 병력은 1만여 명 수준에 불과하여 "국내 민란을 진압할 힘밖에 갖지 못했고, 외침을 막아낼 군사력으로는 미달하는 군대였다." 대한제국 국군의 이 같은 취약점을 보완해준 군대가 바로 의병(義兵)이었다. 즉 의병은 외침을 막을 힘을 상실한 국군을 대신하는 제2의 국군이었다. 그리고 의병은 국군이 아닌 민군(民軍)이었으나 민군의 실질적인 주축은 포군(砲軍)이었다. 포군은 총군(銃軍) 즉 '총을 가진 군사'를 지칭하는데, 1866년 병인양요 때부터 정식군대로 편성되기도 한 (당시) 지방 군대였다. 의병의 지도층 가운데는 왕년의 무과 출신 구군 장정들이 많았으며 포군 출신 의병들 또한 많았다. 그러므로 13도 창의군이 서울탈환작전을 전개할 때에 의병연합부대는 서울주재 각국 영사관에 의병을 국제법상의 교전단체로 승인해 줄 것을 요청하였다.

이러한 맥락에서 1909년 10월 26일 하얼빈 의거에 성공한 안중근 의사는 공판정에서 "나는 의병의 참모중장(參謀中將)으로 독립전쟁을 했고 참모중장으로 이토를 죽였으니 이 일본법정에서 취조받을 의무가 없다"라고 주장하였다.[1] 즉 한국과 일본 간의 전쟁에서 포로가 된 것이니 마땅히 전쟁포로에 대한 국제공법에 따라 예우되어야 한다고 주장한 것이다. 근대 의병전쟁은 크게 네 차례에 걸쳐 일어났다. 첫 번째 의병은 1895년 을미의병인데 이것이 제1차 의병전쟁이다. 두 번째는 1904년으로부터 1906년까지의 을사의병이었다. 셋째는 1907년 이후 1910년까지의 이른바 정미의병이다. 이때 국군이 의병에 참가하여 명실공히 의병은 국군으로 탈바꿈하게 된다. 넷째는 1911년부터 1919년까지 1910년대의 의병이었는데, 이때부터 의병은 독립군으로 이름을 바꾸게 된다.[2]

즉 ①을미의병은 1895년 일제가 명성황후를 시해한 을미사변으로 인해 야기되었으며, 이는 제1차 의병전쟁으로 지칭되는데, 을미의병에는 지난날 나라를 지켰던 구군(舊軍) 병사들이 대거 참여하였다. ②을사의병은 러·일전쟁 중인 1905년 11월 일제가 대한제국을 보호국으로 만들기 위해 을사5조약을 강제 체결한데서 야기되었고, 이는 제2차 의병전쟁으로 지칭된다. ③정미의병은 헤이그 밀사사건을 이유로 일제가 고종 황제를 퇴위시키고 순종을 제위에 앉혀 정미7조약을 체결하고 이 조약에 부수하여 1907년 8월 1일 대한제국 국군의 해산을 단행함으로써 야기되었고, 이는 제3차 의병전쟁으로 지칭되는데, 이때 국군은 해산을 거부하고 의병에 참가하였다. ④ 1910년대의 의병은 1911년부터 1919년까지 일제의 무단통치기에 주로 해외에서 전개되었고, 이는 제4차 의병전쟁으로 지칭되는데, 이때 의병은 독립군으로 호칭을 변경시켜 나갔다.

일제는 군제 개혁을 통해 한국군을 일본의 감시를 받는 군대, 즉 말을

---

1) 전쟁기념사업회, 『현대사 속의 국군』(1990), 5쪽.
2) 전쟁기념사업회, 앞의 책, 30쪽.

잘 듣는 군대로 만들기 위해 군국기무처라는 개혁전담기구를 설치하고 일본군 장교를 군사고문으로 임명하여 훈련대라고 하는 괴뢰군을 조직하도록 하였다. 이로 인해 훈련대가 일본의 괴뢰군으로 전락하여 명성황후 시해사건에 가담하게 되자 을미의병이 봉기하게 되었다. 그러므로 이 을미의병에는 지난날 나라를 지켰던 구군(舊軍) 병사들이 대거 참여하게 되었고, 민군(民軍)으로 구성되었던 의병의 실질적인 주축은 포군으로 형성되었다. 을미의병 중 이천 의병은 김하락(金河洛)이 포군 100명을 중심으로 의병을 조직하였고, 제천 의병은 이춘영(李春永)이 포군 400명을 이끌고 포군 대장 김백선(金伯先)과 손잡고 궐기했으며, 춘천 의병은 이소응(李昭應)이 400명의 포군을 모집하여 봉기하였다.

을미의병은 고종이 러시아 공관으로 피신(아관파천)함으로써 자진 해산하게 되었으나 을미의병을 주도했던 인물은 유인석이었다. 제천 의병 이춘영의 추대로 1895년 12월 20일 총대장이 된 유인석은 이강년(李康秊), 원용석 등을 맞아들여 군세를 회복시켜 나갔던 것이다. 유인석은 고종의 아관파천을 계기로 의병장을 모아 의병의 장래 문제를 토의하였는데, 길은 두 갈래로서 그 하나는 국내에서 항쟁을 계속하는 길, 다른 하나는 국외로 망명하는 길이었다. 동 회의의 결과 국내에서의 싸움을 계속하되, 평안도 지방으로 부대를 이동하는 길을 택하기로 함에 따라 유인석 의병은 영월, 평창, 정선, 양구, 평강, 회양, 안변, 맹산, 덕천, 영변, 운산 등지를 거쳐 1896년 8월 23일 압록강변의 초산(楚山)에 도착하였다. 이는 장장 2천 리에 달하는 북천대장정(北遷大長征)이었다고 할 수 있는데, 장기렴의 관군(京軍)이 끊임없이 의병을 추격했으나 이강년이 후미를 맡아 관군의 공격을 막았다. 그리고 선두에서 서상렬이 진로를 개척했으나 당초 기대했던 평안도 지방의 호응도가 너무 낮아서 목적지를 만주땅 간도로 바꾸어 그것을 장기항전의 기지로 삼기로 했다.[3]

한편 1900년에 이르러 독점자본주의 단계에 들어선 일본은 대외 침략전

---

3) 전쟁기념사업회, 앞의 책, 39쪽.

쟁에 혈안이 되어 1904년 2월 러·일전쟁을 도발하였고, 러·일전쟁 중에 일본은 한국 정부를 강박하여 한일의정서에 도장을 찍게(1904.2.23) 하였으며, 개전 3개월 만에 일본 각의는 대한제국을 소위 보호국으로 만들기로 결의하고 각종 침략적인 조약을 강요하다가 마침내 1905년 11월 17일 을사5조약을 강제 체결하였다. 이처럼 일제가 대한제국의 주권(主權)을 유린하려고 하자 의병전쟁이 일어났는데 이를 을사의병이라고 한다. 제2차 의병전쟁은 1904년부터 1906년에 이르기까지 3년에 걸쳐 일어난 갑진, 을사, 병오 의병을 통칭하는 것으로서 단양 의병, 홍주 의병, 태인 의병, 영천 의병, 영해 의병 등이 궐기했는데, 이 가운데 가장 영향력이 컸던 의병은 태인 의병으로서 이는 최익현(崔益鉉)과 임병찬(林炳瓚)이 주도하였다.

최익현은 1906년 5월 23일 태인에서 의병궐기를 호소하고 정읍, 순창, 곡성, 담양으로 이동하자 의병이 900여 명으로 늘어나 기세가 호남 일대에 떨쳤으나 순창에서 일본군이 아닌 전주 및 남원의 진위대와 맞붙게 되었다. 이에 최익현은 "같은 동포끼리 서로 싸울 것이 아니라 총구를 돌려 같이 왜구를 치자"고 호소했으나 진위대가 듣지 않고 순창을 포위하자 최익현은 "왜놈과는 싸워도 진위대와는 싸워서 안 된다"고 결단을 내렸을 뿐 아니라 진위대의 일제 사격에도 저항하지 않고 있다가 체포되었다. 그리고 일본군의 군사재판을 받고 대마도로 유배된 그는 "왜놈의 쌀을 먹을 수 없다"고 하면서 단식하다가 1907년 1월 1일 사망하였다.[4] 그의 순국정신은 오늘에 이르기까지 높이 칭송되고 있으나 당시 고종은 "거의하라"는 비밀조서를 내리고, 친일내각에서는 국왕의 선유조칙을 전달하면서 해산을 종용하는 상황하에서 의병 지휘의 방향은 국가와 민족의 이익을 지키는 차원에 두었어야 했다.

그런데 을미의병에의 참여도가 낮았던 북한에서도 1906년 황해도 연안, 평산, 장연, 송화 등지에서 의병이 일어났고, 평안도에서도 용천에서 전덕원(全德元)이 의병을 일으켰다. 그러므로 북한에서 일어난 을사의병은 장차

---

4) 전쟁기념사업회, 앞의 책, 52쪽.

의병이 간도지방으로 이동하여 독립군을 창설하는 징검다리가 될 수 있게
하였다.[5] 그리고 을사의병은 1907년 8월 1일 대한제국 국군의 해산을 계기
로 하여 제3차 의병전쟁으로 확대·발전하였다. 1907년 7월 18일 헤이그
밀사사건을 이유로 고종 황제를 강제 퇴위시키고 순종을 즉위시킨 일제는
이 틈을 타서 정미7조약(이른바 한일신협약)을 체결하고 이 조약에 부수된
비밀각서에 의해 대한제국 국군을 해산시켰다. 이에 저항하여 정미의병이
봉기함으로써 국군과 의병이 합류한 데다가 13도 창의군이 연합하여 서울
탈환작전을 추진하게 되었다.

군대 해산에 저항하여 의병의 기치를 먼저 든 원주 진위대의 민긍호(閔肯
鎬) 의병장이 이강년과 연합의병군을 결성하여 강원과 충북 중심으로 활동
을 전개하자 이에 호응한 경기도 이은찬(李殷讚), 이구재(李九載) 등 의병장
들도 문경의 유학자 이인영(李麟榮)을 총대장으로 하는 관동창의대(關東倡
義隊)를 조직하였다.[6] 2,000여 명이 넘는 병력이 삼산리(횡성과 원주의 중
간지점)에 집결했다는 정보를 접한 일본군은 대포와 기관총까지 장비한 1개
대대를 급파하여 의병군을 분산시켰다. 그러나 총대장 이인영은 1907년 11
월 하순 전국 의병에게 격문을 보내어 13도 창의군의 서울탈환작전을 호소
하였다. 또한 그는 서울주재 각국 공사에게도 격문을 보내어 우리 의병이
국제 공법상 교전단체임을 승인하라고 요구하였다. 이에 관동창의군 중군장
이은찬과 연천에서 의거한 허위(許蔿) 간에는 ①전국 의병군을 통할할 원수
부의 설치, ②각 도의 의병장 선임, ③총대장에 이인영 추대, ④허위의 군사
장 선임, ⑤D-데이 1908.2.2(음력 설날) 설정, ⑥동대문 밖 30리 지점 집결
지 선정 등에 합의하였다고 한다.

그리고 서울탈환작전을 전개할 연합의병군은 약 1만 명으로 구성할 계획
이었는데, 이 중에는 신식 화승총으로 장비한 국군(민긍호 예하의 원주 진
위대 대원 중심)이 3,000여 명 포함되었다고 한다. 그러므로 만약 예정대로

---

5) 전쟁기념사업회, 앞의 책, 57쪽.
6) 육군본부, 『창군전사』, 51쪽.

〈도표 3〉 대한제국 군인 출신 의병장

경기도	박경한(정교)	정용대(정교)	연기우(부교)	하상태(하사)
	지홍일(하사)	지영기(병사)	김석하(장교)	이익삼(하사)
	윤 전(하사)	지홍윤(부교)	황재호(하사)	김동수(병사)
	오윤영(부교)	현덕호(향관)	조재호(참교)	김정배(정위)
	제갈윤신(병사)	이능권(호위관)	허준(중대장)	남상덕(참위)
	한산북산(병사)	유명규(강화, 하사)	하상태(양주, 하사)	
	이준영(강화, 참위)	강기동(헌병보조원)	신창현(상등병)	
충청도	김희환(일등병)	민창식(참위)	김순오(이등병)	이인환(병사)
	장윤석(병사)	장기서(병사)	진성구(병사)	한치만(병사)
	박관실(참위)	한봉수(상등병)	노병대(부위)	조용근(병사)
	오명수(부위)	이헌영(병사)	이덕경(하사)	김형식(병사)
	이충순(홍주, 참위)	이세영(홍주, 참위)		
강원도	정경태(병사)	이용순(병사)	권용길(병사)	박준성(참교)
	이금가(하사)	변학기(하사)	장현태(정교)	김운선(병사)
	민긍호(정교)	손재규(참위)	김규식(참위)	김구성(정위)
	김덕제(정위)	김익현(정교)	심상희(참위)	한연란(병사)
	최인순(횡성, 원주 진위대 소대장)			
전라도	서경안(하사)	한계홍(하사)	박초래(참위)	강재천(병사)
경상도	신중근(정교)	김용복(병사)	박하사(봉천출신)	정연철(상등병)
	백남규(부위)	김황국(부위)	박윤중(문경, 참교)	
황해도	조병화(병사)	김봉기(병사)	황찬성(부교)	고원직(병사)
평안도	신병섭(부교)	김승호(하사)	노희태(하사)	김창희(하사)
	오기우(병사)	채응헌(성천, 부교)		
함경도	윤동두(병사)	김국선(병사)	김명봉(병사)	현학술(병사)
	홍범도(하사)	차도선(하사)	장석회(정위)	

자료: 성대경, 「군대해산과 정미의병」, 『한말의병운동의 재조명』(독립기념관, 1989), 24-25쪽

각 도 의병군이 한날한시에 다 집결지(경기도 양주)에 집결하여 동대문으로 진격하고 무기와 탄약이 원활하게 공급되었더라면 작전이 성공할 수도 있었을 것이다. 그러나 총대장 이인영이 갑자기 친상을 당해 고향으로 갔기 때문에 연합의병군을 지휘할 수 없었던 데다가 의병들의 집결지 진출로를 예

상한 일본군이 차단정책을 구사했기 때문에 정해진 일자와 시각에 의병이
집결지에 집결할 수 없었거나 중도에서 회군해야 하는 경우(민긍호 의병과
이강년 의병처럼) 등 불리한 상황에 처하게 되었다.

그러나 항전이 5년간 지속된 정미의병전쟁에서 군인 출신 의병장이〈도
표 3〉과 같이 100여 명에 달하여 당시 전국에 산재한 의병장 430여 명 중
1/4 수준을 차지하였다. 당시 의병의 토벌을 담당했던 일본의 경찰부장 이
마무라는 대한제국 의병의 단체 수는 전국에 600여 개에 달하며, 1개 단위
대는 병력이 3명에서 6,000명(예: 관동창의군)에 이른다고 하였다. 그러므
로 정미의병전쟁 시 일본군은 의병이 진위대와 연합하여 그 세력이 날로
커가고 있다고 인식하여 위협을 느끼고 있었다. 따라서 일본군의 의병 토벌
수법은 '양민의 학살에 소각의 만행을 되풀이'할 뿐이었다.[7] 이는 일제가
1908년 2개 사단을 증파하여 초토작전을 전개했으나 실패하였고, 이에 귀
순작전과 이간작전을 구사했으나 역시 성공하지 못하자 '의병에 협력했다는
누명을 씌워 온 마을을 불 질러 없애는 작전'인 전촌전소작전(全村全燒作戰)

〈도표 4〉 한말 의병활동 전적표(1907.8~1911.6)

활동 기간	교전 회수	교전참가 의병수	매 전투에 참가한 평균 인원수
1907.8.~12.	323	44,116	136
1908.1.~6.	795	48,079	60
7.~12.	654	21,753	33
1909.1.~6.	593	18,246	30
7.~12.	305	6,538	21
1910.1.~6.	106	1,386	13
7.~12.	42	505	12
1911.1.~6.	33	216	6

자료: 이홍직 편, 『국사대사전』

---

7) 전쟁기념사업회, 앞의 책, 69쪽.

을 자행하였다.

또한 일제는 1908년 9월 9일 총포·화약취체법을 제정하여 가택 수색을 하는가 하면 의병토벌에 지장이 있다고 하여 한국의 아름다운 전통미의 상징인 전국 시·읍의 도성(都城)을 허물어 버려 도성들이 자취를 감추게 만들었다. 더욱이 1909년과 1910년에는 호남의병, 경북의병, 충북의병, 황해의병을 대상으로 일종의 끝장작전인 대토벌작전을 전개하였다. 이상과 같이 일제의 토벌에도 불구하고 한말 의병은 〈도표 4〉와 같이 활동하였을 뿐 아니라 토벌작전으로 의병전쟁이 끝난 것이 아니고 1910년 후에도 국내와 국외에서 의병전쟁(제4차 의병전쟁)은 계속되었다.

II. 국내 의병

일제의 대한침략은 청·일전쟁(1894~95)과 러·일전쟁(1904~05)으로 시작되었다. 일제는 청·일전쟁으로 시모노세키조약(下關條約)을 체결하여 청국으로부터 3억 원의 배상금을 받아내어 전액을 군비확장에 투입, 육군상비군을 6개 사단에서 12개 사단으로 늘렸고, 해군 또한 113척의 대함대로 확장시켰다. 일본은 조선을 병탄하기 위해 침략전쟁을 추진하여 일본군으로 하여금 경복궁을 포위케 하고 조선 정부에 대하여 갑오개혁을 강요했으며, 이어 명성황후를 시해하고 단발령을 내렸다. 이러한 일제의 노골적인 침략정책에 분노한 우리의 국민들은 의병전쟁을 일으켜 항전하기 시작하였다. 이러한 맥락에서 의병전쟁은 우리나라 독립운동의 시작이었다고 할 수 있을 것이다.

그리고 일제는 러·일전쟁으로 포츠머스조약을 체결하여 일본의 대한제국 보호국화 계획이 국제적으로 승인받게 하였다. 러·일전쟁 중 서울을 점령한 일본 침략자들은 대한제국을 강박하여 한일의정서를 체결케 한 데 이어 을사5조약을 강제로 체결케 하였다. 즉 일제는 대한제국의 보호국화 및 식민지화를 위해 일본군대는 본격적인 한국 주둔과 일본의 한국 외교 및 재정 감독 그리고 한국 교통기관 및 통신기관 장악 등을 규정한 한일의정서를 1904년 2월 23일 체결하였고, 1905년 11월 17일에는 대한제국의 외교권을 박탈하고 통감통치를 규정한 을사5조약을 체결하였다.[8)]

이에 일제는 1905년 4월 대한제국 국군의 통수부(統帥府)를 해체하고, 대한제국 국군을 병제개혁의 미명하에 대폭 감축시켜 버림으로써 군권을 박탈하기 시작하였다. 원수부의 해체는 주한 일본공사관 무관 사이토가 작성한 '한국에 있어서의 군사적 경영 요령'이라는 안(案)에 따라 단행한 것으로 알려지고 있는데, 당시 7개 연대 병력에 달한 대한제국 국군을 병제개혁이라는 미명으로 대폭 감축시켜 버린 것으로 밝혀졌다. 사이토는 이 안을 제안하게 된 동기로서 "병제개혁의 명의로 현재의 한국 군대 7개 연대를 대부분 해산하여 겨우 궁중을 호위하고 황제를 안도시킴에 족한 근소한 병력을 유지토록 함으로써 한국이 전적으로 우리 일본 무력을 신뢰하도록 노력하여야 하며 오늘의 이 호기를 놓쳐서는 안 된다"고 주장하였다. 다시 말하면 사이토는 일본의 대한제국에서의 군사적 경영은 "대한제국이 일본의 군사력에 전적으로 의존하도록 만드는 데 있다"고 강조한 것이며, 이는 일제가 대한제국의 군권을 박탈하는 데 전제적 조치로 인식한 것이었다.

이처럼 일제가 대한제국의 주권을 유린해 가자 이에 저항하여 한국민들은 을미의병, 을사의병, 정미의병을 일으켰으며, 의병장 유인석, 신돌석, 이강년, 이은찬, 허위 등은 을미·을사·정미의병에 공히 참여하였다. 그런데 을미·을사의병은 국군이 참여하지 않은 가운데 민군(民軍)만이 항일의병전쟁을 수행한 데 반해, 정미의병은 국군 병사들이 일제의 군대 해산에 반대하고 의병으로 변신했기 때문에 국군과 의병이 제휴하여 일본군과 전쟁을 수행한 셈이었다. 그리고 의병전쟁은 처음부터 끝까지 북한보다 중부 이남 지역에서 맹렬하게 전개되었으며, 북한지역에서는 을미의병전쟁에 참여도가

---

8) 육군본부, 『국군의 맥』(1992), 270-276쪽.

낮았으나 정미의병전쟁에 참여도는 두드러지게 강화되었다.[9]

정미의병이 전국으로 확산되어 독립전쟁으로 화하게 되자 일제는 본국에서 병력을 증파하여 주요 전투지역에 분산·배치하였으며, 의병의 토벌작전이 성공하지 못하자 1908년 귀순표를 발행하여 의병의 투항을 유도한 귀순작전과 일진회원 등 친일파를 의병에 침투시켜 의병의 분열을 획책한 이간작전을 구사했으나 그 성과는 별무했을 뿐 아니라 의병부대는 오히려 공고화되었다. 이에 일본군은 패배한 지역에서의 보복으로 온 마을을 송두리째 불태워버리는 전촌전소작전을 전개하는 한편, 대토벌작전이라는 마지막 카드를 내밀었다. 대토벌작전의 첫 작전은 1909년 9월 1일부터 2개월간에 걸쳐 호남의병을 대상으로 하여 실시되었으며, 이를 위해 보병 2개 연대와 해군 수뢰함대 그리고 헌병·경찰을 동원했는데, 일본군의 발표에 의하면 이 작전으로 103명의 의병장과 4,138명의 의병을 체포 또는 사살했다고 한다.

이 대토벌작전을 마친 일본군은 1910년에 경북과 충북 일대에 대한 토벌작전을 실시하고, 이어 동년 9월에 40일간에 걸쳐 황해도 일대에 대한 대토벌을 자행하였다. 경북·충북 일대는 이강년 부대의 활동기지로서 의병전쟁이 지속되고 있었으며, 황해도 일대는 이진룡·김수민 의병부대의 활동지역으로 역시 의병전쟁이 지속되고 있었기 때문에 일본군이 대토벌작전을 전개한 것으로 볼 수 있을 것이다. 1907년 8월 1일 군대 해산 이후 국내에서의 의병항쟁은 연합의병군에 의한 서울탈환 대작전이 그 극치를 이루었으나 1910년 8월 29일 한일합방을 고비로 하여 의병항쟁은 현저하게 약화되었다.

연합의병군에 의한 서울탈환 대작전은 일본군이 의병들의 접근로를 차단시킴으로써 성공적 수행이 불가능하였다. 즉 일본군이 의병들의 양주로의 이동 길목을 차단하는 작전을 구사했기 때문에 강원도와 충청도로부터 북상해오던 이강년 부대와 민긍호 부대는 중도에서 남하하지 않을 수 없었고, 따라서 탈환작전은 경기도 의병들만으로 수행해야 했으나 그들 다수도 예정

---

9) 전쟁기념사업회, 앞의 책, 78-79쪽.

되었던 날짜와 시각에 집결지에 도착하지 못한 경우가 많아서 작전은 실패
로 돌아가고 말았다. 이에 국내에서 을미·을사·정미의병을 주도했던 유인
석은 1908년 약 60명에 달하는 문하생 의병장들을 대동하고 간도로 망명함
으로써 국내 의병활동은 약화되고 간도로 이동한 국외 의병이 새로운 독립
전쟁을 준비하였다. 이들 60명 가운데는 박정빈, 박장호, 이진룡, 백삼규,
조맹선, 전덕원(全德元) 등 쟁쟁한 국내 의병장들이 포함되었고, 이들이 노
령(露領) 연해주(沿海州)에 도착하자 연해주의 의병장인 이범윤(李範允), 이
상설, 이남기 등의 추천으로 1910년 6월 21일 유인석은 13도 의군(義軍)
도총재(都總裁)가 되었다.

그러면 이제 국내의 을미·을사·정미의병의 특징에 관해 살펴보기로 한
다. 을미의병은 일본군이 경복궁을 포위하고 갑오개혁을 강요한 데 이어 명
성황후를 시해하고 단발령을 내려 노골적으로 침략전쟁을 추진하자 이에 분
노한 국민들이 봉기한 것이었다. 그러나 명성황후 시해사건 직후 문석봉(文
錫鳳)이 충북 보은에서 의병을 일으킨 적이 있었으나 대다수의 을미의병은
그 해(1894년) 12월에 주로 중부 이남에서 궐기하였다.[10] 이천 의병이 남한
산성을 점령하여 항거하고, 제천에서는 유인석이 거병하여 충주를 점령했으
며, 홍성에서 일어난 의병은 관찰사의 배신으로 실패하였고, 춘천 의병은
가평까지 강릉 의병은 원산까지 각각 북진하였다. 특히 경상도에서는 안동,
김천, 진주에서 의병이 크게 일어나 진주 의병은 부산을 점령키 위해 김해까
지 진격하였고, 전라도에서는 장성, 나주, 광주 등지에서 의병이 일어났다.

그러나 이들 의병들은 군비가 미비하고 전투경험이 부족하여 전투력이
결여된 데다가 고종 황제마저 러시아의 공사관으로 피신함으로써 의병들의
뜻은 이루어질 수가 없었다. 그러므로 을미의병전쟁은 한(恨)을 남긴 전쟁
이었지만 의병의 항일의지와 구국성심은 충일했으며, 또한 을미의병은 "외
적에 대하여 맨 처음 선전포고를 하여 독립전쟁을 개시했다"는 점에 큰 의
의가 있었다고 할 것이다.[11] 그리고 이때부터 국경을 넘어 만주 땅에 독립

---

10) 전쟁기념사업회, 앞의 책, 33쪽.

군 기지를 만들려는 계획이 진행되어 제천·강릉·황해도 의병들은 이른바 북천대장정(北遷大長征)을 시작했는데, 이것이 최초의 독립군기지 건설계획 이었다고 할 수 있을 것이다.

을사의병은 서울을 점령한 일본군이 한국 정부를 강박하여 한일의정서에 도장을 찍게 한 데다가 일본 각의가 한국을 소위 보호국으로 만들기로 결의 하고 각종 침략적인 조약을 강요하자 우리 국민이 봉기하였다. 을사의병을 가장 먼저 일으킨 의병장은 원용석(元容錫)이었는데, 그는 1905년 9월 초 경기도 주천에서 일제의 고문정치를 비난하고, "농사짓는 사람이나 막일을 하는 사람, 절름발이와 벙어리, 귀머거리까지도 떨쳐 일어나라"고 호소하는 격문을 띄웠다.[12] 이에 원주, 제천, 청풍, 횡성, 홍천 등지에서 1,000여 명의 의병이 모여들었으나 전열을 정비하기 전에 원주 진위대가 공격한 데다가 일진회원을 침투시켜 분열을 획책함으로써 많은 이탈자를 내게 되어 주천의 병은 패배하고 의병장 원용석은 체포되었다.

중부지방에서는 주천의병 이외에도 단양에서 일어난 정운경(鄭雲慶) 의 병이 유력하였으며, 홍성을 점령한 민종식(閔宗植) 의병이 가장 치열하게 전투를 벌였다. 그리고 남부지방에서는 최익현과 임병찬이 호남 일대의 의 병전쟁을 유도한 가운데 광주의 백낙구와 남원의 양한구 의병이 선전하였 다. 경상도에서는 아들과 아버지가 차례로 의병을 일으켜 싸운 정용기(鄭鏞 基)와 정환직(鄭煥直)의 산남의진(山南義陣)이 유명하며 영해의 신돌석의 활약이 매우 두드러졌다. 그리고 북한에서는 황해도와 평안도에 의병이 일 어나 장차 간도지방으로 이동하여 독립군을 창설하는 징검다리가 되었다. 한편 일본군사령관 하세가와는 홍주성을 되찾기 위해 기관총 2정으로 무장 한 서울주재 일본군을 급파하여 3일간에 걸친 공격전을 전개케 하고, 그래 도 여의치 못하자 폭탄으로 동문과 북문을 파괴하고 돌격전을 전개케 함으 로써 일본군 전사자 10명이 발생했을 정도로 치열한 전투를 치러야 했다.

---

11) 전쟁기념사업회, 앞의 책, 35쪽.
12) 전쟁기념사업회, 앞의 책, 48-49쪽.

정미의병은 헤이그 밀사사건을 이유로 정미7조약을 체결한 일제가 동 조약에 부수된 비밀각서에 의거하여 1907년 8월 1일 대한제국 국군을 해산시키자 봉기하였다. 해산에 반대한 국군이 의병과 합류함으로써 전쟁은 순식간에 전국으로 번졌고, 일본군이 주둔한 일부 도시를 제외하고는 모든 지역이 의병의 장악하에 들어갔다.[13] 그러므로 거족적인 국민전쟁, 유례없는 독립전쟁이 전개되어 양반과 상인을 가리지 않고 일본군과 싸웠으며, 러시아령의 의병군까지도 본토 진격작전을 감행하였다. 군대 해산을 계기로 다시 불붙게 된 의병전쟁은 제천과 충주에서 이강년이 의병을 재편성함으로써 시작되었다. 그는 원주 진위대가 봉기했다는 소식을 듣고 원주로 가서 진위대 무기고에서 총기와 탄약을 챙겨 배향산에다 진영을 구축하였다. 그리고 그는 민긍호 의병장과 연합의병군을 결성하여 중부일대를 장악하였으며, 이에 경기지역 의병장 이은찬과 허위로 하여금 13도 창의군(倡義軍)이 연합하여 서울탈환작전을 전개하도록 〈도표 5〉와 같이 편성하는 데 영향을 주게 되었다.

〈도표 5〉 13도 창의군의 편성

총대장	이인영	
군사장	허위	
경기·황해도 의병장	진동창의군	권중희(權重熙)
충청도	호서창의군	이강년(李康秊)
강원도	강도창의군	민긍호(閔肯鎬)
경상도	교남창의군	신돌석(申乭石)
평안도	관서창의군	방인관(方仁寬)
함경도	관북창의군	정봉준(鄭鳳俊)
전라도	전라창의군	문태수(文泰洙)

13) 육군본부, 앞의 책, 274쪽.

이상에서 살펴본 바와 같이 한말의 국내 의병은 을미의병, 을사의병, 정미의병으로 구분하여 논의하거나, 제1차 의병, 제2차 의병, 제3차 의병으로 구분하여 논의하는 경향이다. 이 같은 맥락에서 한말의 국내 의병을 전기 의병(1894~1896), 중기 의병(1904~1907.7), 후기 의병(1907.8~1910.8) 등 3차에 걸친 의병활동으로 보기도 한다.[14] 그러면 이제 한말의 국내 의병활동을 구체적으로 살펴보기로 한다. 전기 의병(1894~1896)은 갑오변란을 민족 존망의 위기상태로 받아들여 무력투쟁으로 개화정권과 일본세력을 구축하고자 했는데, 그중에서 경기도 지평(砥平)의 안승우(安承禹), 충청도 홍주(洪州, 현재의 홍성)의 안창식(安昌植), 철원의 홍범도, 경상도 안동(安東)의 서상철(徐相轍), 상원의 김원교 등은 무력투쟁을 통한 반개화, 반외세의 의병투쟁을 전개한 대표적인 의병장들이었다. 안동에서 봉기한 서상철 의병은 한말 최초의 항일의병으로 평가할 수 있는데, 그는 일본군에 의한 갑오변란으로 경복궁이 유린당하고 고종이 핍박당함에 분개하여 서상렬·한인석·이경재·한수동 등과 함께 격문을 발표하고, 1894년 7월 25일 안동향교에서 거의하여 경상도 북부지역과 충청북도 일부지역에서 일본군과 무력투쟁을 벌였다.

전 관료 출신 김원교에 의해 거의(擧義)한 상원의병은 1895년 7월 22일 상원 관아를 공격하면서 시작되었으며, 상원 관아에서 무기와 탄약 그리고 미곡을 탈취하여 관군과 일본군의 추격 소식에 황해도 재령의 장수산성으로 이동하였고, 이곳에서 공격을 받게 되자 평안도 덕천 방면으로 이전하여 9월 중순까지 투쟁을 계속하였다. 1895년 8월 20일 명성황후가 시해된 을미사변이 발생하자 조선인의 분노가 전국적으로 폭발했는데, 을미사변 직후 '국수보복'을 기치로 한 항일의병이 1895년 9월 18일 무과 출신이며 현감을 지낸 문석봉(文錫鳳)에 의해 대전 유성에서 처음으로 봉기하였다. 그는 을미사변을 '천고에 없는 대변'으로 규정, 적을 토벌하여 사직을 건지자고 호

---

14) 김상기, 「민족사를 통해서 본 의병의 역할과 평가」, 『의병정신 나라사랑 국민정신』(의병정신선양회, 2012), 10-17쪽.

소하면서 10월 28일 공주의 와야동에서 관군과 일전을 벌였으나 매복해 있던 관군의 기습으로 패하고 말았다.

단발령 공포 후 의병은 전국적으로 확대되었는데, 그중에서도 이천·춘천·제천·홍주·안동·강릉·진주·장성·나주 등 남한 지역을 중심으로 하여 봉기한 특성이 있었다.[15] 이천의병은 단발령 공포 다음 날인 1895년 11월 16일에 김하락의 주동으로 봉기하여 민승천의 안성의병과도 연합하였고, 관군과 일본군의 공격을 격퇴했으나 후군장 박준영과 좌군장 김기성의 배신으로 인해 산성을 빼앗기고 말았다. 하지만 그는 영덕에서 신돌석 부대와 합류하여 항쟁하던 중 전사하였다. 춘천의병은 1896년 1월 유생 정인회가 포군 400여 명과 함께 춘천관찰부를 점령하면서 시작되었는데, 신임 관찰사 조인승을 가평에서 처단하고 서울을 향하여 진격했으나 가평 벌업산에서 관군과의 전투에서 패하고 말았다.

강릉의병은 여주 출신 민용호가 1896년 1월 30일 평창과 영월 지방의 포수로 의진을 구성하여 강릉부 관할 9개 군을 총괄한 관동구군 창의소를 설치함으로써 시작되었는데, 민용호는 강릉부의 친일 경무관 고준석을 처단하는 것으로부터 시작하였고, 원산 공격을 목표로 삼았으나 안변의 선평에서 일본군의 기습공격을 받고 원산 공격은 무산되었으며, 그 후 그의 부대는 개마고원을 넘어 청국으로 들어가 재기를 도모하였다. 제천의병은 1896년 1월 12일 안승우와 이춘영이 거의한 지평의진에서 비롯되었는데, 이필희를 대장에 추대한 지평의병은 단양군수를 구금하고 관군을 대파하였으나 일본군과 관군의 계속된 추격으로 의진이 패산하였다. 이러한 소식을 듣고 유인석이 의진을 제천으로 옮기자 제천의병대장에 추대되었다. 그리고 제천의병은 2월 17일 충주성을 점령, 충주관찰사 김규식을 처단하였으나 3월 5일 일본군의 집중적인 공격을 받아 충주성을 포기하고 제천으로 후퇴하였다.

제천의병은 이강년, 권호선, 이명로 등이 합류하여 기세를 올렸으나 5월 25일 제천의 남산전투에서 관군과 일본군의 공격을 받고 패하였다. 그 후

---

15) 김상기, 앞의 글, 11쪽.

제천의병은 강원도와 평안도를 거치고 8월 24일 압록강(鴨綠江)을 거쳐 중국의 환인현(桓仁縣)으로 들어갔다. 홍주의병은 안병찬 등 지방의 선비들과 김복한 등 관료 출신들이 연합하여 거의하였고, 12월 3일 홍주 관아를 점령하자 관찰사 이승우도 의병에의 참여를 약속했으나 관내에 창의소가 설치되고 김복한이 총수로 추대되자 12월 4일 관찰사 이승우가 배반하여 김복한 등 의병 간부들을 구금하였다. 진주의병은 1896년 2월 17일 노응규에 의해 안의에서 봉기했는데, 노응규는 서재기를 선봉장으로 삼아 진주성을 공격하여 2월 20일 새벽 점령하였다. 이에 진주부민들도 정한용을 대장으로 의병진을 결성, 성 밖에 진을 쳤으며, 대구부에서 파견된 관군을 2차례에 걸쳐 격파하였다. 그러나 관군의 이간책으로 인해 토착세력인 정한용이 배신하고 말았다.

한편 단발령이 공포되었다는 소식을 듣고 김도화(金道和)·유지호 등 유생들이 통문을 돌려 의병을 일으키기로 결의함에 따라 안동부를 중심으로 안동의병이 결성되었다. 안동의병은 1896년 1월 17일 안동관찰부를 공격·점령하여 안동향교에 본영을 설치하고 참봉 권세연을 대장으로 추대하였다. 그러나 안동을 탈출한 관찰사 김석종이 경군(京軍)을 이끌고 의병진을 기습함으로써 의병진은 1월 29일 퇴각하고 말았다. 하지만 그 후 이상룡·유창식이 고운사에서 의진을 수습하여 김도화를 대장에 추대하고 2월 중순 다시 안동부를 점령하였다. 안동의병은 제천의병의 소모장 서상열이 안동지역으로 남하하자 그를 대장에 추대하고 연합작전을 전개하여 예천군수 유인형, 의성군수 이관형, 영덕군수 정재관 등을 처단하고, 태봉에 주둔하고 있던 일본군을 공격, 치열한 접전을 벌였으나 화력의 열세로 의병은 예천과 풍기 방면으로 후퇴하였다. 한편 상주 유생 이기찬은 김천과 선산 유생들을 규합, 1896년 2월 11일 김천으로 들어가 향교에서 '김산의병'을 결성하고 국치를 설욕할 것을 천명하였다.

호남지역에서는 장성과 나주·광주지역을 중심으로 의병이 일어났다. 대표적 인물로는 장성의 유생인 기우만과 기삼연, 나주의 아전 출신 김창곤 등인데, 이들은 유인석의 격문에 자극을 받아 1896년 3월 초 광주향교에서 창의본부를 두고 광산회맹소를 설치하였다. 함홍지방에서는 평강 출신의 최문환이 거의하여 1896년 2월 함홍부를 점령하고 참서관 목유신과 주사 피상국·홍병찬을 처단하고 각지에 포고문을 발표하였다. 함홍의병은 특히 일본 상인의 경제적 수탈에 항거하여 일어난 특성을 띄기 때문에 민용호의 관동창의군과 연합작전을 펴 9월 함홍을 재점령하기도 하였다.

중기 의병(1904~1907.7)은 1900년대에 일제의 침략에 항거하여 전개된 제2차 의병이었는데, 이는 일제가 러·일전쟁을 도발하고 한일의정서를 강요하여 대한제국에 대한 군사적 지배권을 장악하려고 했기 때문에 야기된 것이었다. 중기 의병은 1904년 8월 한일의정서의 체결을 전후하여 시작되었으며, 1905년 9월 러·일강화조약이 조인될 무렵부터 보다 구체적으로 그 전개상이 나타났고 을사5조약이 강제로 체결되자 의병은 전국적으로 발전되었다. 그리고 이 시기 대표적인 의진으로는 홍주의진, 산남의진, 태인의진을 들 수 있다.16) 중기 의병 중 가장 큰 전투와 희생을 치른 의진인 홍주의진은 홍주 유생 안병찬·채광묵 등이 을사5조약이 강제 체결됐다는 소식을 듣고 1906년부터 의병봉기를 추진함으로써 형성되었다.

민종식을 총수에 추대하고 3월 14일 광주에서 봉기한 홍주의병은 첫 전투를 청양의 화성에서 벌였으나 안병찬이 체포되는 등 패하고 말았다. 그러나 홍주의병은 이용규의 모군에 힘입어 5월 9일 홍산에서 2차 봉기를 하고 민종식을 총수로 재추대함으로써 5월 19일 홍주성을 점령하고 이후 일본경찰과 헌병대의 공격을 격퇴하였다. 이에 소수의 병력으로는 홍주를 탈환할 수 없다고 판단한 일본군사령관 하세가와는 5월 29일 기관총을 장비한 서울의 포병·기병 2개 중대와 지방수비대 1개 중대를 홍주로 급파했으며, 기관총으로도 의병의 제압이 불가하다는 것을 알게 된 일본군은 폭탄으로 동문과 북문을 파괴, 돌격전을 벌여야 했다. 그리고 일부 의병은 야음을 이용하여 성을 탈출했으나 일부 의병은 추격해오는 일본군과 연산에서 교전을 벌였으나 재기에 성공할 수는 없었다. 이 전투에서 참모장 채광묵 등이 희생

---

16) 김상기, 앞의 글, 15쪽.

되고, 의병장 유준근, 중군장 이세영(李世永, 훗날 신흥무관학교 교장) 등이 체포·유배되었다.

산남의진은 정환직·정용기 부자의 주도로 영천에서 봉기하였다. 고종의 시종관이었던 정환직은 고종의 밀지를 받고 아들 정용기에게 의병봉기를 지시함으로써 정용기는 1906년 3월 이한구·정순기 등과 영천에서 거의하였다. 1,000여 명에 달하는 병력을 모아 결성한 산남의진(山南義陣)은 청송·영천 간에서 활약하던 중에 동해안에서 봉기한 신돌석 부대와 연합하여 청하(淸河)를 공격키로 약정됨에 따라 4월 28일 영천을 출발 경주로 진군하다가 경주 진위대의 속임수에 말려 대장 정용기가 관군에게 체포됨으로써 1차 산남의진은 해산하였다. 그러나 정환직의 주선으로 석방된 정용기가 1907년 2,000여 명의 2차 산남의진을 형성하자 부친 정환직은 "영남의병을 모아 태백산 줄기를 타고 강릉으로 이동하고 강릉에서 서울로 입성하라"고 지시하였다. 그러나 강릉으로 이동하려던 시도는 일본군의 차단으로 좌절되고 정용기 또한 전사함에 따라 정환직은 대장이 되어 순국할 때까지 영천·경주·청송 일대에서 활동을 전개하였다.

태인의병은 최익현이 임병찬 등과 주도하여 이루어졌는데, 을사의병 가운데 가장 영향력이 컸던 의병이었다. 이들은 1906년 6월 4일 태인의 무성서원(武城書院)에서 거의하고 태인 관아를 점령하였다. 최익현은 곧장 전주를 공격하기로 결심했으나 병력과 무기가 부족하다고 판단하여 6월 5일 정읍으로 남하한 데 이어 순창으로 이동하고, 연이어 곡성·순창·담양으로 진출, 병력을 확보하고 기세도 떨쳤으나 전주와 남원 진위대가 출동함으로써 의병은 관군과 맞붙게 되었다. 이에 최익현은 "같은 동포인데 서로 싸울 것이 아니라 총구를 돌려 같이 왜구를 치자"고 호소하였으나 진위대가 듣지 않고 일제 사격을 가해왔다. 이런 가운데서도 "왜놈과는 싸워도 진위대와는 싸워서 안 된다"고 결단을 내렸으며, 따라서 의병은 저항하지 않고 체포되어 최익현·임병찬 등 지휘부는 대마도에 유배되었고, 특히 최익현은 "왜놈의 쌀을 먹을 수 없다"고 단식을 하여 1907년 1월 1일 세상을 떠났다.[17]

이외에도 영해의병, 남원·광주의병, 북한지방 의병 등의 활약이 대단하였다. 이미 을미의병에 참전한 바 있던 신돌석이 1906년 4월에 동생 신우경 (申友慶)과 함께 300여 명의 병력을 모아 영덕을 근거지로 기치를 올렸다. 그는 영덕에서 영해·울진·평해로 북진하였으며 병력도 3,000명으로 증가 하였다. 특히 신돌석 의병은 전술전략이 뛰어나 일월산, 백암산, 대둔산 등 지에서 유격전을 벌여 동해안 일대에 일본군이 발을 들여놓을 수 없게 만들 었다. 그리고 신돌석 의병은 영천의 정용기, 안동의 유시연 의병과 긴밀히 연락하면서 작전을 펴 나갔다. 나아가 신돌석 의병은 군기가 엄한 데다가 단결력도 강한 신출귀몰하는 의병군으로 정평이 났다. 호남지방에서는 최익 현·임병찬의 태인의병이 맥없이 무너졌던 것을 계기로 1906년 가을 전남 광양에서 전 주사 백낙구(白樂九)가 의병을 일으키고 스스로 사령관이 되어 "500년 종사와 3천리 강토와 2천만 동포가 송두리째 이웃나라에 강탈당하 는데 이를 지켜보고만 있을 수 없다"고 하면서 11월 6일 순천을 공격하 였다.

그러나 약속된 날짜에 다른 의병이 도착하지 않은 데다가 진위대가 이 사실을 알고 급습함으로써 백낙구 등 7명이 체포되어 유배당했으며, 백낙구 는 1907년 봄 석방되자 다시 의병에 참가하여 태인전투에서 전사하였다. 한편 1907년 1월 초계군수를 지낸 양한규(梁漢奎)가 의병을 일으켜 2월 12 일(음력 12월 30일) 남원을 공격, 진위대 병사들의 '설' 귀향으로 인해 성을 손쉽게 점령할 수 있었으나 패주하는 진위대를 추격하다가 유탄에 맞아 전 사하였다. 이에 대장을 잃은 의병들의 사기가 갑자기 저하된 데다가 관군이 급습함으로써 성을 장악했던 의병들은 성을 내어놓고 지리산 일대로 흩어졌 다. 같은 무렵 단양에서는 을미의병 때 거병한 바 있었던 고광순이 의병을 일으켜 승주·화순 등지로 진출, 4월 말까지 활약하였다.

한편 민종식과 최익현의 의병에 자극받은 북한지역의 유생들도 1906년 여름 황해도 연안·평산·장연·송화 등지에서 의병을 일으켰다. 황해의병은 장규섭·이윤용 등이 주도하였고, 특히 이진용·조맹선은 을사의병 때에는

---

17) 전쟁기념사업회, 앞의 책, 52쪽.

물론 1907년 정미의병 때에도 계속 의병투쟁에 참여하였다. 평안도에서는 황해도보다 앞서 신의주(新義州) 남쪽 용천(龍川)에서 전덕원(全德元)이 의병을 일으켜 을사5적을 규탄하였다. 전덕원은 사재를 털어 무기를 구입하고 1905년 12월 박순채·김선팔 등과 의거하여 용천군청을 점령하였다. 그러나 미처 전열을 가다듬기도 전에 일본군의 공격을 받아 전덕원 등 의병장들이 체포되었으며, 이후 북한지방에서는 산악지대를 중심으로 소규모의 의병부대가 활동하기 시작하여 1907년 8월을 맞게 되었다.

후기 의병(1907.8~1910.8)은 1907년 8월 1일에 일제가 대한제국 국군을 해산시키자 이에 항거한 군인들과 의병들이 연합하여 대대적인 무장투쟁을 벌이면서 야기되었는데, 이를 정미의병투쟁 또는 제3차 의병투쟁이라고 지칭한다. 이 같은 해산된 군인의 항전은 병대로 보면 서울의 시위대로부터 시작하여 원주·강화 진위대로 확대되었고, 지역적으로 보면 서울에서 시작하여 전국적으로 확산됨으로써 문경의 이강년부대, 원주의 이은찬부대, 영천의 산남의진, 영해의 신돌석부대, 호남의 기삼연·심남일부대, 충남의 정주원부대, 함경도의 홍범도부대 등이 의병투쟁을 벌였다. 특히 1907년 11월경에는 서울의 수복을 목표로 하여 전국연합의병의 성격을 갖는 13도 창의군이 결성되었고, 1908년 1월 이 중에서 1만여 명이 양주에 집결하였다.

13도 창의군의 서울진격전은 쇠약해가는 의병의 사기를 고양시켰을 뿐아니라 의병항쟁을 국제법상 전쟁의 단계로 발전시킨 데다가 대한제국 국민의 계획적이고 대담한 무장투쟁을 널리 알렸다는 점에서 의미를 갖는다. 그리고 이 시기에 특징적인 의병투쟁이 당진의 소난지도에서 전개되었다.[18] 홍원식이 지휘하는 당진의 소난지도의병은 1908년 3월 15일 소난지도에서 일본의 경찰대와 치열한 전투를 벌였다고 하는데, 일본경찰의 보고에 의하면 의병은 이 섬으로 상륙하려는 경찰대를 향해 끈질기게 공격한 데다가 경찰은 섬에 상륙하여 9시간에 걸쳐 전투를 감행함으로써 의병 측의 홍원식 대장 등 41명이 전사하고 9명이 부상을 입고 체포되었으며, 50여 명의 의병

---

18) 김상기, 앞의 글, 16-17쪽.

은 바다에 투신하여 행방불명되었다는 것이다. 일본군은 의병전쟁이 장기전에 돌입하자 대한제국의 병합에 큰 장애물인 의병을 속히 종식시킬 목적으로 1909년 '남한대토벌작전'을 감행하여 호남의병 등의 대학살을 추진하였다. 이에 국내 의병활동은 제약을 받게 되었을 뿐 아니라 1910년 한일합방 이후에는 활동하기가 불가능한 상황이었다. 따라서 간도와 연해주로 망명하여 독립군 기지를 건설한 의병들은 1910년대 중반 이후로 독립군으로서 활약하게 되었다.

III. 국외 의병

1909년 9월부터 실시된 소위 남한대토벌작전이 종료되자 1910년 8월 29일 한국을 병탄(倂呑)한 일제는 조선총독부라는 식민통치기관을 설치하고 야만적인 무단통치를 자행하였다. 그러므로 병탄 후 무단통치하에서도 국내와 국외에서의 의병전쟁은 계속되었다. 그러나 국내에 있어서의 의병전쟁이 일제의 무력 탄압으로 승산이 어렵게 되자 해외에 새로운 군사기지를 설치하고 국내 진공작전(進攻作戰)을 전개하는 방식의 국외에 있어서의 의병전쟁으로 전환되어 갔다. 우선 국내에서는 1910년부터 1913년까지 2,737명의 의병이 일본군과 177회의 교전을 전개했는데[19] 동 시기의 주요 의병장과 그 활동지역은 〈도표 6〉과 같다.

그리고 1914년에는 대한독립의군부가 전국적인 의병 재기운동을 전개했는데, 이 단체의 주동자는 과거 최익현과 더불어 태인에서 봉기했다가 대마도에서 유배생활을 마치고 돌아온 임병찬(林炳瓚)을 비롯하여 13도 창의군 총대장 이인영의 동생 이은영(李殷榮), 13도 창의군 군사장 허위의 아들 허

---

19) 전쟁기념사업회, 앞의 책, 81쪽.

〈도표 6〉 1910년대 주요 의병장과 그 활동지역

의병장	활동지역
강기동(姜基東)	경기·강원·함경도
정경태(鄭敬泰)	경기·강원·경상·충청도
김종태(金宗泰)	경기·강원·경상·충청도
홍천희(洪千喜)	경기도
김병일(金炳一)	경상·강원도
유시연(柳時淵)	경상도
최창영(崔昶永)	경상도
이석용(李錫鏞)	전라도
채응언(蔡應彦)	평안·강원·황해·함경도
김정언	함경·황해·강원도
김정안	황해도
홍석준	평안·함경도

자료: 전쟁기념사업회, 『현대사 속의 국군』(1990), 81쪽

영(許榮) 등이었다. 이 운동은 한 사람의 실수로 사전에 발각되어 주동자 54명이 모두 체포되고 말았다. 그러나 그 뒤에도 1919년 3·1운동이 일어나기 직전까지 의병들의 항쟁은 계속되었다. 다음으로 국외에서는 1895년 아관파천으로 을미의병이 뜻을 이루지 못하자 이때부터 국외에 독립군기지를 만들려는 계획이 진척되어 가고 있었다.

특히 한일합방으로 인해 국내에서는 항전이 어렵게 된 의병들은 압록강과 두만강을 건너 서간도와 북간도(北間島)로 이동하여 간도지방에 독립군기지를 건설하고 독립전쟁의 준비에 들어가게 되었다. 즉 1910년 경술국치를 전후하여 국경을 넘어 만주와 연해주로 이동한 의병부대는 토지를 개간하여 생활 터전을 만들고 학교를 설립하여 독립운동 인재를 양성하는 한편, 무기를 구입하여 부대를 재정비하고 항일전에 대비하였다. 이처럼 의병이

활동근거지를 만주와 연해주 등 국외로 이전할 당시 남만주 일대에는 60만 명의 동포가 이주하여 있었고, 북간도에는 130군데가 넘는 사립학교가 설립되어 있었기 때문에 간도지방은 독립군의 양성에 적합한 지역으로 인정되었다.[20]

더욱이 국내 진공을 준비했던 의병들의 경우에는 5연발 소총을 비롯한 신식 무기를 연해주 신한촌에서 손쉽게 구할 수 있었으며, 노령 연해주의 의병은 국내진공작전을 감행했던 경험을 가지고 있었다. 연해주 의병의 제1차 진공작전은 1908년 4월에 이루어졌는데, 병력은 전제덕(全濟德)의 우군영장 엄인섭의 100명, 좌군영장 안중근의 100명 등 도합 200명이었다. 제2차 진공작전은 동년 7월에 이루어졌고, 이 작전에는 이범윤 부대의 김영선 중대와 안중근 부대가 출동하였다. 이 같은 2차례의 국내진공작전이 성공적이지 못했으나 1909년에도 대규모의 작전이 준비되는 가운데 산발적인 도강작전이 잇따랐던 것이다. 그런데 이들 연해주 의병은 10만여 명에 달하는 이주민들을 토대로 하여 결성했는데, 이들은 1861년경부터 이곳으로 이주하여 황무지를 개간하면서 농사를 지어왔다. 이주민들은 1907년 최재형(崔在亨)의 동의회(同義會)와 이범윤의 창의회(彰義會) 같은 우국단체를 중심으로 사회운동을 벌이다가 1908년 의병군을 조직하여 국내진공작전을 준비하였다. 의병군의 조직은 이범윤이 주도하였는데, 그는 먼저 동의회와 창의회를 연합하여 군자금을 확보하고 이 자금으로 러시아식 5연발 소총 500정과 1인당 100~150발의 탄환을 장만하였다. 그리고 부서는 총독에 이범윤, 총대장에 김두성, 대장에 전제덕, 김영선, 영장(의병군의 역할·직책 중의 한 위상)에 안중근, 엄인섭, 백삼규 등으로 정하였다.

한편 안중근 의사가 1909년 10월 26일 하얼빈에서 성공리에 이토를 사살하자 1910년 6월 21일 노령 연해주에서는 유인석을 도총재로 하는 13도 의군(義軍)이 조직되었다. 13도 의군의 간부는 〈도표 7〉과 같이 선임했으

20) 한용원, 「대한민국 국군의 창설과 신흥무관학교의 정통성 계승」, 『신흥무관학교와 항일무장독립운동』(신흥무관학교 100주년 기념사업회, 2011), 63쪽.

〈도표 7〉 13도 의군 간부 편성

직책	성명
도총재(都總裁)	유인석(柳麟錫)
창의총재(倡義總裁)	이범윤(李範允)
벌의총재(伐義總裁)	이남기(李南基)
참사(參事)	우병열(禹炳烈)
외교대장(外交隊長)	이상설(李相卨)
의원(議員)	홍범도(洪範圖), 이진룡(李鎭龍) 안창호(安昌浩), 이갑(李甲)

자료: 전쟁기념사업회, 『현대사 속의 국군』(1990), 84쪽

며, 노령 13도 의군의 조직을 국내까지 확장시킬 계획으로 고을마다 총재, 총령, 참모(參募), 소모(召募), 규찰, 통신 등의 임원을 두고 이들을 각도 총 재가 다스리도록 조직하였다. 이리하여 도총재의 이름으로 "13도 대소동포 에게 고함"이라는 격문을 보내어 전 국민의 궐기를 호소하는 한편, 고종 황 제에게는 노령 연해주로 파천하여 망명정부(亡命政府)를 세워야 한다고 역 설하였다. 그러나 1910년 8월 나라가 망하자 일제는 러시아 정부에 외교적 압력을 가하여 13도 의군 간부를 투옥하게 하는 한편 이상설을 추방하게 만들었다.

이러한 탄압 속에서 1913년 노령 연해주를 떠나 간도로 이주하게 된 유인 석과 그 제자들은 집안현(輯安縣)을 중심으로 하여 독립운동 근거지를 구축 하였다. 유인석은 집안현에서 보약사(保約社)를 조직하였고 조맹선, 전덕원, 백삼규 등은 관전현(寬甸縣)과 환인현에서 향약계(鄕約契)와 농무계(農務 契)를 조직했으며 이진룡, 윤세복, 홍범도, 차도선 등은 장백(長白)·무송(撫 松) 등지에서 포수단(砲手團, 500명 규모)을 조직하여 국내로 진입, 유격전 을 벌였는데,[21] 이 중에서 가장 괄목할 의병활동을 전개한 의병장은 1910년 전후로부터 1919년 3·1운동 때까지 간도지방의 의병군을 지휘하여 국내정

진을 전개한 홍범도였다. 한편 일제의 러시아 정부에 대한 외교적 압력으로
인해 의병활동이 탄압을 받았음에도 연해주 지역으로 망명해 오는 의병들이
늘어나자 블라디보스토크에서는 1914년에 이상설과 이동휘를 정·부통령으
로 하는 최초의 망명정부 대한광복군 정부가 수립되었다.

물론 대한광복군 정부가 뒷날 임시정부 수립의 기초가 되었으나 복벽파
(復辟派)는 망명정부를 선호하는 데 반해, 공화파는 임시정부를 선호함으로
써 지속이 불가능하였다. 나아가 태평양 건너 미주(美洲)지역에서도 국민군
단(國民軍團)이 조직되어 독립전쟁을 준비하였다. 1904년 10월 24세의 젊
은 나이에 도미(渡美)한 박용만(朴容萬)은 네브래스카 링컨대학에서 수학하
면서 1909년 네브래스카 소년병학교(少年兵學校)를 창설하여 3년 동안에
13명의 군관을 양성·배출하여 미국에서 독립군의 기초를 닦았다. 1910년
8월 나라가 망했다는 소식을 듣고 새삼 사관 양성의 필요성을 통감한 그는
이들 사관생도를 만주와 노령의 독립군 지도자로 보내려고 하였다. 이 밖에
멕시코에서도 숭무학교(崇武學校)가 설립되어 군사훈련이 실시되고 있었다.

이러한 가운데 1910년 경술국치를 전후하여 국외로 이동한 의병부대는
대체적으로 독립군으로 편성되었는데, 의병이 독립군의 무장투쟁에 미친 영
향을 살펴보면[22] 첫째, 새로운 활동기지를 만주와 연해주에서 찾았다는 점
이다. 1908년으로부터 1910년에 이르기까지 국경을 넘어 만주와 연해주로
이동한 의병부대는 유인석, 이진룡, 조맹선, 박장호, 조병준, 전덕원, 차도
선, 박성호, 여순근, 홍식, 황병길, 송상규 등의 부대였는데 이들은 활동기지
를 물색하여 기지 건설에 박차를 가하였다. 둘째, 무장투쟁기지의 경영모델
을 제시한 점이다. 의병부대는 만주와 연해주 등지에서 토지를 개간하여 생
활터전을 마련하고 학교를 설립하여 독립운동 인재를 양성하면서 무기를 구
입, 부대를 재정비하여 항일전을 전개하는 기지 경영모델을 만들어 내었다.

셋째, 서간도 지방에 민족의 부흥기지를 건설해야 한다는 최초의 주장을

21) 육군본부, 『국군의 맥』, 281쪽.
22) 한용원, 앞의 글, 64-65쪽.

제기한 점이다. 유인석의 의병진에서는 서간도 지방이 "토지가 풍요로워 한 사람이 경작하면 열 사람이 먹을 수 있고, 1년을 경작하면 3~4년을 먹을 수 있는 곳"이라는 주장을 제기했다고 한다. 넷째, 신흥무관학교와 북로군정 서의 사관연성소 교관들은 대부분 의병활동을 통해 전투경험을 겪은 바 있 기 때문에 무관 후보생들에게 독립투쟁정신의 진수를 전수할 수 있었다는 점이다. 다섯째, 북천대장정을 통해 국내 의병으로부터 연해주와 간도지방 으로 이전한 국외 의병들은 국내의 비밀결사 신민회가 1910년을 전후하여 서간도로 집단 망명, 독립군 기지를 설치하고 독립전쟁을 준비하는 것을 뒷 받침해 주었다고 할 수 있을 것이다.

Ⅳ. 의병정신

의병은 정식 군인이 아니며, 국민이 자발적으로 조직한 민군(民軍)이다. 그러나 의병은 단순한 민군이 아니라 외침으로 인하여 나라가 위태로울 때 일어나는 민군인 동시 국군의 존립이 위기에 처하거나 제구실을 하지 못할 때 일어나는 민군이었다. 또한 민군은 국가의 어떤 명령이나 동원도 없이 국민이 자발적으로 조직한 제2의 국군이라고 할 수 있는 것이다. 19세기 말 일제의 침략으로 인해 우리의 국군이 날로 약화되고 심지어 일제의 종속 군 내지 괴뢰군과 같은 존재로까지 전락되자 제2의 국군이라고 할 수 있는 의병이 궐기하여 일제 침략자를 축출하기 위한 구국항쟁을 벌이게 되었던 것이다.

그러나 의병은 제2의 국군인 만큼 군사적 사고방식과 행위양식을 필요로 한다. 즉 군사적 경험을 요구하는 것이다. 그러므로 유생 중심으로 형성된 을미의병과 을사의병에서 구군대의 경험자와 지방군 종사자 다시 말하면 포 군(砲軍)이 실질적인 주축을 형성하였다. 우리의 역사를 회고해 볼 때 우리는 수많은 외침(外侵)으로 점철되어 왔으며, 그때마다 의병이 일어나 국군을 대신하여 싸우거나 국군을 도와 외적(外敵)을 물리쳤다. 이러한 맥락에서 우리의 의병의 뿌리와 전통은 깊고 장구하며 민족의 자존을 위해 공헌한 바가 무한하다고 할 것이다.

따라서 일제침략을 받아 일어난 우리의 의병은 단순히 봉건적 충군사상(忠君思想)에서 일어난 민군도 아니고, 배일감정에서 일어난 우발적인 군대도 아니며, (그것은) 오랜 역사 속에서 저절로 일어난 민족군이요 국민군인 것으로 보아야 할 것이다. 그리고 의병정신은 의병들만이 견지했던 정신이 아니고 훗날 우리의 독립군과 광복군 병사들이 계승했던 정신이었으며, 오늘의 우리의 국군정신으로 살아남아 있는 정신이기도 한 것이다. 환언하면 우리 민족이 1895년 을미사변으로부터 1945년 8·15광복에 이르기까지 의병 20년, 독립군 25년, 광복군 5년 등 50년간에 걸쳐 독립운동을 전개했는데, 이 같은 반세기에 걸친 독립운동사가 그 운동형태와 지도이념은 다양했으나 운동 속에서 일관된 정신이 존재하고 있었던 것이다.

그것은 바로 우리 선대들의 자주독립주의(自主獨立主義)와 독립투쟁주의(獨立鬪爭主義)에 바탕을 둔 독립투쟁정신(獨立鬪爭精神)이었던 것이다.[23] 의병정신은 첫째, 죽음을 두려워하지 않은 결사(決死)정신이라고 할 수 있다. 당시 의병들은 화승총이라는 구식총기를 소지하고 신식무기로 장비한 왜적들을 상대로 싸웠다. 화승총은 비바람, 소나기, 눈보라 속에서는 불을 붙일 수 없어 제 기능을 발휘할 수 없을 뿐 아니라 사거리도 짧은 데 반해, 일본군이 장비한 신식무기는 수백 미터 거리에 있는 목표물에 대해 사격을 가할 수 있었을 뿐 아니라 1905년 이후에는 수류탄과 기관총까지 장비하였다. 이러한 상황에서는 의병이 죽음을 각오하지 않고서는 싸움터에 나아갈 수도 없을 뿐 아니라 적과 싸울 생각도 할 수가 없었을 것이다. 그러므로 모든 의병은 나의 한 목숨을 바쳐서 싸운다는 정신을 갖고 있었던 것이다.

둘째, 의병정신은 이기고 지는 것을 가리지 않고 싸운다는 성패불수(成敗

---

23) 한용원, 앞의 글, 62-63쪽.

不須)의 정신이다. 의병의 일본군에 대한 항거는 이기는 것을 전제로 하지 않았다. 만약 의병이 승패를 따져서 이기면 나가고 지면 물러선다는 원칙에 집착했다면 싸움터에 나아갈 수도 없었을 것이다. 이러한 맥락에서 "승패를 묻지 않는다는 정신이 의병 특유의 정신"임을 알 수 있으며, 의병에게는 결과에 상관없이 옳은 것을 위해 그릇된 것과 맞서 싸워야 한다는 정신이 항상 우선해 있었음을 알 수 있는 것이다. 이인영과 허위가 주도한 연합의병군의 서울탈환작전의 경우 성공할 가망이 거의 전무한 실정이었지만 이 작전은 성패를 불문하고 의(義)에 목숨을 바친다는 의병정신을 단적으로 드러낸 거사였다.

셋째, 의병정신은 적과 절대로 타협하지 않는다는 정신이다. 싸우다가 불리하면 적과 타협하여 휴전을 하고 다시 기회를 엿본다거나 적과 타협하여 초지(初志)를 굽히는 것은 의병정신이 아니다. 그것은 곧 패배요 항복이며 굴복이기 때문에 의병은 절대로 타협하지 않는다는 정신을 가졌다. 그리고 의병정신 속에는 무력을 죄악시하는 사상이 들어 있다. 즉 무력은 폭력이기 때문에 최후의 수단이 되어야지 최선이나 차선의 방법이 되어서는 안 된다는 것이다. 그러므로 의병정신은 무력의 사용을 최후의 수단으로 삼아야 한다는 인도주의 정신에 입각하며, 이는 평화주의 정신이기도 한 것이다.[24]

13도 창의군의 군사장 왕산(旺山) 허위(許蔿)의 경우 일제의 사주를 받은 이완용이 그에게 귀순하면 내무대신 자리를 주겠다고 하면서 초지를 굽혀 적과 타협하라고 종용했으나 그는 이를 단호히 거절하고 죽을 때까지 국권회복에 분신하겠다는 결의를 다졌다고 하며, 후진들은 이 같은 선대의 뜻을 되새겨 그가 이루지 못한 숙원을 겨레의 숙원으로 알고 동대문에서 청량리까지의 길을 왕산로(旺山路)라고 이름하고 있다.[25] 이상과 같이 의병의 정신을 고찰한 바 있으나 제1·2차 의병전쟁(을미의병전쟁과 을사의병전쟁)과 제3차 의병전쟁(정미의병전쟁)은 성격상 크게 다른 것이다. 을미의병과 을

---

24) 전쟁기념사업회, 앞의 책, 31-32쪽.
25) 전쟁기념사업회, 앞의 책, 72쪽.

사의병은 국군이 참여하지 않은 가운데 민군만이 항일의병전쟁을 수행하였고, 따라서 일본과 한국의 국제 간 전쟁이었다기보다는 일종의 국민전쟁의 성격도 있었다.

그러나 정미의병은 대한제국의 국군병사들이 일제의 군대 해산에 반대하고 의병으로 변신했기 때문에 문자 그대로 국가와 국가, 일본군과 한국군의 전쟁으로 그 성격이 변화된 것이었다. 하지만 우리의 의병정신은 우리 민족 5천 년사를 지킨 모든 국군과 의병의 빛나는 전통을 계승하고 있으며, 특히 국군과 의병은 이러한 정신으로 1895년 을미사변으로부터 1945년 8·15광복에 이르기까지 50년간에 걸쳐 독립운동을 전개하였다. 이러한 맥락에서 우리 민족 5천 년사를 지킨 모든 국군과 의병은 비록 시대에 따라 외적이 다르고 무기가 다르고 군복이 다르다 하더라도 그들은 모두 국군의 모태요 조상이었다.

그리고 각 시대의 의병은 법률적 관점에서는 국군이 아니라 하더라도 국군 이상의 정신적 유산을 남긴 국민군인 것이다. 백암 박은식(朴殷植, 1859~1925)은 일찍이 "나라가 위급할 때 국가의 징발을 기다리지 않고 자발적으로 조직되는 군대가 바로 의병이며, 이 의병은 나라가 망해도 결코 망하지 않는다"고 하였다. 그리고 조소앙 선생은 「한국광복군총사령부성립보고서」에서 "1907년 8월 1일은 대한제국 국군이 끝난 날이 아니라 독립전쟁 개시의 날이요 광복군 창립의 날이다"고 하여 우리의 군맥이 일제 침략에 의해 단절되지 않았다는 민족사관을 천명하였다. 따라서 우리 국군은 이 같은 선현들의 역사의식을 거울삼아 국군정신을 강화시켜야 할 것이다.

제4장

독립군

I. 독립군 기지 건설

한국을 병탄한 일제가 전국에 헌병 경찰 망을 쳐서 야만적인 무단통치를 자행했기 때문에 국내에서의 독립운동은 그 한계점에 이르게 되었다. 이러한 한계를 느낀 의병과 애국지사들은 훗날을 기약하면서 조국을 떠나 중국과 만주, 노령과 연해주 등의 지역을 택해 망명 또는 이주를 단행하였다. 일제가 조국을 강점한 1910년을 전후하여 만주와 노령 지역에서는 독립군 기지 건설과 독립운동 단체의 조직이 시작되었다. 만주의 서간도 지역에서는 경학사와 그 부속기관인 신흥강습소가 설립되었고, 북간도 지역에서는 서일(徐一)에 의해 중광단이 조직되었을 뿐 아니라 윤세복은 홍업단을 조직하고 동창학교(東昌學校)를 설립하였다.

간도와 연해주에서 독립전쟁이 가능하게 된 것은 정치적인 망명자의 수가 꾸준히 증가한데다가 일제의 무단통치하에서 농민들의 경제적 이민이 많

아져 재만·재러 한인사회가 확대되었기 때문이었다.[1] 만주와 노령에 근거
지를 둔 독립군들은 일제의 군·경 공격, 일제 통치기관의 파괴, 일제의 요
인 저격, 친일세력의 숙청, 군자금 모금 등의 활동을 전개하였다. 그런데
이 같은 독립군의 활동은 1910년대에는 활발한 편이 못되었으나 1919년 3·
1운동 이후에는 보다 적극적인 양상을 띠게 되었는데, 이는 3·1운동을 통
해서 민족의식이 크게 고조된 데다가 일제를 한국으로부터 몰아내야 하겠다
는 국민의지가 강화되었기 때문이었다.

　그동안 민족의식이 가장 강렬했을 뿐 아니라 독립운동의 책원지가 되어
왔던 북간도와 서간도에서 3·1운동 이후 강력하게 독립전쟁론이 대두되었
다. 이에 불안을 느낀 일제가 훈춘사건을 조작하여 간도출병(間島出兵)을
단행함으로써 한·일 간에 청산리전투가 전개되었다. 일제는 1920년 6월 초
봉오동(鳳梧洞)전투에서 독립군에게 대패한 보복으로 10월 2일 장강호(張江
好)라는 어용마적을 이용하여 훈춘영사관을 공격하도록 조작극을 벌이는 한
편, 일본군을 출동시켜 독립군에 대한 토벌작전을 전개하는 과정에서 백두
산을 향해 대이동을 단행하던 독립군과 조우함으로써 10월 하순(10월 21일
부터 26일까지 6일간) 청산리전투를 치러야 했다.

　청산리전투 후 백설을 밟고 북상하여 1920년 말 소만(蘇滿) 국경에 도착
한 독립군은 대한독립군단을 형성하였고, 1921년 1월 시베리아로 넘어가
이만과 닝안의 두 시를 거점으로 하는 2개 여단을 창설하였다. 그러나 백계
와 적계가 분열되어 싸우는 러시아의 혁명전쟁에 휘말려 독립군은 흑하참변
(일명 자유시 참변)을 겪게 되었다. 이에 간도에 다시 돌아온 독립군은 정의
부(正義府), 참의부(參議府), 신민부(新民府) 등 3부를 결성하여 1930년대에
이르기까지 끈질기게 독립전쟁을 계속하였다. 이는 흑하참변(黑河慘變)이
독립군 지도자들을 크게 각성시켜 독립군 부대의 통합운동을 일으키게 하는
계기를 마련해준 데 영향을 받았기 때문이었다.

---

1) 서중석, 「민족운동사에서 차지하는 신흥무관학교의 위상」, 『신흥무관학교와 항일무장
　독립운동』(신흥무관학교 100주년 기념사업회, 2011), 6쪽.

한편 간도와 연해주에 독립운동기지를 건설하는 형태는 2가지 양상을 시현하였다. 일제의 잔인한 토벌작전과 야만적인 초토화작전으로 활동기지를 상실한 국내 의병은 1910년 국치를 전후하여 새로운 활동근거지를 찾아 북천대장정을 통해 간도와 연해주로 이동하여 국외 의병으로 전환한 경우가 많았다. 1910년을 전후하여 국경지방을 넘어 이동한 의병부대는 유인석, 이진룡(李鎭龍), 조맹선(趙孟善), 박장호(朴長浩), 조병준(趙秉準), 차도선(車道善), 전덕원 부대를 비롯하여 박성호, 여순근, 홍식, 황병길, 송상규 등의 부대였다. 이들 부대는 간도·연해주 등지에서 토지를 개간하여 생활터전을 마련했으며, 학교를 설립하여 독립운동 인재를 양성하는 한편, 무기를 구입하며 부대를 재정비하여 항일전을 전개하였다.

이들 의병계통과는 달리 국내에서 결성된 항일비밀결사(抗日秘密結社)인 신민회에 의하여 서간도에 독립군 기지가 건설되기도 하였다. 1905년 11월 을사늑약 이후 구국계몽운동(애국계몽운동)을 전개하다가 1907년 4월 20일 비밀결사인 신민회가 창립되자[2] 신민회의 비밀회원으로 가입한 구국계몽운동의 지도자들은 서간도에 독립운동기지를 건설하여 정규군 수준의 독립군 기간요원을 양성키로 하고 재산을 처분하여 집단 망명을 하였다. 그런데 신민회 회원은 국외로 망명하여 무관 양성을 담당하는 요원과 국내에 남아서 종래의 구국계몽운동을 계속하는 요원으로 양분하되, 우선 1910년 국외로 망명할 인사로 안창호, 이갑, 이동녕, 이동휘, 이회영, 이종호(李鍾浩), 신채호, 조성환, 최석하 등을 선정하고, 안창호와 이갑은 구미지역, 이동녕은 노령 연해주 지역, 이동휘는 북간도, 이회영과 최석하는 서간도, 조성환은 북경지역을 분담케 하였다.[3]

그런데 1908년에 60여 명에 이르는 문하생을 대동학고 독립군기지 건설문제를 파악하기 위해 간도지역을 둘러본 바 있었던 유인석은 1차적으로 그가 지휘하는 유생 중심의 의병부대를 해로를 이용하여 원산에서 연해주로

2) 국가보훈처, 『100년만의 만남 신흥무관학교』, 11쪽.
3) 국가보훈처, 앞의 책, 13쪽.

이동시켰다. 그 다음 2차적으로 이진룡이 인솔하는 황해도 의병진이 1911
년에 조맹선 부대와 더불어 만주로 이동했으며, 3차적으로 평안도 지방에서
활동하던 조병준, 전덕원, 박양섭, 여순근 부대와 함경도에서 활동하던 홍범
도, 차도선, 황병길 부대도 국경을 넘어 만주로 이동하였다. 그리고 1913년
노령 연해주를 떠나 간도로 이주하게 된 유인석과 그 제자들은 집안현을
중심으로 보약사, 향약계, 농무계 등을 조직하여 독립운동의 근거지를 만들
었으며, 홍범도, 이진룡, 조맹선, 차도선 등은 장백, 무송 등지에 포수단을
조직, 국내진입작전을 전개하였다.[4]

따라서 유인석 부대는 통화·집안현에서, 이진룡·조맹선·박장호 부대는
장백·무송·임강(臨江) 지역에서, 조병준 부대는 관전에서, 전덕원 부대는
환인 지방을 근거로 각각 독립운동기지를 건설하였다. 그리고 이들 의병부
대는 보약사, 향약계, 농무계, 포수단 등의 자치단체를 조직하여 농지를 매
입, 생활터전을 마련하는 동시에 학교를 설립하여 이주한 동포들에게 애국
정신과 항일의식을 고취하였고, 또한 무기를 구입하고 병력을 징모하여 부
대를 정비하는 등 병농일치(兵農一致)의 생활로서 독립운동의 기지를 건설
하였다. 한편 신민회가 무장투쟁 기지를 건설하게 된 배경을 보면 1906년
초여름 이회영이 이상설, 이동녕, 여준(呂準) 등과 독립운동의 방향을 논의
하면서 "국내에서 대규모적 독립투쟁을 전개한다는 것은 현실적으로 어려우
니 동북삼성(東北三省) 일대에다 자리를 잡고 무관 양성을 하자"고 제의한
데서 발단하였다.

동 제의와 관련하여 북간도의 중심지 연길현(延吉縣) 용정촌(龍井村)을
독립운동기지의 예정지로 잡고 무관 양성을 포함한 기지경영을 이상설이 맡
기로 하였다.[5] 그런데 이상설이 용정에 도착하여 서전서숙을 세워 국외 독
립운동기지로 경영했으나 일제가 '통감부 간도파출소'라는 만주침략 전초기
지를 용정촌에 세움으로써 서전서숙은 문을 닫지 않을 수 없었다. 그 후

4) 전쟁기념사업회, 앞의 책, 97-98쪽.
5) 한국일보사 편, 『재발굴 한국독립운동사』(1987), 37쪽.

북만주의 밀산부(密山府)에 한흥동(韓興洞)이 건설되자 1910년 4월 청도회의에서 밀산부 봉밀산(蜂密山) 부근의 미개간 땅 10만 평을 사들여 독립운동기지를 세우기로 하였다가[6] 1910년 12월 신민회의 전국간부회의에서 독립군기지 설치장소를 유하현 삼원포로 확정하였다. 그리고 1910년 11월 경술국치에 직면하여 애국계몽운동과 외교투쟁노선이 금압되자 좌절상태에 빠지게 된 신민회 회원들은 무장투쟁노선으로 방향을 전환하게 되었다.

신민회의 망명지사들이 서간도에 온 목적은 항일독립운동기지를 세우고 항일독립운동을 전개하기 위한 것이었으며, 그것과 직결되는 사업이 바로 무관학교의 설립이었다. 이러한 맥락에서 신흥무관학교는 1910년 국치 이전 신민회 지도자들의 항일운동 방략에 의해 설립된 것이라고 할 것이다. 신민회는 독립전쟁 방략을 실시하기 위해 국외에 독립운동기지를 건설하고 그곳에 학교를 설립하여 구국인재를 양성하는 것을 목표로 설정하였다. 그러므로 신민회는 유하현 삼원포를 최적지로 선정하여 이회영, 이상룡, 이동녕 등 민족지도자들과 각 도에서 자원한 100여 호가 이곳으로 이주토록 하였다. 이들은 먼저 황무지를 개간하여 생활의 기반을 마련하고 많은 동료들이 이곳으로 이주하도록 하였다. 그리고 자치기관으로 경학사를 설립하고 병농일치제를 실시하는 한편 인재양성 기관으로 신흥강습소를 설립하였다.

이렇게 하여 독립운동 지도자들이 독립운동의 기지건설을 완료하자 1919년 3·1운동 직후부터 본격적으로 독립전쟁을 전개하였다. 이는 3·1운동이 일어나고 수많은 애국인사들이 간도지방으로 모여들자 독립운동 지도자들이 각기 독립단체를 조직하고 소속 독립군을 편성하여 독립전쟁을 전개했기 때문이었다. 1919년부터 1920년까지 만주와 연해주에서는 수많은 독립군 부대가 편성되었는데, 그들의 조직계통을 살펴보면 ①의병과 유생들로 구성된 독립군, ②기독교·대종교 등 종교를 중심으로 편성된 독립군, ③출신 지방별로 편성된 독립군, ④그리고 특별한 연고 관계없이 거주지를 중심으로 편성된 독립군 등이었다.[7]

---

6) 한국일보사 편, 앞의 책, 41쪽.

특히 3·1운동을 전후하여 국내외에서 정규 군사교육을 수료한 군사전문
가들이 몰려옴으로써 독립군은 활기를 띠게 되었는데, 대부분의 독립군 지
도자들은 대한제국 국군 출신이거나 중국 혹은 일본에서 정규 군사교육을
받은 인사들이었다. 서로군정서(西路軍政署)의 군사책임자인 양규열(梁圭烈)
은 대한제국 육군무관학교를 졸업한 참령 출신이었고, 사령관 이청천은 대
한제국 육군무관학교 재학 중 관비유학생으로 일본육군사관학교를 입학·졸
업하고 일본군의 중위로 복무하다가 망명한 인사이며, 교관 신팔균은 대한
제국 육군무관학교를 졸업한 정위 출신이었다. 훗날 청산리전투를 주도한
북로군정서에는 총사령관 김좌진(金佐鎭)을 비롯하여 조성환, 이장녕, 나중
소(羅仲昭), 홍충희, 김찬수, 김규식, 박형직 등이 한국군 장교 출신이었다.
　또한 국민회 독립군을 지휘한 안무(安武)·이명순도 한국군 출신이었다.
한국군 출신 이외에 일본육사 출신으로는 이청천, 나중소, 김경천(金擎天)
등이 있었고, 중국군 출신으로는 운남강무당 출신인 이범석(李範奭) 등이
있었다. 이상에서 살펴본 것처럼 의병전쟁에서 독립전쟁으로 그 맥(脈)이
이어지는 데에는 대한제국 국군 출신들이 가교가 되었으며, 특히 1920년대
에 전개된 독립전쟁은 대한제국 육군무관학교 출신들에 의해 주도되었던 것
이다.8) 그러나 1930년대의 독립전쟁과 1940년대의 독립전쟁은 신흥무관학
교 출신들이 주도하였다. 나아가 독립운동 지도자들은 ①소속 독립군을 편
성하는 데 필요한 인적 자원을 확보하기 위해 지역 내의 주민들에 대해 징
병제를 실시해야 하였고, ②무기와 군수품을 마련하기 위해 각 단체마다 모
금활동을 전개해야 했으며, ③독립군의 병영은 비록 초라했으나 병영훈련은
하루도 빠짐없이 실시하는 모범을 보였다.9)
　그러나 신흥무관학교와 그 출신들이 민족독립운동사에 남긴 역사적 의의
로서 중시해야 할 점은 독립운동의 추진방향을 독립전쟁전략(獨立戰爭戰略)

---

7) 전쟁기념사업회, 앞의 책, 105-106쪽.
8) 전쟁기념사업회, 앞의 책, 95쪽.
9) 전쟁기념사업회, 앞의 책, 107-115쪽.

으로 구체화시켰다는 점이다. 이는 신민회가 경술국치 후 독립운동의 추진 방향을 변경시킨 것과도 유관한 것이다. 조국의 자주독립을 지키기 위해 국민계몽운동에 앞장서왔던 신민회가 경술국치를 당하자 더 이상 계몽운동이나 외교노력으로 국권회복을 할 수 없다고 확신하고, 일제를 축출하기 위해서는 무장투쟁 방책이 효과적이라는 결론에 도달하여 독립전쟁전략을 추구하게 되었다. 그러나 독립전쟁전략은 일제와 즉각적인 무장투쟁을 벌여 그 역량(力量)을 소진시키기보다는 독립군으로서의 기본 역량을 배양하는 데 치중하는 정책을 추구해 나가다가 미국·소련·중국이 일제와 전쟁을 하게 되면 우리의 독립군도 연합군의 일원으로 대일전쟁(對日戰爭)에 참전하여 독립을 쟁취한다는 것이다.

II. 독립군 간부 양성

무장독립전쟁의 수행을 위한 급선무는 무관의 양성인 것인데, 본격적인 군사교육 전문기관이 설립된 것은 1910년 이후부터였다. 신흥무관학교는 경술국치 직후 이동휘 중심의 동림(東林 또는 大甸)무관학교와 이갑 중심의 밀산(密山)무관학교와 함께 우리나라 무장독립투쟁의 역군을 길러낸 사관학교였다. 1910년대 간도에서 대표적인 군사교육 전문기관은 대전무관학교와 신흥무관학교였는데, 대전무관학교는 이동휘, 이종호, 김립(金立), 장기영(張基永) 등이 1913년 북간도의 나자구(羅子溝)에 세운 사관학교로서 80여 명의 사관을 양성했으며, 신흥무관학교는 이회영, 이동녕, 이상룡 등 신민회 지도자들이 1911년 6월 서간도 삼원포에 창설하였고, 1920년 8월 폐교될 때까지 10여 년간 지속적으로 무관을 양성하여 3,500여 명을 배출하였다.[10]

서간도 유하현 삼원포 추가가(鄒家街) 마을의 한 허름한 옥수수 창고에서

1911년 6월 10일(음력 5월 14일) 감격적인 개소식을 가진 신흥강습소는 1912년 1월 변영태 등 제1회 특기생 40여 명을 졸업시키고, 1912년 7월 통화현 합니하로 터전을 옮겨 신흥무관학교 낙성식을 갖고 새로운 출발을 다짐했으며, 1915년 1월에는 교관들과 졸업생들이 통화현 쏘배차(小北岔)에 군사기지 백서농장을 설치하였다. 나아가 1919년 3·1운동의 영향으로 신흥무관학교를 찾아오는 청년들이 넘쳐나자 합니하 지역 무관학교 시설로는 부족하여 유하현 고산자(孤山子) 부근의 하동대두자로 학교 본부를 옮겨 1919년 5월 3일 양조장 건물에서 개소식을 개최했으며, 합니하의 무관학교와 쾌대무자(快大茂子)에 각각 분교를 두어 모두 3개의 무관학교를 운영해야만 했다.

그런데 1910년대에 만주와 연해주에 산재한 50여 개의 독립군단은 대체로 ①생활의 터전이 마련되고, ②교육의 기틀이 잡히면, ③청년들을 조직하고, ④군자금을 마련하여, ⑤무장부대를 훈련시켰는데, 이 같은 단계를 거치는 데는 10여 년의 세월이 소요되었던 것이다.[11]

그러나 신흥무관학교는 1911년 6월 개소식을 거행하고, 1912년 1월 제1회 특기생의 졸업식을 거행한 후 봄부터 교사 신축 공사를 시작하여 7월에 낙성식을 거행하는 발전 전략을 추진함으로써 타 독립군단과의 차별화를 시현하였다. 이는 경학사와 신흥강습소의 설치비를 이회영 일가의 토지매각 대금으로 충당할 수 있었기 때문이었다. 이회영 일가는 전가족의 모든 자산을 정리하여 40만 원(현 화폐가치로 600억 원 내지 2,000억 원)을 확보, 신흥무관학교 설립의 물적 토대를 마련하였다.

한편 신민회에서는 독립군을 양성할 무관학교의 설립을 위해 '1인당 100원' 이상의 금전 휴대가 가능한 이주자들을 모집키로 하고 이주자 모집과 군자금 모금의 책임자로 김구(황해도), 안태국(평남), 주진수(강원도) 그리고 양기탁과 임치정(경기도) 등으로 정하고, 모금액도 황해, 평남, 평북은

---

10) 독립운동사편찬위원회 편, 『독립운동사 자료집 제10권』(1980), 32쪽(원병상의 수기).
11) 육군본부, 『창군전사』, 65-67쪽.

각각 15만 원, 강원도는 10만 원, 경기도는 20만 원으로 할당하여 60만 원
의 자금을 마련하기로 계획했다고 한다.[12] 신흥무관학교는 개소 이래 여러
차례 폐교에 직면했으나 필사적으로 운영을 계속하였으며, 3·1운동을 전후
로 정규 군사교육을 받은 유경험자들이 지휘관과 교관 요원으로 속속 모여
들었다.

나아가 각 지역에서의 국외 독립운동기지화는 자치신장에 비례하여 항일
투쟁이 제고되는 방향으로 전개되었다. 즉 ①시베리아의 성명회(聲明會, 이
명 聲鳴會)와 그 이념을 계승한 권업회(勸業會), 북간도의 간민교육회와 그
것을 발전시킨 간민회(墾民會), 서간도의 경학사와 그를 이은 부민단(扶民
團) 등이 자치신장의 정도에 비례하여 항일투쟁을 주도하였다.[13] ②그리고
항일단체가 주동이 되어 연해주의 한민학교(韓民學校), 북간도의 명동학교
(明東學校), 서간도의 신흥학교 등에서 문무쌍전의 민족주의 교육을 실시하
여 독립군과 민족운동자를 양성하였고, ③이동휘, 김약연, 정재면 등은 기독
교 선교활동을 통해서, 나철, 박찬익, 윤세복 등은 대종교 선교활동을 통해
서 각각 한인사회의 민족의식을 고취시켰다.

그리고 국외 독립운동기지화는 이주 한국인의 법적 지위 보장을 위한 외
교 교섭활동의 전개를 촉발시켰다. 신한촌의 권업회에서는 독립군의 군용지
를 확보하기 위해 러시아 극동총독과 교섭을 벌였으며, 1914년에 이르러서
는 독립전쟁론을 직접 구현할 대한광복군 정부의 수립을 주도하여 이상설과
이동휘를 정·부통령으로 각각 선출하였다. 그리고 예정되어 있던 신민회의
자금조달이 신민회사건으로 인해 중단되기는 했으나 신민회가 주동한 전국
적인 한인의 대 이주계획은 순조롭게 진전되었고, 이회영, 이동녕 등이 북경
의 원세개 대총통과 직접 교섭을 벌여 외교 교섭에도 성공함으로써 이주
한국민이 법적 지위를 보장받게 된 데다가 1912년에 풍년을 맞게 되자 흩어

12) 윤경로, 「1910년대 독립군기지 건설운동과 신흥무관학교」, 『신흥무관학교와 항일무
    장독립운동』(신흥무관학교 100주년 기념사업회, 2011), 35-36쪽.
13) 한국일보사 편, 앞의 책, 63-101쪽; 윤병석, 『독립군사』(지식산업사, 1990), 32쪽.

진 동포들이 다시 모이게 되어 교포의 자치기관 경학사가 부민단으로 재조
직될 수 있었다.

그러면 이제 신흥무관학교의 교육 내용과 방법에 관해서 살펴보기로 한
다. 신흥무관학교는 시종 1일 14시간 정도 교육을 실시했으며, 야밤에 70리
행군을 실시하여 체력을 길렀고, 학교 건물 및 연병장 건설 등은 모두 자체
적으로 해결하였다. 그리고 1911년 6월 10일 창설된 신흥강습소는 1913년
5월 9일 신흥중학교로, 1919년 5월 3일 신흥무관학교로 각각 발전했으며,
생도들은 낮에는 일하고 밤에는 공부하고 훈련하는 자활자치(自活自治)의
운영방식을 취했는데, 교원 일람표는 〈도표 8〉과 같다. 생도들은 신민회가
천혜의 요새지로 알려진 신안보(新安堡)의 땅을 매입하자 18개의 교실을 갖
춘 교사의 신축공사를 실시하였고, 낮에는 황무지를 개간하고 농사일도 하
며 땔감도 구하였다. 하지만 신흥무관학교의 목표는 유능한 군관을 양성하

〈도표 8〉 신흥무관학교 교원 일람표

성명	직위	학력	비고
이천민(李天民)	교장	(의병장 출신, 이세영)	고산자 고등군사반
양규열(梁圭烈)	부교장	육군무관학교	〃(양평)
윤기섭(尹琦燮)	학감(교감)	보성중학교	〃(파주)
김창환(金昌煥)	훈련감·교장서리	육군무관학교	〃(서울)
이청천(李靑天)	교육대장(교성대장)	일본육군사관학교	〃(서울)
계용보(桂龍寶)	교관	신흥중학	〃(평북)
원병상(元秉常)	교관	〃	〃(강원)
백종렬(白鍾烈)	교관	〃	〃(강원)
오상세(吳祥世)	교관	〃	〃(경기)
김경천(金擎天)	교관	일본육군사관학교	〃(함남)
손무영(孫武榮)	교관	신흥중학	〃(경기)
신팔균(申八均)	교관	육군무관학교	〃(진천)
김성노(金成魯)	교관	신흥중학	〃(서울)
이장녕(李章寧)	훈련감·교장	육군무관학교	합니하 초등군사반
성준용(成駿用)	교관·학도대장	신흥강습소	〃(서울)
오광선(吳光鮮)	교관	신흥중학	〃(용인)
박영희(朴寧熙)	교원	〃	〃(부여)
이범석(李範奭)	교관	운남 육군강무학교	〃(서울)

는 일이었기 때문에 교육은 군사학술교련에 중점을 두었다.

　신흥무관학교의 교육 과정은 중등교육을 중심으로 하는 본과(本科)와 무관훈련을 시키는 군사과(軍事科)로 나누었지만 본과에서도 군사교련에 비중을 두고 학생을 선발 시 건장한 자를 뽑았고, 군사훈련 요원으로는 대한제국 무관학교 교관 출신 이세영, 이관직, 이장녕, 김창환 등을 초빙함으로써 군사과 지향적이었다.14) 그리고 군사교련을 실시하면서 보병, 포병, 기병, 공병, 치중 등 주요 병과(兵科) 활동을 포괄했으나 장총, 권총, 기관총, 대포 등 병기가 없어서 이론교육 밖에 할 수 없었고, 말(馬)을 확보할 수 없어서 기마훈련도 할 수 없었다. 그러므로 그 대신 정신교육과 신체단련에 집중하고 각종 훈련을 강화시켰으며, 특히 일본의 최근 군사교련 교재나 각종 병서(兵書)를 입수하여 교재로 활용함으로써 '적(敵)을 알게 하는 교육'을 추진하였다.

　그리고 신흥무관학교에서는 민족정신 교육을 강화시켰는데, 이를 위해 첫째, 애국심을 심어주고 국민정신을 격려하는 차원에서 역사교육을 중시했으며 둘째, 반면교사(反面敎師) 교육방식의 일환으로 1909년 통감부가 발매 금지시킨 소위 금서(禁書)를 교과서와 교재로 활용케 하였고 셋째, 교육활동을 학과 10%, 교련 20%, 건설 20%, 민족정신 50%로 배분하여 민족정신의 앙양에 중점을 두었다. 특히 독립운동의 지도자를 양성하기 위해서는 민족의식과 우리나라의 역사·국어·지리 교육이 필요함을 감안, 국어교과서로『국어문전(國語文典)』이 채택되고 국사교재로는『대한역사(大韓歷史)』,『유년필독』등이 사용되었는데, 이 책들은 통감부가 발매를 금지시킨 책들이었다.15)

　나아가 신흥무관학교의 정신교육은 구국대의(救國大義)를 생명(基本)으로 하여 ①불의(不義)에 반항정신, ②임무에 희생정신, ③체련(體鍊)에 필승

---

14) 한용원, 앞의 글, 65쪽(이들 교관은 의병활동을 통해 전투경험을 한 바 있기 때문에 생도들에게 독립투쟁정신의 진수를 전수할 수 있었음).

15) 김삼웅, 앞의 글, 20쪽.

정신, ④난고(難苦)에 인내정신, ⑤사물에 염결(廉潔)정신, ⑥건설에 창의정신의 실천을 좌우명으로 삼게 하였다.16) 그리고 신흥무관학교의 교육 과정은 대한제국 육군무관학교를 이어받는 의미에서 대한제국 무관학교의 것으로 본받아 채택하였다. 즉 대한제국 무관학교의 교과목이었던 전술학, 군제학, 병기학, 축성학, 지형학, 위생학, 마학(馬學), 외국어 중에서 당시 여건상 도저히 하기 어려운 마학 등을 제외하고는 신흥무관학교 교육 과정에 넣었다.17) 그리하여 신흥무관학교가 배출한 인재들은 대한민국 임시정부와 만

〈도표 9〉 북로군정서 사관연성소 주요 간부 일람표

성명	직위	학력	비고
김좌진(金佐鎭)	소장	육군무관학교	
나중소(羅仲昭)	교수부장	일본육군사관학교	
이장녕(李章寧)	교관	육군무관학교	육군 부위
이범석(李範奭)	교관	운남육군강무학교	
김규식(金奎植)	교관		육군 부위
이천을(李天乙)	교관		중국어 담당
윤창현(尹昌鉉)	교관		道伊公署 통역 담당
전성호(全盛鎬)	교관		興業團에서 파견
강승향(姜承鄕)	교관		〃
강필립(姜필립)	교관	러시아사관학교	
김 관(金 觀)	교관	〃	
마츠커텔	교관		러시아 과격파
박영희(朴寧熙)	학도단장	신흥무관학교	
최준형(崔峻衡)	제1학도대장		
오상세(吳祥世)	제2학도대장서리	신흥무관학교	
강화린(姜華麟)	제1학도대 제3구대장	〃	
백종렬(白鍾烈)	제2학도대 제3구대장	〃	
이교성(李教成)	제1학도대 제3구대장		
허 활(許 活)	제2학도대 제3구대장		
김춘식(金春植)	구대장		

---

16) 한국일보사 편, 앞의 책, 99쪽.
17) 서중석, 앞의 글, 8-9쪽.

주·연해주·중국 관내 조선혁명군, 한국독립군, 고려혁명군, 한국광복군 등
에 충원되어 핵심적 역할을 수행하였다.

이러한 신흥무관학교와는 대조적으로 북로군정서 사관연성소는 〈도표 9〉
와 같이 신흥무관학교 교관 및 졸업생을 교관으로 초빙, 군사교육을 실시하
여 독립군을 양성하는 기관이었다. 이 연성소는 장교 훈련뿐 아니라 신병
훈련도 담당했으며, 따라서 연성소의 교관은 대한제국 장교 출신자 또는 중
국 군관학교 장교 출신자들이었고, 연성소의 교육은 전투가 없는 경우 오전
훈련과 오후 훈련을 나누어 실시했는데, 오전에는 전투훈련, 오후에는 총기
훈련과 학과훈련이었으며, 교육과목은 정신교육, 역사, 군사학술과, 체조,
호령법 등 5과목이었다. 동 연성소에서는 1919년 12월 임정의 요구가 있어
18세 이상 30세 이하의 청년을 모집, 6개월간 교육시켜 1920년 6월 600명
의 졸업생을 배출하였고, 이들을 기간요원으로 하여 김좌진 사령관은 1,600
명의 북로군정서군을 편성했으며, 북로군정서군과 대한독립군이 주력을 형
성한 독립군 2,000명이 일본군 25,000명과 청산리전투를 벌였다.

신흥무관학교 이후 1920년대, 1930년대, 1940년대에도 독립군의 군사간
부 양성은 지속되었다. 1920년대에는 임정이 군무부 산하에 설립한 육군무
관학교에서 2개 기에 걸쳐 43명을 양성한 데 이어 운남강무당(雲南講武堂),
황포군관학교(黃埔軍官學校) 등 중국의 군관학교에 입학하여 군사교육을 받
은 요원이 240여 명에 달하였다. 즉 ①당계요(唐繼堯)가 운남성(雲南省) 곤
명(昆明)에 설립한 신식 군관학교인 운남강무당에 이범석 등 4명이 1919년
에, 이준식(李俊植)·김관오(金冠五)·안경근(安敬根) 등 11명이 1923년에,
김종진(金宗鎭)이 1925년에 각각 졸업하였다. ②그리고 노병회의 주선으로
이동건(李東健)·김세정·송호성(宋虎聲) 등 10여 명은 1922년 감야군사강
습소에, 채원개(蔡元凱)·조석구·오동기 등 50여 명은 1923년 낙양강무당
(洛陽講武堂)에 입학하여 군사훈련을 받았다. ③한편 중국의 중앙군관학교
인 황포군관학교에도 한인청년들이 제3기로부터 입학하여 제17기에 이르기
까지 170여 명이 졸업하였다.[18] 제3기는 차정신(車廷信), 이일태(李逸泰)
등 4명이 1924년에 입학하였고, 제4기는 김원봉(金元鳳)을 비롯한 의열단원

24명과 권준(權晙) 등 140여 명이 1926년에 입학했으며, 제5기는 신악(申
岳)·박시창(朴始昌)·장흥(張興) 등 9명이, 제6기에는 안재환(安載煥) 등 7
명이, 제7기에는 이탁 등 10명이 입교하였다. 그러나 4기 출신 40여 명이
공산폭동에 가담하여 처형되었으며, 이로 인해 한인청년들의 유학이 7기 이
후 제한되어 제10기 최덕신(崔德新)·김동수(金東洙), 제11기 박기성, 제15
기 유해준, 제17기 박영준 등 만을 입학시켰다. 다음으로 1930년대에 독립
군 군사간부 양성 현황을 살펴보면 이는 ①조선혁명군사정치간부학교, ②낙
양군관학교, ③성자군관학교 출신 현황을 통해 파악할 수 있는 것이다.[19]
특히 1930년대에 들어와 한국독립운동자들에 의해 직접 군사간부 양성사업
이 추진되어 조선혁명당(朝鮮革命黨)은 김원봉의 주도하에, 임정은 김구의
주도 하에 각각 이루어졌다.

　김원봉은 중국국민당의 비밀조직 삼민주의역행사(三民主義力行社: 藍衣
社)의 등걸과는 황포군관학교 4기 동기생이었는데, 그는 등걸과의 교섭을
통해 국민당의 재정적 지원을 얻을 수 있게 되자 "한중합작(韓中合作)으로
군관학교를 설립하여 조선혁명에 필요한 전위 투사를 양성한다"는 방침을
결정하고 1932년 10월 남경에 간부학교를 설립하였다. 간부학교의 설립은
극비리에 추진되었고, 따라서 표면적으로는 '국민정부 군사위원회 간부훈련
반 제6대'라고 하여 중국의 군사교육기관인 것처럼 위장하였다. 간부학교는
의열단(義烈團)에 의해 독자적으로 운영되었고(교장은 의열단 단장 김원
봉), 그 조직은 의열단의 간부이면서 황포군관학교를 졸업한 군사간부들이
장악하였다. 간부학교는 1932년부터 1935년까지 운영되어 3개 기를 배출했
으며 모두 125명의 군사간부를 배출하였다. 간부학교를 졸업한 졸업생들은
대부분 독립운동에 참여하여 활동했으며, 1935년 7월 민족혁명당(民族革命
黨)으로 입당하여 김원봉의 세력기반이 되었고, 조선의용대(朝鮮義勇隊)는
바로 이들을 주축으로 하여 편성되었다.

---

18) 한시준, 앞의 글, 51-52쪽.
19) 한시준, 앞의 글, 52-56쪽.

다음으로 김구가 주도한 군사간부 양성사업은 낙양군관학교를 통해 추진되었다. 이는 1932년 윤봉길 의사가 홍구공원 의거를 계기로 중국 정부의 적극적인 지원이 있게 되자 김구는 낙양군관학교에 한인특별반을 설치하여 군사간부를 양성하고자 하였다. 원래 김구는 장개석(蔣介石)에게 특무공작에 대한 지원을 요구했으나 장개석이 무관양성을 제의함으로써 '중국중앙육군군관학교 제2총대 제4대대 육군군관훈련반 제17대'로 표면적 위장을 한 가운데 한인특별반이 설치되었다. 한인특별반은 김구의 주도하에 이청천· 이범석· 오광선 등 신흥무관학교 관련자들이 간부를 담당했으며, 1932년에 92명이 입교하여 1935년에 62명이 졸업했는데, 1회 졸업생을 배출한 후 일제가 중국 정부에 대해 학교의 폐쇄를 요구함으로써 폐쇄되고 말았다.

나아가 1930년대에 군사간부를 양성한 또 하나의 군관학교로는 성자군관학교로 알려진 중앙육군군관학교의 분교였다. 성자분교는 민족혁명당이 주도하여 모집한 90여 명을 1937년 12월 1일 '중국중앙육군군관학교 성자분교 특별훈련반 제4중대'에 입교시켰다. 이들은 6개월간의 훈련을 마치고 조선민족혁명당에 참여할 자격을 부여받았다. 끝으로 1940년대에는 한국광복군과 조선의용군에 의해 군사간부의 양성이 추진되었다. 광복군은 ①서안(西安)의 전지공작대(戰地工作隊, 대장 羅月煥)에서 한국청년훈련반(한청반)을 설치하여 화북(華北)지역에서 초모(招募)해온 한인청년들을 훈련시켜 3개 기에 97명을 졸업시켰으며 ②부양(阜陽)의 징모 제6분처(주임 金學奎)는 한국광복군훈련반(한광반)을 설치하여 안휘성(安徽省) 일대에서 초모해온 한인청년들(15명)과 일본군을 탈출한 학도병(33명) 등 48명을 모아 훈련하고 졸업시켰다.[20]

조선의용군은 연안(延安)· 태행산(太行山)· 산동(山東) 등에 군정학교를 설립하여 군사간부를 양성했는데, 이 사업은 코민테른의 결정에 의해 중국 공산당 군사위원회의 지도로 추진되었다. 군정학교의 학생들은 모두 조선의용군으로 동원할 수 있는 대원들이었다고 하는데, 그 인원은 연안에 약 240

---

20) 한시준, 앞의 글, 56-59쪽.

여 명, 태행산에 약 290여 명, 산동에 약 120여 명 정도 되었다고 한다.[21)]
이상에서 논의한 것처럼 남의 나라 땅에서, 또한 열악한 조건하에서도 독립
군과 군사간부를 양성하는 사업은 단절된 일이 없었다. 특히 신흥무관학교
는 1910년대에 하루도 쉬지 않고 무장독립투쟁의 역군을 길러내어 1920년
대와 1930년대 및 1940년대에 독립운동 진영 전체가 양성한 1,300여 명
간부의 3배에 달하는 3,500여 명의 독립군 기간요원을 양성·배출하였다.
그러므로 독립운동 과정에서 이루어진 독립군 군사간부의 양성은 한민족의
소중한 자산이 아닐 수 없는 것이다.

이상에서 논의한 독립군의 간부양성에 이어 독립군 병사의 모병(募兵)에
관해 논의할 필요를 느낀다. 대부분의 독립운동단체들은 소속 독립군을 편
성하는 데 필요한 인적 자원을 확보하기 위해 지역 내의 주민들에 대해 징
병제를 실시하였다. 대한국민회의 경우 호구조사를 실시한 후 18세에서 40
세까지의 장정을 매 호당 1명씩 징집했으며, 한족회의 경우에는 17세로부터
30세까지의 장정 중에서 선발하여 징집하였다. 그리고 주민을 많이 관장하
고 있는 독립운동단체에서는 5가구 중에서 1명을 징집하고 징집되지 않은
4가구는 징집된 가구의 생계를 돌보도록 하였다.

재만 독립운동단체 중 가장 조직적으로 징병제를 실시한 단체는 대한군
정서(大韓軍政署)였는데, 군정서에서는 평균 30호를 1구로 하여 18세부터
35세까지의 건장한 청년을 매구(每區)에서 15~25명을 선발하여 징병검사를
실시한 후 적격자에게는 즉시 입대를 명하고 나머지는 군정서가 필요로 할
때에 즉시 소집에 응하도록 서약케 하고, 35세 이상의 자로서 상당한 지식
이 있고 주민들로부터 신망을 받고 있는 자는 각 부대나 각 구의 간부로
임명하였다. 또한 입대자에게는 급료 및 여비로 50원을 지급하였다. 이상과
같이 징집을 통한 방법 이외에 자진 입대자와 모병에 의한 방법이 있었다.

3·1운동 이후 국내로부터 수많은 청년들이 도만(渡滿)하여 독립군에 자
진 참여하였고, 독립군 간부들은 꾸준하게 모병운동을 전개하여 애국청년들

---

21) 한시준, 앞의 글, 59쪽.

을 독립군에 흡수하였다. 또한 정국의 혼란으로 인해 실직하고 있던 청년들을 시베리아 연해주로부터 많이 모집키도 하였다. 독립운동지도자들은 실직한 동포 청년들에게 "독립군에 입대하는 것은 국가를 광복하는 성스러운 일에 참여하는 영광을 갖게 될 뿐 아니라 입대 후에도 생활이 보장될 것"이라는 설명으로 초모활동(招募活動)을 전개하여 실직한 청년들을 독립군에 흡수하였다. 나아가 군정서에서는 이들이 입대를 하면 소정의 증명서를 발급하여 이들이 군정서의 독립군임을 증명하였다.

III. 독립군의 통합운동

3·1운동의 여파로 인해 1919년 말부터 1920년 초까지 만주와 연해주에서는 수많은 독립군부대가 조직·편성되었는데, 이들의 조직계통을 보면 ① 의병과 유생들로 구성된 독립군(예: 대한독립군, 도독부 등), ②종교를 중심으로 편성된 독립군(예: 대한국민회, 북로군정서 등), ③출생지방별로 뭉쳐 편성된 독립군(예: 대한독립청년단, 군비단 등), ④연고관계 없이 거주지를 중심으로 편성된 독립군(예: 한족회, 농무회 등) 등이었다[22]고 앞서 기술한 바 있다. 이 기간에 활발하게 활동을 전개한 북간도·북만주 지방 독립군단과 단체는 〈도표 10〉과 같이 대한국민회, 훈춘대한국민의회, 북로군정서, 대한독립군, 군무도독부, 대한광복단, 의민단, 의군부, 대한신민단, 대한정의군정사, 야단, 혈성단, 신대한청년회, 대한청년단, 부황단, 창의단, 청년맹호단, 급진단, 학생광복단, 외정회부, 보황단, 충렬대, 건국회, 자위단 등 24개였다.[23]

---

22) 전쟁기념사업회, 앞의 책, 105-106쪽.
23) 한국일보사 편, 앞의 책, 150-151쪽.

〈도표 10〉 북간도·북만주 독립군단과 단체 현황

독립군단/단체	중심지	주요 임원	비고
大韓國民會	연길현	회장 具春先	
琿春大韓國民議會	훈춘		
北路軍政署	왕청현	독판 徐 一	
大韓獨立軍	연길현	사령관 洪範圖	
軍務都督府	왕청현	사령관 崔振東	
大韓光復團	왕청현	단장 李範允	임정노선이 아닌 복벽노선 추진
義民團	북간도	단장 方雨龍	천주교도 중심으로 국내진공 추진
義軍府	연길현	李範允	한말 의병들이 중심이 되어 조직
大韓新民團	훈춘	회장 金奎晃	기독교 성리교인 중심으로 조직
大韓正義軍政司	안도현	총재 李 圭	한말 의병들이 중심이 되어 조직
野團	북만지방	단장 申 砲	회원 2만여 명 보유
血誠團	흑룡강	단장 金國礎	'애국청년혈성단'이라고도 지칭
新大韓靑年會	훈춘	회장 李京鎬	1920년 훈춘 청년들로 조직
大韓靑年團	연길현	단장 徐成權	
復皇團	훈춘		군자금을 수집하여 임정에 송부
倡義團	북간도	李範模	이범윤의 부하 이범모가 조직
靑年猛虎團	북간도	단장 金尙鎬	明東학교 교직원과 학생들로 조직
急進團	훈춘		노령의 과격파와 연대 강화
學生光復團	왕청현	金 昇	
外政會部	훈춘		
保皇團	북간도		
忠烈隊	용정		
建國會	훈춘	黃丙吉	
自衞團	국자가	단장 崔經浩	

〈도표 11〉 서간도 지방 독립군단과 단체 현황

독립군단/단체	중심지	주요 임원	비고
韓族會	삼원포	총장 李 沰	
西路軍政署	삼원포	독판 李相龍	
新興武官學校	삼원포	교장 李世榮	
大韓獨立團	삼원포	단장 趙孟善	보약사, 향약계, 농무계, 포수단 통합해 결성
大韓靑年團聯合會	안동현	총재 安秉瓚	평북 독판부와 표리일체
光復軍總營	관전현	영장 吳東振	
大韓獨立軍備團	장백현	단장 李殷鄕	
光復團	관전현	玄益哲	한족회 소장파로 구성. 국내진공 적극주장
義成團	오가자	단장 片康烈	남북만주의 일제기관 파괴, 친일파 숙청 주력
天摩隊	천마산	崔時興	한말군인 출신 중심. 국내 게릴라전 전개
太極團	장백현	단장 趙仁官	단원 2~3천 명 보유
少年團		단장 徐 哲	본부는 상해. 서간도에는 지부 설치
大震團	안동현	단장 金中建	군총으로 무장
鄕約團	관전현	단장 白三奎	무력항쟁으로 왕조복벽 주장. 대한독립단에 통합
白山武士團	임강현	단장 李斗星	6천 명의 단원으로 구성
農務會	임강현	金宗範	30여 명 내외로 구성
普合團	관전현	金仲亮	군자금을 수집하여 임정에 송금
中興團	통화현		
韓僑公會	환인현	孫克章	각처에 지부 두어 일제기관 파괴, 친일파 숙청
義勇團 武裝團 獨立團 靑年團	관전현		일제의 기록에 의하면 1920년 11월 현재 그곳 獨立團과 더불어 각 단원의 총수가 1,800명에 이른다 함

이 중에서도 활동이 두드러졌던 독립군단과 단체는 대한국민회(회장 具春先), 북로군정서(독판 徐一), 대한독립군(사령관 洪範圖), 군무도독부(사령관 崔振東) 등이었다.

그리고 이 기간에 활발하게 활동을 전개한 서간도 지방 독립군단과 단체는 〈도표 11〉과 같이 한족회, 서로군정서, 신흥무관학교, 대한독립단, 대한청년단연합회, 광복군총영, 대한독립군비단, 광복단, 의성단, 천마대, 태극단, 소년단, 대진단, 향약단, 백산무사단, 농무회, 보합단, 중흥단, 한교공회, 의용단, 무장단, 독립단, 청년단 등 23개였다.[24] 이 중에서 서로군정서(독판 이상룡), 대한독립단(단장 조맹선), 대한청년단연합회(총재 안병찬), 광복군총영(영장 오동진) 등의 활동이 두드러졌다.

한편 부민회(扶民會)를 확대·개편한 한족회(총장 이탁)는 신흥무관학교·신흥학우단·백서농장을 통해 항전준비를 착실히 진행시켰을 뿐 아니라 발족과 더불어 그 목표를 국내외 모든 독립운동을 통제·지도하는 중앙정부의 건립에 두었다. 그러나 1919년 4월 13일 상하이에 임시정부가 수립되어 막상 활동을 개시하자 독립운동 진영에서는 임시정부의 위치는 상하이가 적합하고 독립군의 국내진입활동 전개는 만주가 적합한 것으로 인식하게 되었다. 그러므로 임시정부는 독립군의 통합을 위해 1920년 2월 직속기관으로 교민 통치기구인 광복군참리부와 독립군 기구인 광복군사령부를 설치하였다. 그러나 일제 토벌군의 출동과 독립군의 성격 차이로 인해서 이러한 기구들이 만주 현지에서 제대로 실현되지 못하였다. 다만 대한국민회, 북로군정서, 서로군정서, 대한청년단연합회, 광복군총영, 대한독립군, 한족회, 대한독립단, 보합단 등 임시정부를 지지하고 명령에 따르는 독립군단 및 단체들은 예외적이었다.[25]

더욱이 임정은 대본영을 설치하여 독립전쟁에 매진하되 대통령을 원수로 한 군사의 최고통치부 대본영을 설치하여 참모부에 총장·차장을 두어 군무·

---

24) 한국일보사 편, 앞의 책, 166-167쪽.
25) 한국일보사 편, 앞의 책, 148-167쪽.

용병에 관한 일체의 계획을 통어하도록 하였고, 군무부를 정점으로 서간도 군구, 북간도군구, 시베리아 강동군구의 3개 군사구역으로 구분하여 군사편제를 하였다.

그러나 임정은 각 군구지역의 교포들을 충분히 통할할 수 있는 물적 기반이 취약하였다. 따라서 무장독립투쟁은 만주와 시베리아 주재 독립운동단체가 수행할 수밖에 없었다. 그러므로 3·1운동을 전후로 하여 간도지방에 50여 개의 독립군단 및 단체가 생겨나는 것을 보고 독립군의 일부 지도자들이 전개하는 독립군의 통합운동은 성공할 수가 없을 것이라고 보게 되었다.

즉, 보다 통일적인 독립운동기구를 마련하여 효과적인 항일전을 전개하기 위한 목적으로 한족회, 평북독판부, 대한독립단, 대한청년단연합회, 대한의용군사회 등의 지도자들이 회합을 열어 통합기관의 설립에 합의하고,[26] 1920년 2월 광복군참리부와 광복군사령부를 설치하기로 했으나 임정계에 속하는 단체와 임정을 지지하는 단체를 제외하고는 이를 수용하지 않음으로써 물거품이 되고 말았다. 더욱이 1920년 우리 독립군은 봉오동전투와 청산리전투에서 대승을 거두었으나 그 뒤를 이은 일본군의 만주 출병과 잔인한 보복행위, 독립군의 시베리아 이동 그리고 시베리아에서의 적군(赤軍)의 배신행위로 발생한 자유시참변은 독립군에게 치명적인 타격을 주게 되었다. 그러므로 이러한 타격이 독립군의 통합운동에 큰 영향을 주었다고 할 수 있을 것이다.

일본군의 간도 침략은 봉오동전투에서 대패한 데 대한 일대 보복작전이 었고, 따라서 일제는 마적단을 고용, 의도적으로 훈춘(琿春)사건을 조작하여 만주에 있는 일본인들과 자기들의 공관을 보호한다는 구실로 1920년 10월 2일 출병을 단행, 독가스 등을 이용하여 한국인 3,000여 명을 학살하는 만행을 자행하였다.[27] 우리 독립군은 비록 청산리전투에서 대승을 거두었으나 일제의 토벌군에게 이 같은 만행을 멈추게 할 힘을 갖지 못했기 때문에

---

26) 전쟁기념사업회, 앞의 책, 107쪽.
27) 육군본부, 『국군의 맥』, 297쪽.

눈 속을 걸어서 소·만 국경지역으로 도피하였고, 그 결과 경신참변에 이어 혹하참변(또는 자유시참변)이 기다리고 있었다.

1920년 말 밀산에는 10개의 무장독립군이 집결했는데, 그 안에는 김좌진, 홍범도, 이청천, 안무 등이 이끄는 부대가 포함되어 있었으며, 이 우연한 해후로 총병력 3,500명에 달하는 통일군단 곧 대한독립군단이 형성되었다. 이 군단은 1921년 1월 시베리아로 넘어가 이만과 닝안의 두 시(市)를 거점으로 하는 2개 여단을 창설하였다. 그런데 이때 백계와 적계가 분열되어 싸우고 있었던 러시아에서 적계정부는 한국독립군을 자기편으로 만들려고 기도하였다. 그리고 기아에 허덕이고 안전을 위협받던 한국독립군은 숙식과 무기 및 장비의 해결을 기도하였다. 그러므로 러시아의 장교로 일해 온 오하묵(吳夏默)의 주선으로 적계정부와 한국독립군 간에는 협정이 맺어졌다.

동 협정 내용은 "독립군은 소련군을 돕고, 소련군은 독립군에게 군사원조를 해준다"는 것이었다. 이 협정으로 독립군은 소련으로부터 대포 15문, 기관총 500정, 소총 3,000정 등을 지원받았으나 그 결과는 엄청난 참화였다. 소련 공산군은 1921년 6월 22일 갑자기 우리의 독립군에 대하여 무장해제를 통지해 왔다. 이에 독립군이 완강히 반대하자 그들은 강제로 무장해제를 단행키로 결정하고 6월 28일 2대의 장갑차와 30여 정의 기관총을 앞세우고 독립군을 공격하였다. 이날 참변으로 전사한 수(數)에 관해서는 자료마다 달리 기록되어 있는데, 『조선민족운동연감』에는 사망 272명, 익사 31명, 행방불명 250명, 포로 970명으로 기록되어 있고, 「간도 독립군 11개 단체 성토문」에는 독립군 측 전사 272명, 익사 37명, 산중에서의 사망자 250여 명, 포로 917명이라고 했으며, 군정의회 측에서는 적군의 사망자가 단 1명에 불과했다고 기술하고 있다.

혹하참변은 독립군에게 치명적인 타격을 주었으나 이 같은 역경은 독립군 지도자를 크게 각성시켜 이전의 분산적이고 개별적인 항일전이 역효과를 가져왔음을 자각케 함으로써 독립군 부대의 통합운동을 일으키게 하는 계기를 마련하여 주었다. 그리하여 1921년에는 장백현과 무송현을 중심으로 하던 군비단, 흥업단, 광복단, 태극단 등의 4개 단체가 통합하여 김호(金虎)를 단장으로 하는 대한광정단(大韓匡正團)을 결성했으며, 1922년에는 서간도에서 활동하던 대한독립단, 광한단, 한교회 등의 단체가 결합하여 대한통군부(大韓統軍府)를 결성했다.[28] 그 후 이 통군부는 문호를 개방하여 8개 단체를 영입하고 1922년 8월 남만독립군 통합기관으로서 대한통의부(大韓統義府)를 발족시켰다. 이 통의부는 남만의 민사·군정기관으로 발족했는데, 1923년 12월에는 이를 개편, 군사방면에 주력할 것을 결정하고 동부(同府) 소속 독립군으로서의 통의부 의용군(義勇軍)을 편성하였다.

통의부 의용군은 통의부 결성에 참여한 각 독립군 부대를 통합 편성한 것으로서 그 조직은 1개 대대 산하에 5개 중대와 독립중대인 유격대 및 헌병대의 7개 중대로 편제된 단일 지휘체계였으며, 각 중대는 3개 소대로 편제되어 있었다. 그런데 대한통의부는 복벽을 그 이상으로 하는 전덕원(全德元)계의 노인층 인사가 공화제를 주장하는 신진인사와 대립 끝에 이탈하여 1923년 별도로 의군부(義軍府)를 설립함으로써 분열되고 말았다. 분열 이후 통의부와 의군부의 상쟁은 우리 민족운동의 비극이었다고 볼 수 있을 것인데, 이는 모두 보수세력과 공화세력의 대립이 그 본질이었다. 통의부(統義府)와 의군부(義軍府)의 상호대립에 실망한 독립군의 지도자들은 독립운동을 총괄하는 기관이 대한민국 임시정부임을 자각하고, 독립군이 정부의 군무부 산하 군사단체로 활동하는 것이 옳다고 판단하게 되었다.

그리하여 대표를 임시정부에 파견하여 전에 있었던 광복군사령부의 전통을 계승하여 정부 직속의 군사단체로 승인해 줄 것을 요청하였다. 이에 정부는 이들의 요구를 승인하고 부대 명칭을 육군주만참의부로 하고 집안·무송·장백·안도(安圖)·통화·유하 등의 각 현을 관할구역으로 하여 민정(民政)과 군정(軍政)을 맡도록 하였다. 임시정부는 수립 이래 직할단체였던 육군주만참의부를 통해 독립전쟁을 지도 내지 지원하였고, 직할기관이었던 대한광복군총영을 통해 직접 독립전쟁을 수행하였다. 그런데 광복군총영은 1920년 5월 상하이에서 안창호와 이탁(한족회 회장) 간에 논의되어 6월에

---

28) 전쟁기념사업회, 앞의 책, 146쪽.

남만주에서 대한독립단(단장 조맹선)과 대한청년단연합회(회장 안병찬)가 합쳐 결성된 것이었다.[29]

대한광복군총영(영장 오동진)은 그 후 임시정부의 직할기관으로서 그 조직이 확대되어 갔을 뿐 아니라 국내에 대한 작탄활동과 진격전을 감행하여 많은 업적을 남겼는데, 1921년 8월 남만주 일대의 군사단체 통합운동이 이루어질 때에는 통의부로 결속하였고, 그 후 1920년대 중반에는 참의부로 결속했다가 1930년대에 한국독립군에 참여하였다. 이는 광복군총영이 임정의 직할기관으로서 독립군의 통합 방향을 제시한 측면이 없지 않았으나 독립군의 성격 차이 등으로 인해 만주 현지에서 제대로 반영될 수 없었던 것으로 보인다. 이러한 상황에서 1920년대 초반에 만주로 복귀한 독립군이 만주에 산재해 있던 독립군과 합세하여 독립전선의 대열을 정비하였고, 이를 바탕으로 1920년대 중반에는 3부를 결성하여 민정을 베풀고 독립전쟁도 수행하였다.

이는 자유시 참변 후 이르쿠츠크로 강제 이송된 독립군('고려혁명군'이라고 지칭)이 여단 규모로부터 연대 규모로 축소되고 오하묵이 연대장으로 취임하자 이청천, 홍범도, 안무, 최진동(崔振東) 등 독립군 간부들이 연대를 이탈하여 연해주로 재진입함으로써 박차를 가하게 되었다. 그리고 시베리아 지방에 잔류하여 독립운동을 전개하고 있던 한인 무장군들은 1922년 10월 백군이 적군에게 완전히 격퇴당하고, 동년 10월 말 일본군이 시베리아에서 철병하자 기다리던 때가 도래했다고 믿었으나 소련 정부는 시베리아의 치안 유지와 일본과의 국교분쟁 씨앗을 제거하기 위해서 강제로 독립군의 무장해제를 단행하였다. 그러므로 독립군은 만주로 복귀할 수밖에 없었고, 소련 당국은 적군에 편입된 자 또는 철저한 공산주의자를 제외한 전한인의 무장을 엄금하였다. 따라서 1923년 이후 시베리아에서의 항일독립운동은 종지부를 찍고 말았다.[30]

---

29) 채근식, 『무장독립운동비사』(대한민국 공보처, 1949), 61쪽.
30) 전쟁기념사업회, 앞의 책, 145-146쪽.

이처럼 1920년대 중반 참의부, 정의부, 신민부 등 3부로 정립한 간도의 동포사회는 1929년에 혁신의회(革新議會)와 국민부(國民府)의 2부로 통합 정비되었고, 독립군으로 한국독립군과 조선혁명군을 두게 되었다. 그러나 1931년 만주사변이 발발하자 한국독립군은 중국의 호로군(護路軍)과 연합 작전을 전개하고, 조선혁명군은 중국의 요녕 민중 자위군과 연합작전을 전 개하여 쌍성보(雙城堡)전투, 영릉가(永陵街)전투 등에서 대승을 거두었다. 그러나 한국독립군과 중국호로군과의 연합작전이 마찰을 일으키는 데다가 일본군이 대토벌작전을 전개할 계획으로 있어 독립군이 어려운 상황에 빠져 들 우려가 있었다. 이에 임시정부는 중국 정부와 교섭하여 독립군 간부들을 중국의 정규 군관학교에서 교육을 받을 수 있도록 합의를 보게 되었다. 따 라서 1933년 10월 한국독립군의 이청천, 오광선, 공진원(公震遠), 조경환 등 36명은 정부의 소환으로 중국 관내(중국 본토)로 들어가고 잔여 부대는 최 악·안태진 등이 지휘하여 유격전 수행차 밀산 등 산림지대로 이동하였다.

이러한 때에 일제가 1933년 관동군을 비롯한 육군 4만 명, 전함 40척, 항공기 30대와 2만 명의 경찰을 중국에 확보하는 사태로 발전하자[31] 한국 의 독립운동 진영은 중국에 대해 한·중합작을 제의하였다. 그리고 1935년 7월 4일 조선혁명당, 의열단, 한국독립당(韓國獨立黨), 신한독립당(新韓獨立 黨), 대한독립당(大韓獨立黨) 등은 민족혁명당으로 통합 조직하여 고질적인 파벌 대립을 지양하고 독립운동전선의 통합을 꾀하고자 했다. 나아가 1937 년 7월 7일 노구교사건(蘆溝橋事件)을 계기로 중·일전쟁이 전면전으로 확 대되자 한·중 관계와 한국무장투쟁이 새로운 국면에 접어들게 되었고, 따 라서 임정은 조선민족전선연맹이 조선의용대를 조직하고 있음을 감안하여 중국 정부와의 협조하에 광복군의 창설에 착수하였다.

---

31) 국가보훈처 편, 『독립운동사 제6권 - 독립군전투사(하)』(1979), 131-138쪽.

IV. 독립전쟁의 전개

1910년 한일합방 후 1919년에 3·1운동이 전개되었다. 한일합방 전후 간 도와 연해주로 이주한 동포들도 독립군으로 변신하는 데 10여 년의 세월을 필요로 하였다. 이는 첫째, 이주 동포들이 생활의 기반을 잡기까지 헐벗고 굶주리면서 우선 기아와 싸워야 했다. 둘째, 이주민의 대부분이 문맹자였으 므로 2세에게는 물론 당 세대들에게 민족교육이 앞서야 했다. 셋째, 생활의 터전과 교육의 기틀이 잡히자 의병장들은 동지를 규합하고 청년을 조직하여 우선 지역 단위로 활동단체를 만들었다. 넷째, 독립전쟁의 전개를 위해 군자 금을 마련하여 무기를 구입하고 무장부대로 훈련을 시켰다. 그러므로 이 같 은 단계를 거치는 데에는 환경적 여건과 시대적 여건으로 인해 대체로 10여 년 간의 세월이 흘렀던 것이다.[32]

한일합방 후 정치적인 망명자의 수가 꾸준히 증가하는 데다가 일제의 수 탈로 농민들의 경제적 이민이 많아져서 재만(在滿)·재로(在露) 한인사회는 확대되어 갔으며, 이렇게 확대되어 가는 한인사회를 배경으로 하여 만주와 연해주에서는 50여 개에 달하는 독립군단이 조직되어 독립운동을 전개할 수 있게 되었다. 그런데 1910년대에 소수의 독립군들이 주로 만주와 노령에 근거를 두고 압록강과 두만강을 넘어 국내로 들어와 왜적 구축전을 시도했 으며, 구체적인 그들의 활동은 앞에서도 언급했지만 일제의 군·경 공격, 일 제통치기관의 파괴, 일제 요인의 저격, 친일세력의 숙청, 군자금의 모금 등 이었으나 1919년의 3·1운동 이후에는 많은 독립군들을 배경으로 하여 활 발한 활동을 전개하였다.

3·1운동 후 독립전쟁의 변천 단계를 보면 ①격전기, ②정비기, ③삼부정 립기, ④통합정비기, ⑤한·중연합전선기로 전개되었다.[33] 첫째, 격전기

---

32) 육군본부, 『창군전사』, 66쪽.
33) 전쟁기념사업회, 앞의 책, 193쪽.

(1919~1921)는 3·1운동 이후 100여 회에 걸친 국내진공작전이 전개되었던 격렬한 전쟁시기였을 뿐 아니라 봉오동전투와 청산리전투로 인해 독립군의 사기가 크게 올라간 시기였으나 독립군이 연해주로 이동했다가 자유시참변의 수난으로 조직에 큰 손상을 입었던 시기였다. 둘째, 정비기(1922~1923)는 자유시참변으로 대한독립군단(大韓獨立軍團)이 해체되자 다시 만주로 돌아온 독립군이 만주에 산재해 있던 독립군과 합세하여 독립전선(獨立戰線)의 대열을 정비하던 시기였다.

셋째, 삼부정립기(1923~1927)는 만주의 동포사회를 참의부, 정의부, 신민부로 삼분·결성하여 동포사회에 대한 민정을 베푸는 한편, 독립전쟁을 발전시켜간 시기였다. 넷째, 통합정비기(1927~1931)는 민족유일당운동(民族唯一黨運動)의 방향으로 삼부 통합이 추진되어 국민부와 혁신의회(한민족자치연합회)가 탄생하고 조선혁명군과 한국독립군이 결성된 시기였다. 다섯째, 한·중연합전선기(1931~1933)는 일제의 만주침략에 대항하여 한·중연합전선을 형성, 항전하던 때이며, 만주에 괴뢰정권이 수립되어 독립전쟁의 수행이 어렵게 되자 재만 독립군 지도자들이 중국 본토로 이동하여 낙양군관학교 한인특별반에서 군사교육을 받던 시기였다.

1. 국내진공작전

격전기에는 국내진공작전과 더불어 봉오동전투와 청산리전투가 전개되었다. 우선 국내진공작전은 주로 한·만 국경지대인 평북·함남·함북지방에서 전개되었는데, 1920년 봄부터는 회령·종성·은성지방에 연속적으로 진입하여 4개월 동안(2월부터 6월까지)에 만주 일대에 근거지를 두고 있던 무장독립군부대는 국내진입작전을 32회나 전개했으며, 일본의 경찰기관을 기습·파괴한 것만 해도 34개 처나 되었다.[34] 그러므로 독립군은 국경을 넘어오는

---

34) 전쟁기념사업회, 앞의 책, 116-121쪽.

일본 군경을 상대로 전투를 전개하는 한편, 국내로 진공하여 일제 군경을 습격해 많은 전과를 올린 것으로 보아야 할 것이다. 〈도표 12〉에서 볼 수 있듯이 1920년에 독립군이 총 1,651회에 걸쳐 4,643명이 작전에 참가했는데, 1920년부터 1924년까지 독립군의 활동사항을 일경의 집계에서 보면 다음과 같다.

〈도표 12〉 국경3도(평북·함남·함북) 독립군 활동사항(1920~1924) 전과

사항 ＼ 연도	1920	1921	1922	1923	1924
독립군 교전 횟수	1,651	602	397	454	560
교전 인원	4,643	3,148	2,127	2,797	3,438
사살	28	24	29	53	49
부상	22	21	21	38	40
소각	36(호)	27(호)	34(호)	85(호)	70(호)
탈취					
피납	-	10	17	34	63
경찰서 습격	13	9	13	12	9
사살	9	9	9	6	14
부상	24	11	19	13	15
관공서 습격	25	1	-	14	2
살해	7	2	-	2	-
부상	1	-	1	-	-

자료: 전쟁기념사업회, 앞의 책, 117쪽

2. 봉오동전투

다음 봉오동전투는 홍범도가 인솔하는 대한독립군이 안무가 인솔하는 국민회 독립군과 최진동이 인솔하는 군무도독부 독립군과 연합하여 연합사령부를 조직(사령관 최진동, 부관 안무, 연대장 홍범도)하여 일본군 남양수비대의 토벌작전에 맞서 1920년 6월 6일부터 7일까지 삼둔자 및 봉오동에서 작전을 전개하여 일본군 약 400여 명을 사살하는 대승을 거둔 전투이다.[35] 1919년 8월에 삼수·갑산·혜산진 방면으로 출동하여 일본군을 습격한 데 이어 10월에는 만포진(滿浦鎭)·자성(慈城)으로 진출하여 일본군을 격파한 홍범도의 대한독립군은 1920년 봄부터 국민회 독립군 및 군무도독부 독립군과 연합하여 다음과 같이 연합사령부를 편성하여 일본 군경에 대한 공략과 일본 군경의 공격에 대비하였다.

〈연합사령부 지휘부〉
• 사 령 관: 최진동(崔振東)
• 부   관: 안 무(安 武)
• 연 대 장: 홍범도(洪範圖)
• 제1중대장: 이천오(李千五)
• 제2중대장: 강상모(姜尙模)
• 제3중대장: 강시범(姜時範)
• 제4중대장: 조권식(曺權植)

봉오동전투는 〈도표 13〉에서 볼 수 있듯이 1920년 6월 4일 삼둔자전투로부터 시작되었다. 두만강을 사이에 두고 삼둔자와 강양(江陽)은 마주보고 있는데, 50여 명가량 되는 독립군부대가 두만강을 건너 일본군 헌병순찰대가 주둔하고 있는 강양마을을 기습하여 일본군 수비대 및 경찰대와 교전

---

35) 전쟁기념사업회, 앞의 책, 121-126쪽.

끝에 이를 격파하였다. 이에 일본군 제19사단장은 남양수비대장 아라미(新美二郎)에게 현지 병력을 총동원하여 독립군의 본거지인 만주의 삼둔자에 출병하라고 명령함에 따라 일본군은 독립군이 6월 6일 해질 무렵 철수하자 역습을 감행하면서 남양수비대장이 이끄는 1개 중대 병력을 가세시켰다. 그러나 삼둔자에 당도한 일본군은 절벽같이 깎아지른 산 위에 숨어 있던 독립군으로부터 일제 사격을 받고 퇴각하지 않을 수 없었다. 이 삼둔자전투에서 최진동 사령관은 독립군의 일부 병력을 삼둔자 서남쪽에 잠복시킨 후 적을 공격하여 60여 명을 사살하고 50여 명에게 부상을 입히는 전과를 올렸다.

일본군의 패전 소식을 들은 제19사단장은 보병 및 기관총대 1개 대대로 월강추격대대(越江追擊大隊)를 편성하고 지휘관을 야스카와 지로(安川二郎) 소좌로 임명하여 "봉오동의 적 근거지를 소탕하고, 고려령 서쪽 2㎞ 지점을 향해 전진하라"고 명령하였다.

그러나 봉오동의 독립군사령관 홍범도는 적의 내습에 대비태세를 갖추었다. 그는 ①봉오동 골짜기에 있는 동포마을(下洞·中洞·上洞) 사람들을 모두 다른 곳으로 대피시키는 청야작전(清野作戰)을 구사하였고, ②각 중대의 전투구역과 임무를 지시했는 바, 1중대는 봉오동 상동 서북단에, 2중대는 동산에, 3중대는 북산에, 4중대는 서산 남단에 각각 잠복케 하고 사령관 최진동과 부관 안무는 동북간 최고봉 독립수 아래서 지휘케 했다. ③그리고 제2중대 제3소대 제1분대장 이화일(李化日)은 적을 고려령 근처에서 봉오골로 유인해 들어오도록 하였다.

일본군은 독립군의 작전대로 6월 7일 12시 봉오동으로 들어왔는데, 이때에는 독립군의 전투배치가 완료되었고, 주민들도 안전한 곳으로 대피한 후였다. 그러므로 일본군은 마을을 수색한 후 그곳 학교로 들어가 독립군이 있는지를 확인했으나 아무도 발견하지 못하자 학교 운동장으로 몰려나왔다. 이때를 기다리던 홍범도가 사격 신호를 하자 독립군은 일제히 학교 운동장에 있는 일본군에 대해서 조준사격을 실시하였다. 오후 1시경 전열을 수습한 일본군이 대열을 정비하고 독립군을 공격해오자 강상모 중대장은 이를 격퇴시켰으나 3시 30분경 일본군이 재공격을 가해오자 중대장은 중대원 주

〈도표 13〉 삼둔자 · 봉오동 위치도

류를 퇴각시키고 일부 잔류 병력을 지휘하다가 양쪽 산등성이로 올라오는 적군을 확인하자 잔류 병력마저 전투장에서 철수시켜 적군은 자기들끼리 싸우다가 죽어가게 만들었다. 4시간 동안 벌어진 이 전투에서 일본군은 전사 157명, 중상 200여 명, 경상 100여 명의 피해를 입었으나 독립군은 전사 4명, 중상 2명의 경미한 피해만 입었다.

3. 청산리대첩

청산리전투는 훈춘사변 후 1920년 10월 21일에서 26일까지 6일간에 걸쳐 김좌진의 북로군정서군, 홍범도의 대한독립군, 최진동의 군무도독부군 등 독립군 연합부대가 만주에 출병한 일본군 19사단 병력 전원과 제11·13·14·20사단의 일부 병력, 그리고 관동군의 일부 등 25,000명과 백운평(白雲坪), 완룩구(완루구, 完樓溝), 천수평(泉水坪), 어랑촌(漁郞村) 등지에서 전투를 벌여 독립군이 대승한 전투이다.[36] 이 전투에서 독립군은 병력상 13대1

의 열세에도 불구하고 일본군이 2,000명의 사망자와 1,300명의 부상자를 내게 한 전과를 올렸다. 청산리전투가 전개된 경위에 대해 살펴보면, 일본군은 봉오동전투에서 패배한 후 봉천회의라는 것을 열어 일본군이 직접 한국독립군을 토벌하기로 결의하였고, 이를 위해 1920년 10월 2일 30여 명의 마적단(단장 張江好)이 훈춘을 습격, 시가를 약탈하고 일본영사관을 습격케 함으로써 일본군의 간도 출병 구실을 만들어 장작림의 중국 당국을 압박하였다.

그러나 장작림은 "일본군의 간도 출병은 불법이며 명백한 중국의 주권 침해"라고 하면서 거부하였다. 그러자 일본 정부는 1920년 10월 14일 일방적으로 간도 침략을 선언하고, 10월 17일 0시에 작전을 개시하였다. 일본군의 간도 침략 계획은 총병력 25,000명을 투입하여 백두산을 중심으로 하는 북간도 일대를 두 겹으로 포위하고 한국독립군을 섬멸한다는 것이었다.[37] 그리고 무기로는 기관총과 대포 그리고 항공기까지 동원했는데, 작전지역은 현재의 연변자치주 전 지역을 포함하는 북간도 일대로 되어 있고, 주력부대의 제19사단은 다음의 〈도표 14〉와 같이 3개 지대(支隊)로 편성하여 각각 작전에 투입하였다.

〈도표 14〉 청산리대첩 당시 일본군 편제

· 제1지대	이소바야시(磯林) 소장 지휘	약 4,000명	훈춘 방면 담당
· 제2지대	기무라(木村) 대좌 지휘	약 5,000명	황룡현·연길현 담당
· 제3지대	아즈마(東) 소장 지휘	약 3,000명	왕청현 방면 담당

한편 김좌진의 북로군정서는 왕청현(汪淸縣) 서대파(西大坡) 십리평(十里坪)에 사관연성소를 건립하여 서간도의 신흥무관학교 졸업생과 교관 이범석을 초빙하고 교재도 공급받아 6개월간에 걸쳐 군사교육을 실시하였다. 이리

---

36) 전쟁기념사업회, 앞의 책, 126-132쪽.
37) 육군본부, 『국군의 맥』, 289쪽.

하여 1920년 6월 600명의 졸업생을 배출했으며 이들을 기간요원으로 1,600
여 명의 병력을 확보하여 장총(1,800정)과 기관총 그리고 3문의 대포까지
장비함으로써 재만 독립군 중 최강의 부대로 부각되었다. 이러한 때에 일본
군의 출병 소식을 접한 독립군은 중국 당국의 권유를 받아들여 근거지를
떠나 백두산을 향한 1개월간의 대장정(1920년 9월 17에서 10월 20일까지
해란강 줄기를 따라 동에서 서로 가는 대장정)을 단행했는데, 북로군정서군
이 청산리에 도착했을 때 병력은 비전투원을 포함하여 2,800여 명이었으며
군 장비를 수송하는 수레가 180대나 되었다고 한다.[38]

당시 북로군정서 독립군은 사관연성소 출신과 신흥무관학교 출신이 혼합
된 성격의 편제를 가졌는데, 그 편제는 다음과 같았다.

- 총 사 령 관: 김좌진(金佐鎭)
- 참 모 장: 나중소(羅仲昭)
- 부   관: 박영희(朴寧熙)
- 연 성 대 장: 이범석(李範奭)
- 종 군 장 교: 이민화(李敏華), 백종렬(白鍾烈)
　　　　　　　한달원(韓達源), 김훈(金勳)
- 보병대대장: 김규식(金奎植)
- 대 대 부 관: 김옥현(金玉玄)
- 제1중대장: 강화린(姜華麟)
- 제2중대장: 홍충희(洪忠熹) 대대장 대리
- 제3중대장: 김찬수(金燦洙)
- 제4중대장: 오상세(吳祥世)
- 제1중대 제1소대장: 강승경(姜承慶)
　　　　　제2소대장: 신희경(申熙慶)
- 제2중대 제1소대장: 채춘(蔡春)

제2소대장: 김명하(金明河)
- 제3중대 제1소대장: 이익구(李翊求)
  제2소대장: 정면수(鄭冕洙)
- 제4중대 제1소대장: 김동섭(金東燮)
  제2소대장: 이운강(李雲岡)
- 기관총대 제1소대장: 김덕선(金德善)
  제2소대장: 최인걸(崔麟杰)
- 특무정사: 나상원(羅尙元), 권중행(權重行)

〈도표 15〉에서 볼 수 있듯이 독립군과 일본군의 첫 접전은 백운평에서 10월 21일 9시에 벌어져 완룩구·천수평·어랑촌 등지로 확산되었으며, 10월 26일 새벽까지 고동하(古洞河) 골짜기에서 접전하였다. 먼저 백운평전투에 관해 살펴보면 북로군정서 독립군은 일본군의 공격에 대비하여 비전투원과 훈련이 부족한 병사를 제1제대로 편성(김좌진 지휘)하고, 사관연성소 출신을 중심으로 한 정예대원을 제2제대로 편성(이범석 지휘)한 데다가 정예대원은 백운평 계곡에 방어진지를 구축하고 일본군의 출현을 기다렸는데, 동 진지는 좌측이 산림이 울창한 약 80도의 급경사 지대이며, 우측은 암석이 험준한 고산에 자리를 잡고 있었다. 10월 21일 09시 전투가 전개되자 소총 600정, 기관총 4정, 박격포 2문이 내뿜는 화력에 일본군 전위부대 200명이 20분 만에 전멸하였고, 본대가 도착하여 기관총으로 응사했지만 지리적으로 유리한 고지에 방어진지를 구축한 독립군에 의해 붕괴되었으며 이도구(二道溝) 방면에서 일본군이 독립군의 우측방을 공격하여 독립군이 좌·우에서 일본군의 협공을 당하는 상황이 전개되자 독립군이 작전상 후퇴를 함으로써 양측에서 올라오던 일본군이 충돌케 하였고, 일본군의 상충으로 사상자가 급증하자 독립군은 10월 22일 새벽 2시 30분 갑산촌(甲山村)으로 후퇴함으로써 전투를 끝내었다.[39]

---

39) 전쟁기념사업회, 앞의 책, 128-129쪽.

〈도표 15〉 청산리 지구 전투상황도

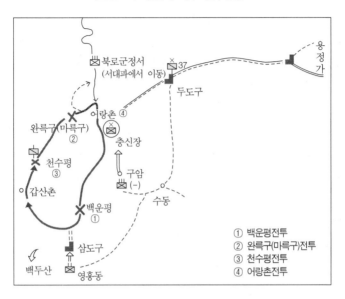

다음 완릉구전투에 관하여 살펴보면 이 전투는 홍범도 지휘하에 대한독립군과 국민회, 한민회, 신민단, 의민단, 광복단의 연합부대에 의하여 10월 21일 오후부터 22일 새벽까지 어랑촌 서북방 완릉구 산림 가운데에서 계속 전개된 전투였다. 남쪽과 북쪽으로 나누어 진격해온 일본군의 동태를 정찰병으로부터 보고받은 대한독립군은 이미 마련되었던 방어선에서 전투를 개시함과 동시에 예비대로 하여금 산림 중간로를 우회하여 일본군의 좌우측을 공격하게 하였다. 이 전투에서도 남쪽에서 진격하던 일본군과 북쪽에서 진격하던 일본군은 상호 충돌하였다. 즉 북쪽에서 진격하던 일본군은 독립군의 중앙 고지 방어선을 향하여 공격하는 일본군을 독립군으로 오인하여 공격하였다. 따라서 중앙 고지를 향하던 일본군은 한쪽에서 독립군의 공격을 받고 다른 쪽에서 일본군의 공격을 받아 전멸상태에 빠졌다. 그러므로 일본군은 이 전투에서 400여 명의 희생자를 낳았다.

그 다음으로 천수평(泉水坪)전투에 관해 살펴보면 이는 백운평전투에서 승전한 독립군이 갑산촌으로 이동하여 휴식하는 중에 척후로부터 천수동 민가에 일본 기병대가 주둔하고 있다는 보고를 받고 전투준비를 갖추어 22일 새벽 4시에 출동, 1시간 동안 행군 끝에 목적지에 도착하여 수행한 전투이다. 동 전투의 작전은 ①김훈 중대가 북쪽으로 가서 일군의 퇴로를 차단하고, ②이민화 중대가 천수동 남방고지를 점령토록 한 가운데, ③이범석이 거느리는 2개 중대가 곧장 일본군을 공격하는 계획을 구사하였다. 새벽 5시 30분에 독립군의 선공으로 시작된 이 전투에서 일본군은 응사할 기회도 제대로 찾지 못한 채 쓰러졌다. 당시 일본군은 독립군이 100여 리 떨어진 청산리 쪽에 있다고 판단하여 대책 없이 있다가 독립군의 기습을 받았으며, 전투가 시작되자 도주로만 찾다가 패하였다. 이 전투에서 독립군은 백십여 명의 일본군을 사살하여 탈출에 성공한 일본군은 4명에 불과하였다.

아울러 어랑촌(漁郞村)전투에 관해 살펴보면, 북로군정서에서는 천수평에 관한 정보와 더불어 어랑촌에도 일본군 2개 대대와 기병 1개 중대 그리고 포병 1개 중대가 주둔하고 있다는 정보를 받았다. 그러므로 북로군정서는 천수평에 독립군을 출동시킴과 동시에 어랑촌 서남방 고지를 점령하여 일본군이 천수평으로 진입하는 것을 차단시켰던 것이다. 천수평전투로부터 탈출한 기병대원의 패전 보고를 받은 어랑촌 주둔 일본군 본대는 즉시 대포와 기관총을 앞세우고 독립군을 공격해왔다. 그러나 유리한 고지를 선점하고 있던 독립군은 밑에서 고지를 향하여 올라오는 일본군에게 무차별 사격을 가하여 위협할 수 있었다. 전투는 22일 9시에 시작되었는데, 독립군의 기관총대원은 산등에 엎드려 기어 올라오는 일본군을 향해 맹사격을 가하였다. 또한 인근 부락에 살고 있던 동포들이 고지에 올라와 돌과 수류탄으로 일본군과 싸웠으며, 주먹밥을 만들어 전투에 여념이 없는 독립군의 입에 넣어주기도 하였다. 특히 최인걸 중대장은 기관총좌에 자신의 몸을 붙들어매고 최후까지 항전하다가 장렬하게 전사하였다. 10배 이상의 적과 대적하고 있던 북로군정서군이 위기에 몰리자 홍범도가 지휘하는 독립군 연합부대가 지원공격을 하여 전세를 역전시킴으로써 이 전투에서 독립군은 일본군 300여 명을 사살하는 전과를 올렸다.

이 외에도 23일 부대를 정비하고 이동을 개시한 독립군은 맹개골에서 일본군 기병 30여 명과 조우·교전하여 10여 명을 사살하였고, 마르꼬우 산림 중에서 일본군 50여 명과 교전하여 30여 명을 사살했으며, 24일 쉬구를 향한 행군 중 일본군을 발견하여 보병 100여 명은 패주시키고 기병 1개 소대는 공격하여 섬멸시켰다. 그리고 독립군은 10월 25일 천보산에서 일본군과 교전하였고, 25일 밤에서 26일 새벽까지는 일본군 수비대와 산발적인 접전을 벌리면서 고동하를 따라 상류로 이동하였다. 이처럼 10월 21일부터 26일까지 전개된 청산리전투에서 독립군은 병력상 13대1의 열세에도 불구하고 일본군이 2,000명의 사망자와 1,300명의 부상자를 내게 한 전과를 올렸다. 당시 북로군정서가 임시정부에 보고한 보고서에 의하면 대승전의 요인은 ① 용전분투하는 독립에 대한 군인정신이 적의 심리를 압도하였고, ②양호한 진지를 선점하고 완전한 준비를 하여 사격 능력을 극도로 발휘했으며, ③임기응변의 전술과 예민신속한 활동으로 적의 의표를 찌른 데 있다고 하였다.[40] 이에 반해 일본군의 패전 요인으로는 ①독립군을 가볍게 본 것, ②국지전술에 대한 경험 부족, ③정신력에서 독립군에 압도당한 것이라고 지적하였다.

이 청산리대첩은 밖으로 보면 북로군정서(대한군정서)가 수행한 것으로 보이나 안으로 보면 신흥무관학교가 깊이 관련되어 있는 것이다. 더욱이 신흥무관학교 관계자나 졸업생들은 3·1운동 이후에 독립군 활동에서 중요한 역할을 수행하였다. 3·1운동 후 신흥무관학교와 직접 관련이 있는 군대는 의용대(義勇隊)와 교성대(敎成隊)라고 할 수 있는데, 이 중 의용대는 신흥무관학교 졸업생들이 많이 가담한 서로군정서 산하의 독립군이었으며, ①의용대는 국내로 들어가 일제 경찰과 교전하는 등 주로 유격활동을 벌였고, ②나중에 서로군정서 등이 통합하여 통의부를 조직할 때 그 기간병력이 되었다. 그리고 교성대는 신흥무관학교 생도들로 구성되었는데, ①교관 이청천이 이끌었으며 ②병력은 400여 명 수준이었다.

---

40) 전쟁기념사업회, 앞의 책, 132쪽.

이 교성대는 일제가 만주에서 독립운동 근거지를 제거하기 위해 중·일 합동수색대를 서간도로 출동시키자 한족회가 서로군정서와 신흥무관학교 관계자들에게 몸을 피하라고 지시함에 따라 백두산 아래 안도현으로 이동하였고, 그곳에서 홍범도가 제공한 무기로 무장하고 청산리대첩에도 참가하였다.[41] 신흥무관학교 교관과 생도들의 독립군 활동은 청산리전투에서부터 본격화되었다. 임정으로부터 1만 원의 지원을 받고 1919년 8월 이후 대한군정서가 만들어질 때 대한군정서는 많은 것을 신흥무관학교와 서로군정서에 의존하지 않을 수 없었다. 신흥무관학교 교관 이장녕을 참모장으로, 이범석을 연성대장으로, 박영희를 학도대장으로 각각 초빙하고, 김훈·오상세·백종렬·강화린·이운강 등을 교관으로 초빙하며, 신흥무관학교 교재를 공급받아 사관연성소를 설립하였고, 그 후 6개월이 지난 1920년 6월 600명의 졸업생을 배출하였다.

이들 졸업생을 기간요원으로 하여 북로군정서는 대대, 중대, 소대를 편성했는데, 1개 소대는 50명, 2개 소대를 합해 1개 중대(100)로 했으며, 4개 중대가 총원 400명의 1개 대대가 되었다. 북로군정서군은 1,600여 명의 병력을 보유하고 장총 1,800정(1정당 탄환 800발)과 기관총 그리고 3문의 대포까지 장비했으며, 비전투원을 포함하면 병력은 2,800여 명이고 군 장비를 수송하는 수레는 180여 대에 달하였다. 그리고 신흥무관학교 교관과 졸업생으로서 북로군정서 사관연성소에 몸담았던 자들은 처음에 교관으로 초빙되었으나 1920년 9월 작전출동 시에 중대장(강화린·홍충희·김찬수·오상세 등) 내지 종군장교(백종렬·김훈 등)로 보직이 변경되었고, 청산리전투 중에 종군장교와 소대장은 중대장으로 승진되었는데, 이는 청산리대첩이 신흥무관학교와 관련이 깊었음을 말해주는 사례였던 것이다.

더욱이 신흥무관학교 생도 최해(崔海), 신형섭(申亨燮) 등도 청산리전투에서 일본군과 싸웠다. 청산리전투는 일본군의 간도 침략이 시작되자 독립군도 이 시기에 맞추어 백두산을 향한 대이동을 단행했는데, 이 부대 이동은

---

41) 이때 연합부대는 총사령 홍범도, 부사령 지청천으로 편성하였음.

연길에서 용정을 거쳐 화룡(和龍)에 이르는 해란강(海蘭江) 줄기를 따라 동에서 서로 가는 대장정이었다. 이 장정에서 홍범도 부대는 이도구에 집결하고, 김좌진 부대는 삼도구(三道溝) 즉 화룡에 집결하기로 합의한 데다가 아즈마 소장이 지휘하는 일본군 제19사단 제3지대의 작전지역이 바로 여기였기 때문에 전개되었다고 할 것이다. 그리고 이청천 장군이 이끈 교성대가 홍범도 장군으로부터 지원을 받고 전투에 참여하게 된 것을 계기로 하여 대한독립군과 교성대는 연합부대를 형성하여 작전활동을 전개하였다. 그러나 일본군 토벌대로부터 양민학살을 피하고 무장역량을 보존하기 위해서 소·만 국경지대인 밀산으로 대장정하지 않을 수 없었다.

4. 독립군의 수난과 정비

독립군의 정비기는 자유시 참변으로 인해 도래하였다. 1920년 10월 이후 일본군의 만주 출병과 때를 맞추어 재만 독립군은 새로운 활동기지를 찾아 소·만 국경지대로 이동을 개시하였다. 청산리에서 일본군을 대파한 북로군정서군, 대한독립군, 도독부군, 국민회군 등 여러 독립군들이 소·만 국경에 위치한 밀산에 집결하여 대한독립군단(大韓獨立軍團)을 결성하였다. 그곳에서 대한독립군단은 서일을 총재, 김좌진·홍범도·조성환을 부총재로 하고, 신흥무관학교 관련자인 이장녕은 참모총장, 이청천은 연대장, 김창환은 대대장을 각각 맡게 되었다. 그러나 그곳에 집결한 독립군은 좀 더 활동하기에 유리하고 일본군의 위협이 적은 곳으로 이동키로 하여 국경을 넘어 연해주의 이만으로 들어갔는데 이때 간도 독립군은 3,500명에 달하였다.

간도 독립군은 시베리아 독립군 내의 이만군(이르쿠츠크파, 吳夏默)과 니항군(상하이파, 박일리아) 간의 주도권 쟁탈전에 휘말려들어 전력이 분산되었을 뿐 아니라 자유시 참변으로 비화되어 동족상쟁의 비극을 초래하였다.[42) 이르쿠츠크파를 지원한 극동군총사령관 카론다라시월린은 시베리아 독립군과 간도 독립군을 각각 혼합시켜 3개 연대를 편성하는 독립군 부대의

개편안을 수락토록 강요함으로써 1921년 6월 28일 자유시 사변이 발발하였
고, 따라서 전사 272명, 행방불명 250명 등 피해를 내게 되었다. 간도 독립
군 간부들은 공산주의 혁명을 위한 의용군으로의 개조를 원치 않았지만 시
베리아에 출병 중인 일본군이 철군을 조건으로 한인 독립군의 무장해제와
해산을 요구했기 때문에 1921년 7월 5일 "독립군의 무장을 해제시켜 이르쿠
츠크로 이동시키라"는 극동부 비서부의 명령으로 8월 말 독립군 1,800여 명
이 이르쿠츠크로 이동하였다.[43]

이르쿠츠크로 이동을 완료한 독립군은 1921년 9월 고려혁명군 여단으로
편성되어 레닌 정부 제5군단에 예속되었고, 동년 10월 사관학교(교장 이청
천)까지 창설되었지만 일본군은 또다시 이르쿠츠크에 주둔한 고려혁명군 여
단의 무장해제를 요구함으로써 동 여단은 극동공화국 치타 북방의 금광지대
로 이동하게 되고 1922년 2월 27일 연대 규모로 축소 편성(연대장 吳夏默
취임)되었다. 오하묵의 연대장 취임으로 이청천, 홍범도, 안무, 최진동 등
간도 독립군 간부들이 연대를 이탈 연해주로 재진입케 됨에 따라 연대에
남아 있던 상당수의 독립군이 공산주의자로 전환하게 되는 결과를 초래하였
다. 한편 중국군에 복무하다가 독립군 대열에 참가하게 된 김홍일은 1921년
8월 말 이만시에서 이범윤의 군비단을 중심으로 한인 의용군을 조직했으나
부대 내의 이르쿠츠크파와 상하이파 간의 대립 갈등으로 1922년 7월 20일
부대를 해체해야 했다.

김좌진 장군도 이범석·오광선 등과 더불어 고려혁명군을 조직했으나 시
베리아를 장악한 볼셰비키가 한인 무장부대를 강제로 무장해제시키자 더 이
상 독립군이 시베리아에서 활동할 수 없다고 판단하고 1922년 10월 군대를
해산하고 만주로 잠입하였다.[44] 이렇게 되자 독립군은 설 땅이 없게 되었
고, 그 후부터 독립군 내에 상하이파와 이르쿠츠크파의 투쟁보다는 민족주

42) 양호민, 『북한의 이데올로기와 정치 Ⅰ』(고려대 아시아문제연구소, 1967), 12쪽.
43) 육군본부, 『창군전사』, 157-158쪽.
44) 이선근, 『대한국사 10』(신태양사, 1973), 265쪽.

의 대 공산주의 대립으로 나타나기 시작하였다. 다시 만주로 복귀한 독립군은 1922년부터 1923년까지 만주에 산재해 있던 독립군과 합세하여 독립전선의 대열을 정비하였고, 이를 바탕으로 독립운동자들은 1923년부터 1927년까지 참의부, 정의부, 신민부 등 3부를 각각 결성하여 만주를 삼분(三分), 동포사회에 대한 민정을 베푸는 한편 독립전쟁을 발전시켜 나갔다.

정의부는 1925년 1월 24일 조직되었고, 중앙 집행위원장에 이탁, 사령관에 이청천을 각각 선임했으며, 참의부는 1924년 3월에 조직되었고, 의장에 백시관(白時觀), 군사위원장에 이종혁(李鍾赫)을 각각 선임하였으며, 신민부는 1925년 3월 조직되었고, 중앙집행위원장에 허혁(許赫), 사령관에 김좌진을 각각 선임하였다. 그리고 참의부는 1923년에 백광운(白光雲) 밑에 5개 중대의 독립군을 편성하였고, 정의부는 동포사회의 치안확보를 주 임무로 하는 10개 중대의 의용군을 1924년 11월 편성했으며, 신민부는 1925년에 북만주 독립군 10개 단체가 모여 결성한 통합기관으로서 530명의 독립군을 편성하였다. 그러나 1925년 6월 11일 조선총독부 경무국장 미쓰야(三矢宮松)와 중국 동북삼성 정권수반 장작림(張作霖) 간에 '재만한인취체를 위한 협약(일명 미쓰야 협약)'이 성립됨으로써 독립운동은 왜축 일로에 빠지게 되었다.[45]

이러한 상황이 전개되어 가고 있는 와중에 임정의 조소앙·이동녕·홍진 등이 '유일독립당촉성회'를 창립하여 3부의 통합운동에 불을 붙이자 1929년 동포사회는 독립운동단체의 대동 통합이라는 민족적 요구에 의해 3부는 2부로 재편성(통합정비)되었다. 그 2부가 바로 혁신의회(한민족자치연합회)와 국민부였는데, 이 중 혁신의회는 1930년 7월 대한독립당을 결성하고 독립군으로 한국독립군을 편성하게 되었다. 그 부서를 보면, 군사위원장 겸 총사령관에 이청천, 부사령관에 남대관(南大觀), 참모장에 신숙(申肅)이 임명되었다. 그리고 국민부는 1929년 9월 조선혁명당을 결성하고 조선혁명군을 편성하게 되었는데, 이때 조선혁명군의 편성을 보면 총사령에 이진탁(李

---

45) 이선근, 앞의 책, 298쪽.

辰卓), 부사령에 양세봉(梁世鳳), 참모장에 이웅(李雄)이었다. 그러나 국민부는 현익철(玄益哲) 중심의 민족주의파와 이진탁 중심의 공산주의파 간에 유혈극이 벌어져 독립투쟁은 뒷전으로 밀려나게 되었다.

그러므로 1928년 6월 설치된 조선공산당 만주총국의 지방조직이 만주 전역 한인사회에 번지게 되었고, 더욱이 만주에 주둔한 관동군은 만몽영유계획(滿蒙領有計劃)을 수립해 장작림을 1928년 6월 폭사시켰음은 물론, 1931년 4월 만보산사건(萬寶山事件)을 공작함으로써 만주사변으로 비화되게 하였다. 1931년 만주사변이 발발하여 일본군이 만주를 점령하자 한국독립군과 조선혁명군은 각각 중국의 재만 무장부대와 연합군을 결성하여 1931년부터 1933년까지 항일투쟁을 전개하였다. 중국의 호로군(護路軍)과 연합작전을 전개한 한국독립군은 쌍성보·사도하자(四道河子)·동경성(東京城)·대전자령(大甸子嶺)에서 일·만(日·滿)연합군을 대파하였으며,[46] 중국의 요녕민중자위군과 연합작전을 전개한 조선혁명군은 영릉가·신빈현(新賓縣)·흥경(興京)·통화(通化)전투에서 대승을 거두었다.[47]

5. 한국독립군의 작전

한국독립당은 소속 무장부대 한국독립군을 편성하여 1931년까지 북만주 중동철도를 중심으로 26개의 군구(軍區)를 설치하고 일제와 대전해오다가 1931년 11월 2일 긴급중앙회의를 개최하고 일제의 만주점령에 대처하여 새로운 활동목표를 설정하였다. 즉 ①독립군을 독립당의 당군으로 예속시킨다. ②각 지구의 재향군인을 소집하고 새로이 청장년을 징모한다. ③길림자위군(吉林自衛軍) 사령관에게 대표를 파견하여 한·중 항일전을 전개키로 한다는 것이었다. 이 같은 목표 변경에 따라 1931년 10월 12일 당·군 대표

---

46) 전쟁기념사업회, 앞의 책, 156-169쪽.
47) 전쟁기념사업회, 앞의 책, 169-176쪽.

신숙과 남대관을 길림자위군 총부에 파견, 동 사령관 정초(丁超) 및 제2·3군장 양문휘·고봉림 등과 한·중 연합작전을 협의케 했으며, 그 결과 한·중 양군은 ①항일투쟁에 연합군으로서 대항한다. ②중동선을 경계로 동은 독립군이, 서는 자위군이 담당한다. ③무기·탄약 등 한국군의 보급품 일체는 자위군이 제공키로 하였다.

고봉림(考鳳林) 장군을 만나 한·중 항일연합군 편성 원칙에 관해 합의를 본 오광선은 모병을 시작하여 300명이 모이자 1개 대대를 편성하고, 고봉림 부대로부터 무기지원을 받아 훈련을 실시하는 방식으로 한인 독립군을 3,000여 명으로 확충시켰다. 이에 이청천 부대는 25,000명의 고봉림 부대와 연합하여 쌍성을 공격하기로 결정하였다. 쌍성을 공격하기 위한 작전계획은 ①쌍성역을 중심으로 한 경빈선의 차단과 오가역 부근은 한국 측이 담당한다. ②납림역(拉林驛) 부근과 한국군의 탄약 및 군량 보급은 중국 자위군 측이 담당한다. ③쌍성의 공격은 한·중 연합군이 합동으로 공격한다. ④공격의 개시는 9월 22일 시행한다고 수립했는데, 독립군부대 3,000명은 200명 단위로 편성된 15개 중대로 공격조를 편성하고 있었다.

제1차 쌍성보전투에서 중국군은 동문과 남문을 공격하고 독립군은 서문을 공격했으며, 따라서 성내에서 완강히 저항하던 만주군 3개 여단은 북문으로 도주하였다. 그러나 북문으로 도주하던 만주군은 사전에 매복한 연합군의 공격을 받고 대부분 사살되었으며, 2,000여 명은 연합군에 투항하였다. 그리고 이 전투에서 3만 명의 한·중 연합군이 3개월을 쓰고도 남을만한 막대한 군수품을 노획하였다. 그러나 일본군 대부대의 반격이 있을 것을 고려하여 연합군의 주력부대를 쌍성보 5리 밖에 있는 우가둔(牛家屯)으로 옮기고 쌍성에는 소수의 부대를 잔류시켰다. 예상한 대로 일본군 대부대가 쌍성보를 공격해오자 한·중 연합군은 용감히 싸웠으나 중국군 내부에서 반란이 일어나 쌍성보를 일본군에게 빼앗기고 말았다.

제1차 쌍성의 대승리 이후 3개월이 지나 한·중 항일연합군은 다시금 쌍성 공격을 도모하여 11월 17일 2개 방면에서 공격을 가하였다. 이때 중국군 고봉림 부대에서는 공격전에 편의대를 침투시켜 각종 선전문을 살포하여 무혈 개성(開城)을 촉구하였고, 독립군 부대는 중앙 정면과 서문에서 공격을 감행하였다. 이때 적은 성내에서 수류탄과 박격포로 완강히 저항하고 독립군 포병대는 쌍성 뒷산에서 성내 만주군 관리들의 주택가를 전소시켰으며, 그런 연후 2시간에 걸쳐 야간 전투를 전개한 끝에 일본군 수비대는 항복하였다. 다음날 오전 독립군은 필요한 전리품을 거둬가지고 우가둔의 밀림지대를 철수했으나 고봉림 부대는 전리품에 눈이 어두워 계속 머물다가 7월 20일 하얼빈과 장춘(長春) 방면에서 일본군의 기계화 부대를 비롯한 항공기의 엄호를 받는 일·만군의 증원부대가 반격으로 내습함으로써 800여 명의 희생자를 내고서야 쌍성을 이탈할 수 있었다.

다음으로 옛 발해국의 수도였던 동경성(東京城)의 전투에 관해 살펴보려고 한다. 쌍성전투 후 일본군 측에서 60만 원의 현상금이 내걸린 이청천은 1933년 1월 영안현(寧安縣) 경박호(鏡泊湖)에서 의외의 전승을 거두고 향후의 작전방향을 동경성을 거쳐 남하하여 동만(東滿)의 왕청(汪淸), 화룡(和龍), 연길(延吉), 훈춘(琿春) 등 4개의 현으로 설정함으로써 동경성전투는 불가피하게 제기되었다. 당시 동경성에는 우리 동포 2,000호(戶)가 살고 있었으며, 일·만군의 여단 병력이 수비하고 있었다. 이러한 상황에서 중국 구국군(中國 救國軍) 제14사장(師長) 채세영(蔡世榮)이 이청천을 방문·합작을 제안함으로써 1933년 3월까지 독립군은 사도하자에 주둔하여 병력을 증강시키면서 훈련에 여념이 없었다. 4월 14일 일·만군 대부대가 공격해 온다는 것을 안 독립군은 중국군과 같이 전부대를 4개로 나누어 제1로군은 소부대로 적을 유인케 하고, 제2·3로군은 삼도하자(三道河子) 분수령에 매복하며, 제4로군은 이도하자(二道河子) 어귀에 매복하여 적의 후방을 차단하고 보급품을 탈취케 했다. 4월 15일 새벽 적은 약 1개 사단 병력으로 사도하자에 진격해 왔는데, 이는 적이 아군의 작전에 빠져든 것을 의미하였다. 때를 기다리던 아군이 일제히 포문을 열어 급습하니 적은 응전도 못한 채 쓰러져 갔고, 패잔병들은 어둠을 뚫고 도주하였다.

한·중 연합군은 승세를 몰아 영안성 공격계획을 수립하고 먼저 동경성을 공격하였다. 4월 말 동경성으로 진군해온 독립군(이청천)과 중국 구국군(채세영)의 공격부대는 3개 제대로 편성되어 ①제1공격제대는 영안성 서남방 10리쯤에서 양동하면서 동경성으로의 증원을 차단케 하는 임무를 수행하는데, 이는 1개 대대 병력의 기병이 담당한다. ②제2공격제대는 한·중 주력부대로서 동경성을 공격한다. ③제3공격제대는 1개 대대 병력으로 동경성과 영안성 간에 매복하여 교량과 전선을 절단 동경성으로의 적 증원을 차단하고 동시에 탈출하는 적을 공격한다. ④기타 편의공작대는 성내에 사전 침투하여 공격 개시와 동시에 교통호와 통신기관을 파괴하고 성내를 교란시킨다. ⑤공격 개시 일시는 1933년 5월 3일 오후 10시 야간공격으로 단행한다고 계획하였다. 한·중 연합군의 기습공격은 성공하여 격전 1시간 만에 서쪽 성문이 독립군에 의해 파괴되었다.

돌격대가 돌격 함성과 함께 성내로 돌입하자 성내에 잠입하고 있던 편의대가 도처에서 요소를 급습하였다. 이렇게 하여 시가전이 약 40분 계속되자 적이 영안성 쪽으로 탈출하기 시작하였고, 한·중 연합군은 퇴각하는 일·만군을 추격하여 그들이 제3공격제대에 의해 협공을 받도록 함으로써 700여 명이 전멸되게 하였다. 만군 여단장 곽세재가 탈출하는데 성공했으나 만군 1개 여단 병력이 전멸했을 뿐 아니라 무기·탄약·피복·마필·식량의 손실도 컸다. 한·중 연합군은 5월 4일 성대한 입성식을 거행하고, 3일간에 걸쳐 전승축하 잔치를 벌였다. 하지만 동경성을 오래 점령할 수는 없었다. 독립군은 영안성과 목단강에서 일·만군의 반격이 예상되어 동경성을 포기하고 밀림지대로 들어가지 않을 수 없었다. 즉 영안성을 점령하지 않고서는 동경성 확보가 곤란하고, 그렇다고 일본의 대병력이 주둔하고 있는 영안성을 당장 공격하기에는 실력이 부족하였다. 그러므로 부득이 주력부대를 왕청(汪淸)과 동녕(東寧) 사이의 산악지대로 이동하여 주둔시켰다.

그 다음으로 한국독립군의 주요 작전인 태평령(대전자) 작전에 관해 살펴볼 필요가 있다. 태평령전투는 일본군 동만지대 사령부가 그 주둔지인 대전자(大甸子)를 떠나 화룡과 연길로 이동해 간다는 정보를 입수한 한·중 연합군이 3일간 매복하여 일본군 1개 연대 병력을 섬멸한 통쾌한 전투였다. 1933년 6월 초순부터 이청천 부대에서는 10여 명의 편의공작대를 대전자로

파송하여 대전자 공격설(일본군 제19사단 東支隊)을 퍼뜨렸으며, 이에 일본
군 동지대(東支隊)에서는 한·중 항일군의 공격을 받기 전에 현지 주민들로
부터 우마차 200대를 징발하여 군수품의 이송계획을 수립하였고, 이러한 정
보를 입수한 한·중 연합군은 8km에 달하는 고개 및 계곡인 데다가 길 한쪽
이 절벽을 이룬 태평령에 투입·매복시켰다. 그러나 일본군이 대열 속 군데
군데 동포를 배치하여 한·중 연합군이 공격해오면 방패로 삼으려 했기 때
문에 매복한 병력들은 이들에게 피해를 주지 않도록 정조준 사격을 해야
했다.

전장을 정리한 결과 전과로는 사살 1,500명, 노획품 군복 3,000착, 모포
3,000매, 산포 3문·박격포 10문, 기관총 10여정, 소총 1,500정, 기타 실탄·
군량·보급품, 피해로는 경상자 4~5명이었다. 전장 정리를 끝낸 이청천 부
대와 채세영 부대는 대전자로 입성하여 2일간 전승 축하연을 벌였다. 한편
2개월간 휴식과 정비를 한 독립군은 9월 1일 동녕현(東寧縣)에 있는 일본군
을 단독으로 공격했는데, 이 작전은 중국군이 후속 부대를 파견해 주기로
약속한 전투였던 데다가 독립군이 일본군과 치열한 교전을 전개하고 있는데
도 불구하고 중국 후속 부대는 오지 않았다. 그 이유는 첫째, 중국 구국군
제1사장 오의성(吳義成)이 부대 내에 공산주의자를 침투시켰으며, 둘째는
전투에서 적으로부터 노획한 전리품의 분배 과정에서 양군의 감정이 별로
좋지 않았던 데 있었던 것으로 알려졌다.[48] 결국 중국군 후속부대가 파견되
지 않음으로써 한국독립군은 많은 피해를 입었다.

6. 조선혁명군의 작전

일제가 1931년 만주를 침공하자 조선혁명당은 이 난국을 타개할 방안으
로 한·중연합전선 구축의 필요성을 절감하고 김학규(金學奎), 김이대(金履

---

48) 전쟁기념사업회, 앞의 책, 168쪽.

大)를 당 대표로 선출하여 중국 당국과 협의케 하였다. 이들 양인은 심양(瀋陽)으로 가서 그곳의 중국국민외교협회 및 중국 민간지도자들과 접촉하여 협의하였고, 이들과의 협의에서 논의된 것을 기초로 하여 조선혁명당 중앙 집행위원장 현익철이 '중한양민족합작의견서'를 작성하여 중국 당국에 보냈는데, 이 내용에 대해 중국 측은 열렬히 찬동하였다. 그러나 한·중 간 연합 작전 구축이 구체화되기 전에 현익철이 일경에 체포됨으로써 계획 추진이 중단되었으며, 1931년 12월 조선혁명당과 혁명군 간부들이 신빈현에서 간부회의를 개최할 때 일경의 기습을 받아 회의장에 있던 30여 명의 간부 중 이호원(李浩源), 김관웅(金寬雄), 이종건(李鍾乾), 박치화(朴致化) 등 중요간부 10여 명이 체포됨으로써 치명적 타격을 받아 연합작전을 추진할 수 없었다.

그러나 신빈현 사변에서 일제의 독아를 피할 수 있었던 양세봉, 고이허(高而虛) 등이 대원들을 효과적으로 통어함으로써 조선혁명군(총사령 양세봉)이 중국의용군(사령관 李春潤)과 연합군을 형성, 1932년 3월 11일 영릉가전투를 승리로 이끌었다. 한·중 연합군은 3월 11일 영릉가에서 일본군의 토벌대를 공격하여 섬멸하였다. 신빈현 성을 수비하던 일본군이 중무기로 무장하고 주변 고지를 점령한 후 박격포·기관총 등으로 맹공해 왔지만 지리적으로 밝지 못한 일본군이 이 같은 무리한 공격을 감행함으로써 혁명군의 반격에 격퇴되었다. 혁명군은 교전 1시간 만에 일본군이 장악하였던 주변 고지를 탈환하고 맹공격을 가함으로써 일본군을 격퇴시킬 수 있었는데, 돌격전을 감행하는 혁명군의 기세에 일본군이 퇴각하자 혁명군은 계속 일본군을 추격했을 뿐 아니라 30여 리에 위치한 신빈성 서쪽에 영육가성(永陸街城)을 점령하였다.

또한 혁명군은 추격전을 감행하여 상협하(上夾河)를 점령했으며, 5일간 계속된 전투에서 일본군은 무수한 사상자와 말·무기를 버리고 패퇴하였다. 이 같은 첫 번째 한·중 연합전투에서 연합군은 상당한 전과를 올리고 전리품도 노획하였다. 하지만 한·중 양국민이 공동운명체라는 의식을 제고시켜 준 성과가 컸기 때문에 한·중 간에는 더 본격적인 한·중연합전선을 구축하는 데 실마리를 제공하였다.[49] 1932년 4월 양세봉 사령관은 구동북정권 당취오(唐聚伍)의 요녕 민중자위군과 연합군을 형성하였고, 5월과 7월에 공군의 지원을 받아 영릉가를 공격하는 일본군과 전투를 벌여 일군을 패퇴시켰다. 그런데 요녕구국회와의 합작 시에 한·중 간에는 ①국적에 관계없이 그 능력에 따라 항일공작을 나누어 맡으며, ②특수임무를 담당하는 선전대대를 설치·운영하는 데에도 합의를 봄으로써 특무대사령부를 통화성에 두고 양세봉이 사령관을 맡았으며, 김광옥(金光玉)은 선전대대장이 되었다.

특무대사령부는 8개 특무대를 두고 만주 각지와 국내에 특무공작을 전개했으며, 계속 대원의 충원을 위해 통화현 강전자(江甸子)에 조선혁명군속성군관학교를 설치·운영하여 2,000여 명을 교육시켰다. 그리고 한·중 연합군의 연합작전이 수행되어 1933년 5월 8이 일·만군 1,500명이 영릉가를 공격해오자 한·중 연합군은 이를 역습하여 격퇴시켰으나 여러 곳에 부대가 분산됨으로써 부득이 후퇴하였다. 나아가 7월 7일 일본군이 영릉가 석인구(石人溝)에 위치한 조선혁명군사령부를 공격해오자 혁명군은 일군 40명을 사살하고 중포 1문·경기관총 3정·소총 80정을 노획하였다. 그리고 7월 중순에는 한·중 연합군이 무순현(撫順縣) 노구대(老溝臺)를 점령하고 있는 일본군 1개 연대를 공격하여 제압하기도 하였다. 그러나 우세한 병력과 화력을 지닌 일본군은 아군을 집요하게 공격했으며, 특히 비행기의 공격은 아군을 궁지에 몰아넣었다. 이러한 상황으로 빠져들고 있을 때인 1934년 8월 12일 양세봉 총사령관이 피살되었다.[50]

양세봉 사령관의 사후에 조선혁명군은 참모장이던 김활석(金活石)이 계승했으나,[51] 그 세력이 크게 왜축됨으로써 1934년 11월 26일 부·당·군(府·黨·軍) 대표대회가 개최되어 조선혁명군 정부를 조직하고 통령에 고이허를 선임하였다. 따라서 조선혁명군의 활동은 실질적으로 1936년을 끝으로 막

49) 전쟁기념사업회, 앞의 책, 170-175쪽.
50) 양세봉 사령관의 사망에 관해서는 1934년 가을 일·만 군경의 추계 대공세 시 전사설이 있는가 하면, 일본군 밀정 박창해(朴昌海)가 중국인 양씨를 활용한 공작으로 인해 유인되어 사살되었다는 양 설이 있음.
51) 육군본부, 『창군전사』, 212쪽.

을 내렸다고 보아야 할 것이다. 그를 이은 총사령 김활석은 요녕 민중자위
군(사령관 唐聚倍)과 연합군을 형성하여 1935년 8~9월경 통화현 쾌대무자
에서 일본군 기병 1개 대대와 교전하여 적 40명을 사살하고 기관총 6정을
노획하였다. 그러나 1938년 9월 6일 김활석 사령관이 일경에 체포됨으로써
혁명군 대원들은 발붙일 곳이 없어지자 동북인민혁명군의 전신인 동북항일
연군에 휩쓸리게 되었다. 이로써 만주의 산야에는 민족주의 독립군이 자취
를 감추고 중국공산당의 항일군만이 남게 되었고, 한인 독립군은 동북항일
연군 내의 1개 단위부대를 형성하게 되었다.

7. 독립군의 관내 이동

한 · 중 연합군이 동경성 대전자전투에서 연전연승을 거둔 것과 때를 같이
하여 한 · 중 양군 사이에 공산주의자들이 개입하여 이간질을 자행함으로써
양군 사이에는 틈이 벌어지기 시작하였다. 더욱이 동녕현전투 때 후속 부대
를 보내주기로 약속했던 중국군이 고의적으로 부대 파견을 하지 않음으로써
독립군은 막대한 피해를 입고 패전하게 되었다. 나아가 중국군 지휘관 오의
성 · 채세영 등은 전리품의 분배에 불만을 포지하고 이청천 · 공진원 · 조경환
등 독립군 간부들을 친일파라는 누명을 씌워 구속하고 독립군 부대에 대해
서는 강제로 무장을 해제시켰다. 이와 같이 재만 독립군이 극한적 상황에
빠져들었을 때 대한민국 임시정부는 중국 정부와 교섭하여 독립군 간부들이
중국의 정규 군관학교에서 교육을 받을 수 있도록 합의를 보게 되었다. 이
에 정부는 이청천을 군사 양성의 책임자로 할 것을 결정하고 독립군의 관내
이동을 지시하였다.

이렇게 되자 재만 독립군 간부들이 긴급회의를 개최하고 진로 문제를 협
의하게 되었는데, 회의 결과 ①중국군과의 협동작전은 믿을 수가 없고 정부
의 지시가 있으니 부대를 관내로 이동시키자는 결론에 도달하였다. ②그러
나 만주의 독립군을 일시에 이동시키기 어려울 뿐 아니라 10여 년간 항일투

쟁을 전개했던 만주지역을 완전히 포기할 수도 없으니 우선 간부 중 일부는 중국으로 들어가서 군관 양성 사업에 주력하고 독립군 중에 군관학교 입학 지원자를 선발하여 보내기로 하였다. ③그리고 나머지는 만주에 그대로 잔류하여 최후까지 대일 유격전을 전개하기로 결정하였다. 이러한 결정에 의거하여 1933년 10월 20일경 이청천·오광선·공진원·조경환 등 36명이 중국 본토(관내)로 들어가고, 잔여 대원은 최악·안태진 등이 지휘하여 영안·밀산 등 산림지대로 옮겨 유격전을 전개하였다.

한편 임시정부 김구 주석은 독립군 간부의 관내 이동을 지시하기에 앞서 독립군의 양성이 시급하여 봉천 등지에 밀사를 파견, 이청천과의 접선을 기도했을 뿐 아니라 만주의 독립군 부대를 북지(北支)로 이동시키려고 했다. 그는 만주가 이미 일본 침략군에게 빼앗기고 말았기 때문에 그곳에서 항일전을 계속하는 것은 무모한 희생만을 가산할 뿐이고 민족해방운동에 절대로 필요한 독립군 양성은 매우 시급한 것이므로 장개석 정권의 지원을 받아 재기를 노려야 한다고 느끼고 있었다.[52] 이에 김구 주석은 독립군의 상황보고 차 임정에 온 오광선에게 6,000원을 주면서 독립군을 북지로 옮기는 비용으로 사용하라고 했다. 이렇게 해서 이제는 독립군이 중국 땅으로 가서 새로운 독립투쟁 기지를 찾아야 했고, 따라서 일행 36명은 8개조로 나뉘어 중국 상인으로 가장하여 일·만 군경의 삼엄한 경계를 뚫고 탈출해야만 했다.

나아가 남만주에서 활동하던 조선혁명군은 1932년부터 간부진이 남경 방면을 왕래하면서 중국 정부에 지원 교섭을 벌였으며, 주로 남경·광주 방면에 체류하면서 임정과도 연락을 취하였다. 즉 1932년 초에는 조선혁명당 외교부장 최동오(崔東旿)가 남경으로 와서 장개석 정부와 접촉, 지원을 호소했으나 성과를 거두지 못하였고, 1934년 중순에는 조선혁명군의 참모 김학규(金學奎; 金白波)를 북경에 밀파하여 1933년 북경으로 탈출한 당취오 장군과 연락케 하여 남경의 국민정부로부터 군자금 지원을 받고자 했으나 여의치 못하였으며, 따라서 장개석과 친분이 있다는 의열단장 김원봉(金元鳳; 金若

---

52) 육군본부, 앞의 책, 219쪽.

山)을 통하여 장 주석과 면담을 요청했으나 실패하였다. 이 같은 군사·외교 활동을 전개하던 조선혁명당 및 조선혁명군 간부의 상당수는 중국의 관내에 머물며 새로운 항일전쟁 준비에 헌신하였고, 그중 일부는 관내로 이동한 한 국독립군에 합류하였다.

V. 민족사적 의의

신민회의 주도하에 1907년 헤이그 만국평화회의에 파견된 밀사의 활동이 일제의 방해공작으로 인해서 실패하자 신민회는 애국계몽운동과 외교투쟁 노선으로부터 무장투쟁 노선으로의 전환을 시도하였다. 그리고 경술국치 직 전에 이회영·이동녕·장유순·이관직 등이 2개월간 만주 현지를 답사한 결 과를 바탕으로 하여 양기탁家에서 개최된 신민회의 전국간부회의에서 독립 군 기지를 유하현 삼원포에 설치하기로 결정하였고, 독립운동 노선으로 대 일 무장투쟁을 공식적으로 채택하였다. 이에 신민회는 서간도에 신영토를 구입하고 그곳에 무관학교를 세우기 위해 이회영의 6형제와 이동녕, 이상 룡, 김동삼, 윤기섭 등이 선발대로 모든 가산을 처분하여 1910년 12월 30일 압록강을 건너 만주로 집단 망명을 결행하였다.

그리하여 만주의 서간도 지역에는 경학사와 그 부속기관인 신흥강습소가 설립되었으며, 따라서 신흥무관학교 설립의 인적 토대는 ①이회영 6형제 및 상동청년학원(尙洞靑年學院) 인맥과 ②이상룡, 김대락, 황호 일문과 김동삼 등 안동지역 혁신 유림계 지사 그룹 등 양대 그룹이 주류를 형성하였다고 할 것이다. 다시 말하면 이회영을 중심으로 건영(健榮), 석영(石榮), 철영(哲 榮), 시영(始榮), 호영(護榮) 등의 6형제가 노블레스 오블리주를 집단적으로 실천하고, 상동교회의 전덕기 목사를 중심으로 이동휘, 신채호, 안태국, 이 갑, 조성환, 김구 등 상동청년학원 인맥이 합세하였다. 그리고 의성김씨 집단촌 내앞마을에서는 독립군 기지를 세우기 위해 150여 명이 만주로 망명했는데, 이 중에는 협동학교(協同學校) 설립을 주도한 동산(東山) 유인식(柳寅植), 석주(石洲) 이상룡, 일송(一松) 김동삼, 백하(白下) 김대락 등이 노블레스 오블리주를 몸소 실천함에 있어 앞장섰다.

더욱이 비밀결사 신민회는 민족의식과 독립사상을 고취시키는 것을 제일의 목적으로 삼았을 뿐 아니라 지역을 초월한 인적 구성과 동지 상호간 연대의식을 공고히 하여 공동체 의식을 제고시키는 데 주력하였다. 특히 신민회를 창립한 세력들이 대한매일신보를 중심으로 한 집단(양기탁·박은식·신채호 등), 상동교회와 상동청년학원을 중심으로 한 집단(전덕기·이동녕·이회영·이준 등), 무관 출신 집단(이동휘·이갑·유동열·노백린·김희선 등), 평안도 일대의 상인·실업인 집단(이승훈·안태국 등), 미주에서 활동하던 공립협회 집단(안창호·이관·정재관 등) 등의 인사들로서[53] 이들은 과거 독립협회와 만민공동회 운동에 앞장서 왔고 서로 잘 알고 지내던 사이이기도 했다. 이처럼 신민회는 능력 있는 집단들로 구성되었기 때문에 1919년 4월 13일 임시정부가 수립되자 초대 국무원에 국무총리대리 이동휘, 내무총장 안창호, 군무총장 이동휘(겸임), 법무총장 이시영 등이 입각하였고, 1919년 9월 11일 개각 시에는 국무총리 이동휘, 내무총장 이동녕, 군무총장 노백린, 재무총장 이시영, 노동국총판 안창호, 참모총장 유동열 등이 입각할 수 있었는데, 이들은 독립운동전선에 분열을 방지하고 통합을 견인하는 데 있어서도 주동적 역할을 수행하였다.

이러한 신민회의 뒷받침으로 존속·발전할 수 있었던 신흥무관학교였기 때문에 신흥무관학교는 신민회의 결의를 이어받았을 뿐 아니라 대한제국 무관학교와 의병의 맥을 이어받았다는 점에서 민족사적 의의를 지닌다. 특히 신흥무관학교는 한국근대사에서 가장 암울하고 무기력했던 1910년대에 독립운동을 전개하고 민족의식을 고취시켰다는 점에서 역사적 의의를 갖는다.[54] 1910년대는 간도와 연해주의 동포사회가 일제의 무단통치로 인해 고

---

53) 국가보훈처, 앞의 책, 9쪽.

통 받던 국내와는 절연되어 지원을 받기가 어려운 시기였음에도 민족의식이
나 동포애가 크게 위축되어 있던 국내와는 다르게 오히려 제고되어 가고
있었다. 이는 서간도에 신흥무관학교가 설립되어 무관을 양성하고 독립운동
을 전개함으로써 동포들이 새로운 삶을 지향하도록 자극했기 때문이었다.
실례로 서간도의 주민들과 아이들의 경우 신흥무관학교의 교가를 즐거이 부
르면서 민족정신을 길렀던 것이다.

1911년 6월 10일 창설된 신흥무관학교는 10년 동안에 걸쳐 3,500여 명의
무관을 양성했는데, 이들은 봉오동전투와 청산리전투의 주역으로 활약했을
뿐 아니라 30여 년간 독립운동을 주도하였다. 그리고 신흥무관학교 졸업생
들로 구성된 신흥학우단은 "①나는 국토를 찾고자 이 몸을 바쳤노라. ②나
는 겨레를 살리려 생명을 바쳤노라. ③나는 조국을 광복하고자 세사(世事)
를 잊었노라. ④나는 뒤의 일을 겨레에게 맡기노라. ⑤너는 나를 따라 국가
와 겨레를 지키라"는 '선열의 시범' 다섯 가지를 소리 높이 외치며 조국과
겨레에 대해 신명을 바칠 것을 다짐하였다. 논의야 여하튼 신흥무관학교가
독립운동사에 남긴 역사적 의의는 ①경술국치 후 신민회가 독립운동의 추진
방향을 독립전쟁전략(獨立戰爭戰略)으로 구체화시켰다는 점, ②한국근대사
에서 가장 암울하고 무기력했던 1910년대에 독립운동을 전개하고 민족의식
을 고취시켰다는 점, ③신흥 출신들이 독립군에 참전함에 따라 항일 독립군
이 만주 지역에서의 유격전과 한반도 지역에서의 국내진공을 병행 추진할
수 있었다는 점 등이다.

나아가 ④독립군 연합부대 2,000여 명이 청산리전투에서 일본군 3,300여
명을 살상한 전과를 올릴 수 있었던 것은 신흥무관학교 출신들의 훌륭한
지휘와 결사적인 참여에 기인했다는 점, ⑤50년간에 걸친 민족독립운동 중
에 의병전쟁 20여 년을 제외하고 신흥무관학교 관련자 및 졸업자들이 30여
년간에 걸쳐 민족독립운동을 주도했다는 점이다. 이러한 역사적 의의를 구
체적으로 살펴보면 첫째, 신민회는 경술국치 후 독립운동의 추진방향을 변

54) 서중석, 앞의 글, 5쪽.

경시켰다. 조국의 자주독립을 지키기 위해 국민계몽운동에 앞장서 왔던 신민회가 경술국치를 당하자 더 이상 계몽운동이나 외교노력으로 국권을 회복시킬 수 없다고 확신하고, 일제를 축출하기 위해서는 무장투쟁 방식이 효과적이라는 결론에 도달하여 독립전쟁전략을 추구하게 되었다. 신민회의 독립전쟁전략은 국경을 넘어 항일기지의 설치로부터 출발한다. 그러나 동 전략은 일제와 즉각적인 무장투쟁을 벌여 그 역량(力量)을 소진시키기보다는 독립군으로서의 기본 역량을 배양하는 데 치중하는 정책을 추구한다.

이러한 맥락에서 일부 신흥무관학교 졸업생들이 백서농장을 설치하여 군사 역량을 배양·축적시켜 나갔는데, 이렇게 해 나가다가 일제가 미국, 소련, 중국과 전쟁을 하게 되면 우리의 독립군도 연합군의 일원으로 대일전쟁(對日戰爭)에 참전하여 독립을 쟁취한다는 것이다. 그러므로 독립전쟁전략은 실력양성론이나 독립준비론과는 그 성격이 다른 것이며, 따라서 신민회는 애국계몽운동에서 소홀하게 취급해왔던 무장투쟁 부분을 강화시켜 나갔던 것이다.

둘째, 민족이 암울한 삶을 영위해 왔던 1910년대에 신흥학우단은 민족의 독립운동을 주도하여 강렬하게 전개하였다. 일제는 1910년 8월 29일 한일합방을 성취하자 1910년대에 한반도에 대해 무단통치(武斷統治)를 자행함으로써 한국인들은 무기력한 삶을 영위하게 되었다. 그리고 일제는 한국의 민족운동전선을 분열·약화시키기 위해 3·1운동 후 문화정치(文化政治)를 표방하면서도 1군(郡) 1경찰서(警察署), 1면(面) 1주재소(駐在所) 제도를 확립하여 독립운동가에 대해 감시를 강화하는 한편, 독립준비론·실력양성론 등을 문화운동·자치론 등으로 유도하는 공작을 통해 독립운동전선을 분열시키는 데 혈안이 되었다. 이 같은 일제의 통치로 인해 한국인의 삶이 무기력해졌으나 간도에 신흥무관학교가 설립되어 무관을 양성, 독립운동을 전개함으로써 한국인들은 새로운 삶을 지향하게 되었다.

셋째, 3·1운동 후 독립군의 활동은 의병활동을 계승했을 뿐 아니라 항일독립군이 만주지역에서의 유격전과 한반도 지역에서의 국내진공을 병행 추진할 수 있었다.55) 이는 신흥무관학교가 신민회의 결의를 이어받았을 뿐 아니라 대한제국 무관학교와 의병의 맥을 이어받고 자체 역량을 배양하여 청산리전투에 참전하였고, 그 후에는 독립군으로 참전했기 때문이었다. 신흥무관학교는 1911년 6월 설치되어 1920년 8월 폐교될 때까지 1910년대에 한시도 쉬지 않고 무장독립투쟁의 역군을 길러내어 1920년대와 1930년대 및 1940년대에 독립진영이 양성한 1,300여 명의 독립군 기간요원의 3배에 달하는 무관을 배출하였다. 그리고 이렇게 배출한 군사 인재들은 대한민국 임시정부와 만주·연해주·중국 관내의 조선혁명군, 한국독립군, 고려혁명군, 한국광복군 등에 충원되어 핵심적 역할을 수행하였다.

그런데 신흥무관학교가 지속적으로 무관 양성에 진력할 수 있었던 것은 ①당시 서간도에 이회영, 이동녕, 이상룡 등 신민회의 출중한 지도자들이 집단 망명하여 단결이 잘되고 있었던 데다가 이석영 등이 확보한 물질적 토대 또한 강고했기 때문이었고, ②1911년 4월 자치기관으로 발족한 경학사가 1915년에 부민단, 1919년에 한족회로 확대·개편되면서 서간도의 모든 지역을 망라한 강력한 항일독립운동 단체로 성장하여 예하 기관이던 신흥무관학교를 강력히 뒷받침했기 때문이었으며, ③신민회의 독립전쟁전략이 일제와 즉각적인 무장투쟁을 벌여 역량을 소진시키기보다는 독립군의 기본 역량을 배양하는 데 치중한 정책을 추진했기 때문이었다. 우리 민족은 식민지시기를 거쳤던 그 어느 나라보다도 독립운동을 활발하게 전개했던 민족이었고, 우리의 독립운동은 규모가 컸을 뿐 아니라 조직적으로 꾸준히 계속되어 왔으며, 27년간이나 지속적으로 임시정부 활동을 계속했던 것도 세계사에서 유례가 없었던 일이었는데, 이 모두의 원동력은 신흥무관학교가 1910년대에 한시도 쉬지 않고 무장독립투쟁의 역군을 길러낸 데 있었다.[56]

넷째, 비록 신흥무관학교 출신들이 하급 지휘자로 참전했지만 독립군 연합부대의 청산리 대승을 주도하였다. 1920년 10월 21일부터 26일까지 일본군 5개 사단 연합 25,000여 명의 토벌대 공격을 받은 독립군 연합부대의

---

55) 이현희, 『임정과 이동녕 연구』(일조각, 1989), 147쪽.
56) 한국일보사 편, 앞의 책, 358쪽.

2,000여 명은 신흥무관학교 출신들의 지휘하에 3,300명을 살상(사상 1,200 여 명, 부상 2,100여 명)하는 전과를 올려 전사에 빛날 업적을 남겼는데, 이는 신흥무관학교 출신들의 훌륭한 지휘와 결사적인 참여에 기인했다고 볼 수 있을 것이다. 1919년 김좌진 장군이 대한군정서를 편성할 때에 신흥무관 학교 교관이던 이장녕을 참모장, 이범석은 연성대장, 박영희는 학도단장 등 으로 각각 초빙했으나 오상세, 백종렬, 강화린, 김훈 등 신흥무관학교 졸업 생들은 종군장교와 중대장, 구대장 등 하급 지휘자로 발탁·편성되어 청산 리전투를 치렀다. 그러나 이들 신흥무관학교 출신들은 3부가 정립된 1925 년대에 독립군의 대대장 급으로 발탁되어 독립전쟁을 주도하였다.

다섯째, 신흥무관학교가 서로군정서의 부속기관이었지만 신흥무관학교 졸업생들은 서로군정서뿐 아니라 50여 개의 독립군단에도 배치되어 중추적 역할을 수행하게 되었다. 신흥무관학교 출신들은 졸업생들의 결속과 그들의 건학정신의 구현을 위한 조직체로 신흥학우단을 조직하여 본부를 삼원포 대 화사(大花斜)에 두고 ①군사학술 연구, ②혁명이념의 선전과 독립사상의 전 파, ③한인 마을에 노동강습소를 개설, 노동청년들에게 초보적 군사훈련과 계몽교육 실시, ④민중의 자위체를 조직하여 적구의 침입을 방지하는 역할 을 수행하였다.57)

그런데 간도지방에서는 3·1운동 이후의 독립군 활동이 대부분 신흥무관 학교 관련자들과 연계되어 있었고, 임정의 광복군 주요 간부들은 신흥무관 학교 관련자들로 구성되었다. 그 예로서 1919년 2월 1일 무오독립선언서 발표 시 민족대표 39인 가운데 1/4 수준인 8명이 김동삼, 여준, 이동녕, 이 상룡, 이세영, 이시영, 이탁, 허혁 등 신흥무관학교 관련자들이었고, 1911년 11월 길림성에서 의열단이 조직될 때 창립자 13명 가운데 김원봉 등 8명이 신흥무관학교 출신이었다. 그리고 〈도표 16〉에서 볼 수 있듯이 광복군 주 요 간부 유동열, 이청천, 이범석, 김원봉, 권준, 채원개, 이준식, 조경한, 김 학규, 황학수, 김홍일, 송호성, 윤기섭, 오광선 중에 신흥무관학교 관련자는

---

57) 한국일보사 편, 앞의 책, 100쪽.

〈도표 16〉 독립군 출신 광복군 주요 간부의 신흥무관학교와의 연계성

성명	광복군에서의 직책	신흥무관학교와의 연계성	비고
유동열	참모총장 겸 통수부원	임정 국무위원	임정 군사위원
이청천	총사령관 겸 군사외교단장	신흥무관학교 교성대장	임정 군사위원
이범석	참모장 겸 제2지대장	신흥무관학교 교관	임정 군사위원
김원봉	부사령관·제1지대장	신흥무관학교 졸업	황포군관학교 졸업
권 준	제1지대장·고급참모	신흥무관학교 졸업	황포군관학교 졸업
채원개	제1지대장·작전처장	낙양강무당 졸업	
이준식	제1지대장·고급참모	운남강무당 졸업	
조경한	주계장·정훈처장	대한제국 무관학교 졸업	임정 군사위원
김학규	제3지대장·고급참모	신흥무관학교 졸업	임정 군사위원
황학수	부관처장·참모장 대리	신민부 외교부 위원장	
김홍일	참모장	귀주강무당 졸업	
송호성	제1지대장·편련처장	신흥무관학교 졸업	
윤기섭	고급참모·부관처장	신흥무관학교 교감·교장	
오광선	국내지대 사령관	신흥무관학교 교관	

이청천, 이범석, 윤기섭, 오광선 등 4명이고, 신흥무관학교 출신자는 김원봉, 권준, 김학규, 송호성 등 4명이었다.

광복군

I. 임정의 군사활동

1919년 4월 13일 중국 상하이의 프랑스 조계(租界) 내에 수립된 대한민국 임시정부는 3권 분립 형태의 민주공화제를 지향하면서 군사·외교 등 정부적 차원의 광복정책을 펴나가게 되었다. 특히 임정은 대본영을 설치하여 독립전쟁에 매진했는데, 1919년 11월 5일 공포된 법률 제2호 '대한민국 임시관제' 중 군사에 관한 사항을 보면, 대통령을 원수로 한 군사의 최고통치부 대본영을 설치하여 참모부에 총장·차장을 두어 군무·용병에 관한 일체의 계획을 통솔하도록 하고, 대통령의 자문기관으로 군사참의회를 두기로 되어 있었다. 그리고 군무부에는 총장을 두어 육·해군 군정에 관한 사무를 관장하되, 그 밑에 6국을 두고 각각 그 업무를 세분화시켜 군 통수체제를 정비하였다.

나아가 1920년 1월 안창호는 신년축하회 연설을 통해 '우리 국민이 단연코 실행할 6대사'로 군사·외교·교육·사법·재정·통일을 열거하였고, 1월 24일 군무부 포고 제1호를 발표하여 "충용(忠勇)한 대한의 남녀여! 혈전시 광복의 때가 왔다"고 하면서 "2천만 남녀는 1인까지 조직적·통일적으로 광복군이 되자"고 역설하였다.[1] 그리고 임정은 군사활동의 기초가 되는 제반 규정을 정비했는데, 1919년 12월 18일 공포된 '대한민국 육군임시군제(陸軍臨時軍制)'에 대한민국 육군임시군구제(陸軍臨時軍區制)와 임시육군무관학교조례가 포함되었으며, 1920년 4월 27일에는 '군사경위근무조례(軍事警衛勤務條例)'를 공포하고 경위근무세칙도 제정하였다. 그러나 비록 임정이 군무부를 정점으로 서간도군구, 북간도군구, 시베리아강동군구 등 3개의 군사지역으로 구분하여 군사 편제를 하였으나 그 지역의 교포들을 충분히 통할할 수 있는 물적 기반이 취약하였고, 따라서 무장독립전쟁은 만주와 시베리아 주재 독립운동단체가 수행할 수밖에 없었다.

이에 1920년 5월에 임정은 '한국독립방책의 건'을 채택했는데, 독립운동의 최후 수단인 전쟁을 보다 대규모적으로 규율적으로 진행하여 국토 수복의 최후 승리를 쟁취하기 위해 군무부 총장은 대통령이나 국무령의 지휘 감독을 받아 다음과 같은 사업을 전개할 책임을 지게 되었다.[2]

① 군사적 경험이 있는 인물을 조사·소집하여 군사회의를 열고 작전계획을 준비하며 각종 군사 직무를 분담·복무케 한다.
② 러시아 중국 각지에 10만 명 이상의 의용병 지원자를 모집하여 대오를 편성 군사훈련을 실시, 군 인재를 양성한다.
③ 러시아 중국 각지에 사법부를 분치(分置)하여 응모한 병사를 통솔 지휘하며 군사교육을 감독하게 한다.
④ 군사적 기관을 조사하여 군무부에 예속시킨다.
⑤ 국내 각지에 의용병을 모집하여 대오를 편성하고 각지 요새에 잠복

---

1) 이현희, 『임정과 이동녕 연구』(일조각, 1989), 236-237쪽.
2) 대한민국 육군임시군제 全55조 부칙.

시킨다.

⑥ 러시아나 중국 각지에 사관학교를 설립, 사관을 양성한다.

⑦ 청년을 선발 미국에 파견하여 비행기 제조와 비행전술·전략을 익히게 한다.

⑧ 내외에 모험 청년을 선발 작탄대(炸彈隊)를 편성, 그 기술을 습득시킨다.

⑨ 중국 구미 각국에 교섭하여 무관학생을 파견한다.

⑩ 청년을 선발하여 포창술(砲槍術)·화차기관술 등 전시에 긴요한 기술을 습득하게 한다.

⑪ 미국 등 외국과 교섭하여 군수물자 수입을 준비한다.

⑫ 국내외 주요 지점에 무역상의 명의로 양식을 준비, 전시에 충당한다.

⑬ 군사선전대를 특설하여 선전방법을 강구하고 각지에 선전원을 파견, 전투정신을 고취시킨다.

⑭ 군법 등을 제정하여 군대의 질서와 규율을 엄하게 한다.

한편 대한민국 임시정부는 국민 모두가 병역의 의무를 지는 국민개병주의에 입각하여 광복정책을 추진키로 하여 1920년 3월 20일 '제1기 국민군 편성 및 개학식'을 거행했는데, 동 국민군에는 임정의 국무총리 이동휘, 법무총장 신규식, 노동국총판 안창호 등 요인들을 포함 140여 명이 편성되었다. 그리고 임시정부는 독립군의 통합을 위해 1920년 2월 직속기관으로 교민통치 기구인 광복군참리부(光復軍參理部)와 독립군 기구인 광복군사령부를 설치했으나 일제 토벌군의 출동과 독립군의 성격차이 등으로 만주 현지에서는 제대로 실현되지 못했다. 그러므로 1922년 일차적으로 남만주의 독립군 통합기관으로 대한통의부(大韓統義府)가 발족했으나 1923년에 복벽파가 이탈하여 의군부(義軍府)를 설치하자 통의부와 의군부 간에 갈등이 야기되었다.

1920년대 중반에는 임정 직속의 참의부, 기타 단체의 연합체 정의부, 북만주의 통합단체인 신민부 등 3부로 정립했으나 1927년 임정의 조소앙, 이동녕, 홍진 등이 '유일독립당촉성회'를 창립하여 3부의 통합운동에 불을 붙이자 1929년 혁신의회와 국민부의 2부로 재편되었다. 한편 임정은 군인의 양성에 주력하였다. 이는 임정의 군무부 포고 제1호에서 강조했듯이 임정의 요인들이 무장독립전쟁의 수행을 위한 급선무는 무관의 양성이라고 보았기 때문이었다. 그러므로 임정은 1919년 말에 임시육군무관학교를 상하이 프랑스 조계 내에 개교하여 6개월 속성으로 1920년 5월 8일 이현수 등 19명의 제1회 졸업생을 배출하였고, 12월 24일에 22명의 제2회 졸업생을 배출하였다.

이 무관학교에서 배출된 장교들은 국내와 일본에 파견되어 독립운동을 수행했을 뿐 아니라 임정 산하 독립군 단체인 대한독립군총영에 배치되었는데, 신흥무관학교의 정신적 맥락을 이은 육군사관학교로서의 임시육군무관학교는 그 이상을 "청년을 독려하고 독립군을 길러 조국의 완전무결한 자립을 이룩할 때까지 무기한 일본군과 전투하여 승리한다"는 데 두었다. 임정은 무관학교 이외에도 간호원 양성과 비행사 양성에 심혈을 기울였는데, 간호원은 1920년 1월 31일 대한적십자사 부설로 간호원양성소를 개설하여 양성하였고, 비행사는 1920년 2월 20일 미국 캘리포니아주에 군무부 총장 노백린이 비행사양성소를 설치하여 양성하였다. 하지만 독립운동 진영 내에서 민족주의자와 공산주의자의 이념적 대립은 독립운동에 결정적으로 분열을 초래하는 요인이 되었으며, 따라서 독립군은 내적으로 공산분자들과 싸우는 것이 제일의(第一義)의 사명처럼 되었고, 독립투쟁은 제이의(第二義)의 노선처럼 되고 말았다.[3]

특히 1923년 1월 3일 상하이에 있는 프랑스 조계 내에서 개최된 국민대표회의에서 임정 문제를 놓고 임정을 해체하고 새로운 정부를 조직해야 한다고 주장하는 '창조파(創造派)'와 임정을 그대로 유지하되 드러난 문제점만 고쳐 개혁하자는 '개조파(改造派)'로 분열됨으로써 임시정부는 약화되었다. 이 때 임시정부 내에서는 이승만·안창호·김구는 민주주의를 찬성하고, 이

---

3) 육군본부, 『창군전사』, 171쪽.

동휘·김립·여운형은 사회주의에 동조하여 내부 분열을 초래한 데다가 국민대표회의 참여자들은 임정 문제를 놓고 개조파(상하이·만주 대표, 상하이파 공산주의자, 미주계 안창호파)와 창조파(북경·시베리아 대표, 이르쿠츠크파 공산주의자, 미주계 박용만파)로 분열된 상태였다. 즉 이 대회에는 동북삼성 등에 산재한 70여 독립운동단체의 대표와 13도 대표를 비롯한 국내 대표를 총망라한 대표가 참여했으며, 3월 13일 제39차 회의에서는 임시정부와 의정원(議政院)의 개조안이 상정되었다. 그러나 상정의 찬·반 문제를 놓고 격렬한 논쟁이 벌어졌으며, 따라서 5월 15일 김동삼 등 서간도의 대표들이 회의에서 탈퇴했을 뿐 아니라 5월 16일 개조파에서 회의 참석을 거부함으로써 창조파의 독주회의(의장 尹海)가 되고 말았다. 그러므로 임시정부는 6월 6일 내무령 제1호를 발표하여 국민대표회의의 해산을 명하였다.

그러나 창조파 39명은 6월 7일 비밀회의를 열고 전문 18조로 된 새 헌법을 통과시키고, 6월 3일 회의에서 가결한 국호 '한(韓)'에 의해 정부를 탄생시켰으며, 입법부인 국민위원회와 행정부인 국무위원회를 조직하였는데, 주요 인물은 원세훈·윤해·김규식·신숙 등이었다. 이들은 동년 8월에 정부를 창조하여 블라디보스토크로 이전해 갔다. 그러나 국민대표회의가 연합전선으로서 성공하기를 기대하고 막대한 자금까지 지원했던 소련 정부는 국민대표회의를 결렬시키고 단독으로 신정부를 만들어 들어온 이들을 축출하였다. 이에 신정부의 수반 김규식은 정부를 해산시키고 다시 상하이로 되돌아가야만 했다. 각 단체의 대표들은 국민대표회의를 통하여 각파의 주의와 주장만을 고집하다가 아무런 결과도 얻지 못하고 막대한 비용만 허비한 데다가 창조파와 개조파의 분열이 심화됨으로써 임정이 약화되었다. 이 같은 임정 초기의 분열·대립은 임정의 군사활동을 저해시켰을 뿐 아니라 독립노선은 적(赤)·백(白)으로 대립하여 일제에 저항할 투쟁력을 무한히 소진시켰다.

국민대표회의에서 돌아온 남만주의 독립운동자들은 통합을 지향하여 1924년 3월 참의부를, 1924년 11월 정의부를 각각 결성했으며, 북만주에서도 김좌진을 중심으로 1925년 3월 신민부를 결성하였다. 그러므로 참의부·정의부·신민부의 3대 독립운동단체가 정립하여 100만의 동포사회에 구심력으로서 활동해 왔었다. 그러나 당시 독립운동단체가 직면했던 문제를 보면 ①독립군의 활동은 점차 쇠퇴해 가는 데 반해 일본 군경의 세력은 더욱 증가하였고, ②독립군의 보충과 재정의 뒷받침이 어려워 활동이 점점 쇠퇴해 갔으며, ③독립운동자들이 일제의 간계에 넘어가 변절자가 속출함으로써 독립군의 행동반경이 축소되었고, ④만주 행정당국이 점차적으로 일제의 탄압을 받고 우리 동포에 대해 박해를 가하였다. 그러므로 이 같은 문제점을 타개할 방법은 오직 독립운동단체의 통합에 있었다.

그러나 3부 안에는 공산주의의 영향을 받아 각기 2대 산맥으로 세력이 나누어져 내분이 계속되고 있었다. 정의부 안에는 '촉성회파'와 '협의회파'가 대립하여 촉성회 측 중앙집행위원 이청천·이종범·최명수·김동삼 등이 정의부를 탈퇴하였고, 신민부는 '군정파'와 '민정파'가 대립하여 대표권문제로 김좌진·황학수 등 군정파가 이탈하게 되었으며, 참의부도 2파로 분열되어 김희산(金希山) 등 주력은 '촉성회'를 지지하고, 심용준(沈龍俊) 등 일파는 '협의파'를 지지하였다.[4] 이러한 상황에서 1928년 5월 신안둔(新安屯)에서 각 단체의 대표자 300여 명이 모여 3부의 통합회의를 개최했으나 안창호 등의 체포로 인해 무산되고 말았다. 그 반면에 조선혁명당의 조직과 관련하여 1929년 공산파(李辰卓)와 민족파(玄益哲)의 유혈대립, 고려혁명당 조직과 관련하여 1930년 김좌진이 공산주의자 박상실(朴尙實)에게 암살당하는 양상의 사태로 확산되어갔다.

더욱이 북간도의 중심지인 용정과 두도구(頭道溝)를 중심으로 한인 공산당원들이 당성을 과시하기 위하여 1930년 5월 30일 반일폭동을 일으켰다. 이 폭동은 '타도 일본 제국주의'의 기치를 들고일어나 11월에 가서야 진압되었는데, 2,000여 명이나 참가한 한인 공산주의자들은 700여 명이 검거되었으며, 그중 503명이 서울로 압송·기소되었다. 이러한 사태가 전개되는 가운데 한·중 농민 간 충돌한 만보산(萬寶山)사건이 1931년 4월에 발생하자 만주 침략의 기회를 엿보던 일본영사관 측에서는 한·중 민족 간 이간책을

---

4) 육군본부, 앞의 책, 182쪽.

구사하게 되었다. 일본영사관에서는 한·중 농민 사이에 농토 개간 문제로 분쟁이 심화되자 일본군 10여 명에게 한복을 입혀 심야에 원주민 집을 습격토록 하였고, 이에 원주민들도 총궐기하여 동포들의 집을 습격·보복하자 한·중 농민 간에 유혈극이 벌어지게 되었다.

사태가 유혈로 번지자 일본 측은 일본군을 파견하여 중국인을 제압하는 한편 사건을 국내에 보도케 하였다. 『조선일보』로 만보산사건이 전해지자 국내는 분노하여 7월 3일 인천·서울·원산·평양·신의주·이리 등지에서 주민들이 폭도화하여 중국인 140여 명을 살해하는 보복으로 확대되었고, 이러한 소식이 만주에 전파되어 만주인들이 폭도화하는 반향을 일으키게 하였다. 상하이 임시정부와 중국당국은 이 같은 사태가 한·중 민족을 이간시키려는 일본 측의 간계(奸計)에서 비롯되었음을 이해하고 주민들에게도 이해시킴으로써 사태는 정상을 되찾게 되었다. 하지만 만주사변의 결과로 탄생된 만주제국은 정부의 실권을 일본인들이 쥐고 있었기 때문에 우리 민족에게는 또 하나의 적수가 아닐 수 없었다. 만주사변이 일어나면서 일본은 만몽개발대라는 전위대를 조직했는데, 이 조직은 무위도식하는 한인 불한당을 돈으로 매수하여 개발대원을 만들어 중국인이라면 군민을 막론하고 학살토록 했다고 한다.[5]

1932년 3월에 일본은 청조의 마지막 황제인 부의를 옹립하여 만주제국이라는 괴뢰정권을 세우고 그 실권을 장악하였고, 그리하여 조선에 이어 만주대륙을 그의 판도 내에 넣게 되었다. 하지만 1932년 1월 8일 이봉창(李奉昌) 의사가 동경에 잠입하여 일본 천황에게 수류탄을 투척하고, 1932년 4월 29일 윤봉길(尹奉吉) 의사가 상하이의 홍구공원 천장절 행사장에서 일본군사령관 시라카와(白川義則) 대장에게 폭탄을 투척하여 한·중 연합군이 등장될 여건을 형성하였다. 만주사변이 일어나자 한국독립당에서는 긴급회의를 개최하고 악화일로에 있는 한·중 양 국민의 감정을 풀도록 설득 공작을 하는 한편 독립군을 재편성·조직하기로 결정하였다. 즉 ①독립군을 독립당

---

5) 육군본부, 앞의 책, 196쪽.

의 당군으로 예속시켜 정훈(政訓) 대표를 군에 파견하여 정치훈련을 시킨다. ②각 지구의 재향군인을 소집하고 새로이 청장년을 징모한다. ③중동선 호로군 겸 길림자위군 사령관에게 대표를 파견하여 한·중 항일전을 전개하기로 한다는 것이었다.

독립군총사령에 선임된 이청천을 비롯한 군사대표는 중국 길림자위군 총사령관 이두(李杜)와 부사령관 정초(丁超)를 방문하고 ①양군은 항일투쟁에 연합군으로서 대항한다. ②중동선을 경계로 동쪽은 독립군이, 서쪽은 자위군이 담당한다. ③무기와 탄약 그리고 보급품 일체는 자위군이 제공한다고 약정하였다. 한편 남간도 지방에서는 조선혁명군이 요녕 민중자위군과 협약을 맺고 한·중연합전선을 구축하였다. 조선혁명당에서는 김학규와 김이대를 대표로 선출하여 요녕구국회에 파견함으로써 왕육문(王育文)·당취오와 협상하여 한·중연합전선을 형성하되, ①양국의 군민은 절실히 연합하여 일치 항전하고 ②인력과 물력을 서로 통용하며 ③합작의 원칙하에 국적에 관계없이 그 능력에 따라 항일공작을 나누어 맡는다고 약정하였다.

한·중연합전선이 형성되어 쌍성보전투, 대전자령전투, 영릉가전투 등에서 승리를 쟁취했으나 한국독립군과 조선혁명군의 무장투쟁은 만주제국의 건립 후에 일본군과 만주군을 공히 상대해야 하기 때문에 더욱 어렵게 되었다. 그리고 그 당시 만주 땅에는 장학량(張學良)의 군벌군 및 중국 구국군이 대종을 이루고 있었는데, 만주제국이 건국된 1932년 3월에 그 병력수가 36만 명에 이르는 대군이었다. 그러나 일본군의 토벌작전으로 1934년 말에는 4만 명, 1937년 말 9,000명, 1939년 말 3,000명으로 감소되었고, 1941년 2월에는 완전히 소멸되고 말았다.[6] 나아가 ①한국독립군의 이청천 사령관은 1933년 가을에 무장투쟁의 깃발을 내리고 중국 대륙으로 이동했으며 ② 요녕 민중자위군 당취오 장군도 일·만군의 토벌로 1933년 겨울 북경으로 탈출하였고 ③조선혁명군의 양세봉 사령관도 1934년 가을에 전사하였다. 그러므로 한·중 연합군의 일·만 군과의 무장투쟁은 1936년 종지부를 찍은

---

6) 육군본부, 앞의 책, 211쪽.

것이나 다를 바 없었다.

1931년 6월 18일 발생한 만주사변의 결과로 1932년 3월 1일 일본의 괴뢰 정권인 만주제국이 건국되었고, 이러한 일본의 점진적인 침략 앞에 중국 국민의 배일사상과 운동이 적극화됨으로써 1937년 7월 중·일전쟁으로 번지게 되었다. 윤봉길 의사의 의거 이후 장개석 국민당 위원장이 국민당 조직부장 진과부(陳果夫)의 주선으로 김구 주석에게 면회를 요청하여 양자는 필담을 나눈 바 있는데, 이때 장개석 위원장이 김구 주석에게 "특무공작으로 천황을 죽이면 천황이 또 있고 대장을 죽이면 대장이 또 있으니 장래의 독립전쟁을 위하여 무관을 양성함이 어떠한가" 하고 의향을 물어보고 하남성(河南省) 낙양에 있는 중앙군관학교 낙양분교에 한인군관훈련반(제17隊로 命名)의 설치를 허가해 주었다. 이러한 상황하에서 1937년 7월 7일 발생한 노구교사건이 중·일전쟁으로 확대되자 임시정부는 군무총장(조성환)을 중심으로 참전태세를 갖추고 한국광복진선을 결성하여 ①중·일전쟁은 우리 한국 민족의 생사존망 최후의 문제이다. ②우리 한국민족은 군기(群起)하여 중국을 위해 항일전선에 참가한다. ③한·중 양 민족은 연합하여 왜적을 응징한다는 선언문을 발표했다.

1937년 7월 7일 노구교사건을 계기로 중·일전쟁이 발발하여 전면전으로 확대되자 한·중 관계와 한국 무장투쟁의 단계는 새로운 국면에 접어들게 되었다. 1938년 10월 수도를 중경(重慶)으로 옮긴 장개석이 국내의 정치적 안정 우선정책을 지양하고 대일총력전을 개시함에 따라 일제를 상대로 조국 광복운동을 수행하고 있는 임시정부와 중국 대륙에서 일제를 축출하려는 중국 정부의 입장이 일치하게 되었고, 따라서 양국의 관계는 적극적인 협력의 관계로 발전하게 되었다. 중·일전쟁이 발발하자 1937년 7월 15일 임시정부는 ①군무부에 군사위원회를 조직하여 군사에 관한 계획을 수립하고 ②불원 장래에 대부대적 군대를 편성하는 데 필요한 간부를 육성시키기 위해 속성과로 훈련소를 설치키로 결정하였다. 그러나 중·일전쟁의 확대와 중국군의 총퇴각으로 인해 임시정부가 훈련소를 설립하여 간부를 양성하려던 계획은 무산되고 말았다.

하지만 중·일전쟁 발발 시부터 1940년 광복군이 성립될 때까지 한국 청년들은 중국군에 편입된 자의 경우 상하이결전(1937년 8월) 등을 통해 대일항전을 계속하였고, 임정의 직할대는 선전초모와 전지공작을 전개하였다. 그리고 광복군총사령부가 성립되고 초모공작이 활발하게 전개되자 광복군은 창설 1년 만에 창설 당시의 10배에 달하는 300여 명의 인원을 확보할 수 있었다. 그러나 인적 자원의 궁핍은 여전하였다. 이어 임정은 1941년 11월 건국강령을 공포하여 임정의 정치노선을 제시하고 '한국광복군 공약'과 '한국광복군 서약문'을 제정하여 광복군이 임정의 건국강령을 지키도록 하였다. 그리고 임정은 중국군사위원회가 일방적으로 통고한 '한국광복군 행동준승 9개항'을 수락하여 광복군의 공식적 활동이 가능토록 하는 길을 터야만 했다.

II. 광복군의 성립 의의

대한민국 임시정부의 국제적 지위와 활동은 대중관계와 임정 내부의 노선대립에 좌우되었다. 중국 정부는 임정의 무장투쟁에 대하여 소극적으로 지원하였으며, 임정 내부에서는 광복의 목표를 외교노선을 통해 성취하자는 파와 무장투쟁노선을 통해 성취하자는 파로 분열·대립함으로써 임정의 무장독립투쟁의 수행은 여의치 못하였다. 그러나 1931년 만주사변 이후 거점을 상실한 한인 무장투쟁가들이 점차 관내로 이동하여 상하이의 임시정부에 흡수되었고, 윤봉길 의거를 전후하여 고취된 항일투쟁의 분위기 속에서 한국의 독립운동계는 중국에 한·중합작(韓·中合作)을 제의하여 중국 각계로부터 지원을 받게 되었다.

임시정부 내부적으로는 한국독립당, 조선혁명당 등과 같은 비밀정당들이 조직되어 활동하다가 1935년 7월 4일 민족혁명당으로 통합되어 파벌대립을 지양하면서 점차 무장투쟁노선으로 귀일되어 갔다. 더욱이 1937년 7월 7일 노구교사건을 계기로 중·일전쟁이 전면적으로 확대되자 한·중 관계와 한 국무장투쟁이 새로운 국면에 접어들게 되었다. 우선 한·중 관계는 일제를 상대로 하여 임시정부와 중국 정부의 입장이 일치함으로써 양국 관계는 기 존의 소극적 협조로부터 적극적 협력관계로 발전되어 갔다. 다음으로 무장 투쟁과 관련하여 이전의 분산적이고 개별적인 항일전이 역효과를 가져왔음 을 자각하고 독립군부대의 통합운동을 추진해 왔던 연장선상에서 광복군의 창설에 착수하였다.

그런데 민족독립운동 진영에서는 정치적·군사적으로 단합과 통일의 필 요성이 절실히 요청되고 있었다. 정치적으로는 중국 국민당의 거두이며 정 부의 행정원장을 역임한 왕정위(汪精衛)가 피난 수도 중경을 탈출하여 일본 군 점령지구인 상하이에서 소위 국민당 제6차 전당대회를 개최하고 중경정 부의 항일정책에 대하여 반기를 들었을 뿐 아니라 1940년 3월 친일 괴뢰정 부를 세운 어처구니없는 사태가 야기되었다. 이에 충격을 받은 독립운동 진 영이 정치세력의 단합과 통일의 필요성이 절실히 요청됨에 따라 1940년 5 월 한국국민당, 한국독립당, 조선혁명당 등 3당이 합당하여 한국독립당을 결성하였다.[7]

군사적으로는 통합된 한국독립당의 당의(黨義)에 "우리의 국토와 주권을 완전히 광복하기 위한 국방군을 편성하기 위하여 국민 의무 병역을 실시하 고 장교 및 무장대오를 통일 훈련하여 광복군을 편성한다"고 강조하였다. 하지만 그동안 만주에서의 중요한 무장투쟁은 사실상 임정의 활동이었음에 도 임정의 군사활동은 임정의 물적 기반의 결여로 인해 간접적인 참여 형태 를 취할 수밖에 없는 상황으로 전개되어 왔다. 그러나 이제 한·중 합작이 추진되고 있는 상황하에서는 독립군단의 통합과 임정의 지도·통제를 보장 할 수 있는 군대를 창설해야 한다고 보고,[8] 임정의 기본 정당인 통합된 한

---

7) 이현희, 앞의 책, 343쪽.
8) 전쟁기념사업회, 앞의 책, 191쪽.

국독립당이 중심이 되어 광복군의 창설을 도모하였다.

중·일전쟁이 발발하자 임시정부에서는 대규모 군사단체의 양성을 계획 했었으나 중국군의 퇴각으로 무산된 데다가 임정 또한 진강(鎭江)·장사(長沙)·광주(廣州)·유주(柳州)를 거쳐 기강(碁江)에 정착할 때까지 자금의 부족으로 활동이 미미할 수밖에 없었다. 그러나 1938년 10월 10일 한구(漢口)에서 조선민족전선연맹(民線)이 김원봉을 중심으로 조선의용대를 조직한 데 대해 임정은 크게 자극을 받았다. 그러므로 조선의용대가 선전활동과 전투에 참여하여 혁혁한 전과를 올리자 임정은 정부 내에 참모부를 설치하고 군사특파단을 각지에 파견하는 한편, 1939년 10월 '한국청년전지공작대'를 30여 명의 대원으로 편성하여 산서성(山西省)으로 파견, 중국 유격대와 합류하여 정보수집, 초모공작, 적정탐색 등의 활동을 전개토록 하였다.

한편 1939년 중국 국민당 정부가 중경에 임시수도를 정하자 임시정부도 중경 근처 기강에 정착하여 난중의 혼란을 수습하고 광복군의 조직문제를 중국 정부와 협의하였다. 통합된 한국독립당은 광복군 창설 문제를 논의한 후 한국독립당 중앙집행위원장 김구의 이름으로 광복군 편성 계획서를 작성, 당(黨) 대 당의 협조 차원에서 중국국민당 위원장 장개석에게 제출하여 중국 정부의 양해와 협조를 구하였다. 그 이전 1940년 2월 하순 김구와 박찬익이 중국 외교부를 방문하여 광복군의 창설에 협조를 요청하여 중국 외교부로부터 호의적인 반응을 받은 바 있었는데, 이는 중국 측이 다소의 경비만 지원해 준다면 광복군이 중국의 항일구국전쟁에 일익을 담당해 줄 것이기 때문이었다. 그러나 실제로는 조선의용대를 지원하던 등걸 등 중국 측의 실무진이나 김원봉 일파의 반발이 적지 않았다.[9]

그러므로 ①한국독립당이 중심이 되어 진행하던 광복군 창설 문제는 임정의 주관으로 옮겨져 중국어에 능통한 박찬익과 군사위원 이청천, 이범석, 유동열, 김학규, 조경한 등으로 실무진을 구성하였고, ②중국 정부와의 교섭 편의를 도모하기 위해 1940년 7월 20일경 임정의 간부와 광복군성립준비단

---

9) 한용원, 앞의 글, 68쪽.

이 본부를 중경으로 이동하였다. 이 같은 조치는 광복군이 한국독립당의 무장군이 아니고 대한민국 임시정부의 정규 군대라는 명분을 내세울 수 있었을 뿐 아니라 중국의 거물 정객 서은증(徐恩曾)과 국민당 조직부장 주가화(朱家驊) 등과의 용이한 접촉을 통해 장개석 총통의 승인을 획득할 수 있었다.[10]

임시정부는 중국 정부로부터 1940년 8월 광복군 창설에 대한 동의를 받아 당시 임정의 주석 겸 광복군창설위원장 김구가 1940년 9월 15일 광복군 선언문을 발표하였다. 즉 "대한민국 임시정부는 대한민국 원년에 정부가 공포한 군사조직법에 의거하여 중화민국 총통 장개석 원수의 특별 허락으로 중화민국 영토 내에서 광복군을 조직하고 대한민국 22년 9월 17일 한국광복군총사령부를 창설함을 이에 선언한다." "한국광복군은 중화민국 국민과 합작하여 두 나라의 독립을 회복하고자 공동의 적인 일본 제국주의자들을 타도하기 위하여 연합군의 일원으로 항전을 계속한다." "우리들은 한·중연합전선에서 계속 부단한 투쟁을 감행하여 극동 및 아시아 인민 중에서 자유와 평등을 쟁취할 것을 약속한다"는 것이다.

이어서 9월 17일에는 중경의 가릉빈관에서 중국의 당·정·군의 대표와 외교사절 등 200여 명이 참석한 가운데 광복군총사령부 성립전례식을 갖고 이를 중외에 선포하였다. 임정은 광복군총사령부의 부서를 다음과 같이 선임하였다.

- **총사령**: 이청천(池大亨)
- **참모장**: 이범석
- **참 모**: 이복원, 김학규, 고운기, 유해준, 이준식
- **부관장**: 황학수
- **부 관**: 조시원, 조인제, 노복선, 고일오
- **주계장**: 조경한(안훈)
- **주 계**: 이달수, 왕중량, 민영구, 김의한, 전태산

10) 이현희, 「중경 임정과 한국광복군 연구」, 『軍史 제22호』(1991), 159쪽.

그리고 광복군의 임무로서는 ①우리들의 분산된 역량을 독립군으로 집중시켜 전면적인 조국광복전쟁을 전개하는 일, ②중국의 항전에 참가하여 중국항일군과 연합하여 왜적을 박멸하는 일, ③국내 민중의 무장반일운동을 적극적으로 지도하는 일, ④정치·경제·교육 등에 균등한 신민주국가를 건설하기 위한 무력적 기간을 키우는 일, ⑤화평 및 정의를 지지하는 세계 각 민족 및 인류를 저해하려는 사물을 일체 소탕하는 일이라고 하여11) 향후 그들의 진로를 명확히 설정하고 있었다. 나아가 광복군 성립 전례식(典禮式)을 계기로 임정은 「대한민국 임시정부 포고문」과 「한국광복군총사령부 성립보고서」를 채택했는데, 특히 후자에서는 일제 침략자에 의해 대한제국 국군이 강제 해산 당하던 순간 박승환 참령의 자결 총성을 신호로 하여 국군과 의병이 배합, 대일항전에 나섰음을 강조하면서 바로 이 날이 '독립전쟁 개시의 날이요 광복군 성립의 날'이라고 주장하였다.

그리고 광복군보고서는 "광복군이 실제로 1940년 9월 17일 창설되었지만 그보다 33년 전인 1907년 8월 1일 이미 창립된 것이며, 그 사이에 단 하루 단 한 해의 단절도 없었다"고 주장하여 한국의 군맥이 일제의 침략에 의해 단절되지 않았다는 민족사관을 천명하고, 그렇게 함으로써 군통(軍統)을 통해 국통(國統)을 연결시키고 국통을 통해 군통을 강화시킴으로써 임시정부와 광복군의 정통성(正統性)을 확립하고자 하였다. 다시 말하면 1910년 경술국치로 국권이 상실되었으나 1907년 정미항거로 군권이 유지됨으로써 국맥(國脈)이 연결되었고, 1919년 상하이에 임시정부가 수립되어 국내외의 무장항적군(武裝抗敵軍)을 개편, 광복군을 창설함으로써 국통을 통해 군통을 강화시킬 수 있게 되었다는 것이다.

일제의 기록에 의하면 1920년부터 1925년까지 우리의 독립군은 왜적과 3,934회의 교전을 벌였고, 1932년부터 1938년까지 34,179회의 교전을 벌였다고 한다. 그러므로 민족독립운동가들은 이러한 민족의 저력과 결의를 광복군의 성립을 계기로 한데 묶어 국내로 정진하여 국토를 완전히 수복하고

---

11) 김정명, 『한국독립운동 II』(동경 원서방, 1967), 740-741쪽.

통일독립을 성취하자고 다짐하였다. 그리고 임시정부의 중추세력인 한국독립당의 당의에 국토와 주권의 완전한 광복을 규정했을 뿐 아니라 동 당의 중앙집행위원회 선언에서 "광복군의 성립은 우리의 민족적 통일독립을 유감없이 실현할 것"이라고 강조하였다.[12] 따라서 독립운동가들은 우선 독립운동전선부터 통일시키기 위해 1942년 조선의용대를 광복군에 통합시키고 뒤이어 사회주의 단체들을 임정에 참여시켜 정치·군사적 통일부터 달성하였다.

III. 광복군성립보고서

태극기와 청천백일기가 교립(交立)되어 펄럭이는 가운데 광복군총사령부 성립 전례식이 거행되자 이를 계기로 총사령부 성립의 역사적 의의를 강조하면서 동포들의 성원과 분발을 촉구하는 '대한민국 임시정부 포고문'과 총사령부 성립의 경위, 의의, 전략, 전망 등을 알리는 '한국광복군총사령부 성립보고서'가 채택되었다. 우선 임시정부 국무위원 김구, 이시영, 조성환, 송병조, 홍진, 차이석, 조완구(趙琬九), 유동열, 조소앙, 이청천의 합동 명의로 발표된 대한민국 임시정부 포고문에서는 ①임정이 무장 동지들의 대립 상태를 융합하지 못했을 뿐 아니라 외국 영토에서 군사활동을 추진함에 있어 국제적 동정을 구하지 못한 책임을 통감하고 광복군 편성의 설계를 중국 정부에 제출하여 양해를 얻게 되었고, ②임정은 중국 정부에게 중국 영토에서 한국광복군의 대일항전 행동을 공인할 것과 우리 군대에 필요조건을 협조해 줄 것과 우리 군대와 중국 군대가 연합군의 형세에 따라 공동작전을 수행할 것 등을 요구하여 협조를 얻었다고 하였다.[13]

---

12) 삼균학회, 『소앙선생문집 (상)』(햇불사, 1979), 285쪽.

그리고 이제부터는 다음과 같은 '행동강령 5개항'을 실천할 것이라고 선언하였다.

- 한국광복군총사령부는 군대 편성과 사령의 임무를 이행하며 군력(軍力) 확충에 노력한다.
- 대외 행사는 연합군 군대와 병행하며, 상응 상조하는 신조를 유지하도록 노력한다.
- 각 군사운동 진선(陣線)에 있는 혁명동지와 그 부하 충용장사들로 하여금 광복군 기치하에서 군사통일을 도모하도록 노력해주기 바란다.
- 광복군은 정확한 전략으로 진용을 정비하고 최후의 승리를 담책(擔責)한다.
- 군비를 조달하고 외교와 선전으로 광복군의 위신을 향상하는 일체 행사는 임시정부가 담책한다.[14]

이처럼 중국의 임시수도 중경에서 한국광복군총사령부 성립 전례식이 거행되고, 광복군의 성립을 일반 국민과 충용장사들에게 고한 대한민국 임시정부 포고문 발표 소식이 국내에 전해지자 부산, 평양, 신의주, 원산, 함흥 등 여러 곳의 기독교인, 학생, 시민들이 전단을 살포하여 지지 시위운동이 전개되었고, 국외에서도 동북삼성 일대에 열광적인 지지 시위가 계속되었으며, 로스앤젤레스에서는 1940년 10월 20일 재미한족연합회 주최로 500여 명의 동포가 모여 축하식을 성대히 거행했을 뿐 아니라 국민회의 기관지 국민보에 광복군 지지 논설이 연속 게재되었다. 이는 임정이 광복군의 성립을 계기로 하여 33년간의 대일항전에 지친 국내외의 3천만 민중이 힘을 얻어 일제히 봉기, 일제와 투쟁하도록 촉구한 것과 상통한 것이었다.

또한 임정의 김구 주석과 조소앙 외무부장의 공동 명의로 된 광복군성립

13) 국사편찬위원회 편, 『한국독립운동사, 3권』(1967), 113쪽.
14) 육군본부, 『국군의 맥』, 324쪽.

보고서는 조소앙 부장이 초안한 것으로서 1940년 10월 15일 발표되었는데, 동 보고서의 내용을 요약하면 다음과 같다.[15)]

①5천 년의 역사를 가진 한국민족은 중화, 이집트, 그리스, 인디아와 함께 가장 오래된 문화민족의 하나로서 2,500만 인구와 84,000평방마일의 강토를 가져 전성시대에는 강병 100만을 두어 강폭한 이웃 민족의 침략을 몰아내고 독립국가를 유지해 왔으며, 특히 임진왜란과 병자호란의 두 전쟁을 치른 후로 민족정신이 고도로 발전되어 국방군을 강화시켜 왔다.

②그러나 18세기 하반기 이래 서세의 동점(東漸)으로 이웃 민족이 틈을 엿보는 가운데 내란이 자주 일어나 일·러전쟁이 끝나면서 체결한 포츠머스조약으로 한국이 희생되었는 바, 을사(1905) 경술(1910) 간에 수십 종의 망국 조약이 체결되어 우리 2,500만 민족이 일본의 노예가 되고 국방군은 해산되어 1910년 8월 29일 5천년 독립국가가 일본 제국주의의 식민지가 되고 말았다.

③1907년 이상설, 이위종(李瑋鍾), 이준(李儁)이 고종 황제의 밀명을 받고 화란의 만국평화회의에 참가하여 1905년의 보호조약의 무효를 선언하려 하자 통감 이토 히로부미는 황제를 협박하고 일본군 사령관 하세가와는 장령들을 소집, 1907년 8월 1일 국군을 해산시키자 시위대 제1연대 제1대대 대대장 박승환의 자결 총성이 선전포고의 나팔이 되어 국군과 의병은 배합하여 일제와 혈전을 벌여 10여 년간 우리의 남녀노유 50만이 죽고 적군 또한 무수히 섬멸되었다. 그러므로 '국방군 해산의 날이 곧 광복군 창립의 날'이 된 것이다.

④광복군이 5~6년간 국내에서 항전했지만 왜놈을 완전히 몰아낼 수 없어 광복군 대본영을 국외로 이전하여 상하이, 동북삼성, 해삼위, 호놀룰루, 샌프란시스코 등을 근거로 하여 미국, 러시아, 중국을 배경으로 군사와 외교활동을 전개해 왔으며, 동북삼성의 신흥학교와 호놀룰루의 병학교와 운남의 사관학교는 기미년(1919) 이전 한국광복군의 기간부대 양성소가 되어 왔다.

---

15) 삼균학회, 앞의 책, 283-287쪽.

⑤1919년 3월 1일 독립을 선포하고 4월 13일 대한민국 임시정부가 건립되자 임정은 국내외의 무장부대를 광복군으로 개편하기 위해 조례를 반포하고 총사령부를 설치했으며 동북삼성에 3대 군사기관으로 하여금 200만 교포를 통제하여 장정을 뽑고 군량을 모아 적과 맹렬히 싸우도록 하였다. 그러므로 왜총독은 한국에 주둔한 3개 사단의 병력으로 만주독립군을 대항할 수 없어 3개 사단을 증강시키고 경비선·교통망·포대와 보루 등을 확장하며 경찰과 밀탐 편의대를 총동원하여 정식 국가에 대한 전쟁과 다름없이 싸웠으나 적은 한 번도 승리하지 못했다. 이에 일제는 외교수단으로 우리 독립군을 이기고자 하여 1925년에 동북삼성 당국과 삼시협약(三矢協約)을 체결하였다. 당시 동북삼성은 중국 혁명정부의 세력 범위가 아니었기 때문에 한국독립군은 승인도 묵인도 하지 않았으며, 따라서 우리의 불굴의 용사와 애국지사를 꼼짝할 수없이 결박한 삼시협약을 일본은 동북삼성 당국과 체결한 것이다. 이 협약으로 인해 중국 당국은 반일하는 한인을 체포하여 일본 당국에 인계해야 하고, 품행이 단정하지 않은 한인도 체포·호송해야 했다. 그러나 독립군은 동족의 후원과 지세의 유리함을 활용하여 모든 전술을 유감없이 발휘해 왔으며, 1931년(만주사변) 이후로는 동북삼성의 한국군과 중화군이 서로 제휴하여 왜적을 무찔렀고, 아직도 백전불굴의 무장세력이 5~6만 명이나 있는데, 이는 대한민국 건국군이며 민족의 전위대이며 공동의 원수를 타도하는 한·중 양군의 선봉군이며 동아(東亞) 화평을 건설할 임무를 가진 기간부대이다.

⑥그러나 우리 군도 1개 민족 단위의 무장세력이므로 국제환경에 좌우될 수밖에 없어 근래 러시아와 일본이 타협할 시기에 우리 군대는 러시아 경내에서 활동하지 못했고, 동북삼성에서는 삼시협약으로 가지각색의 위협과 구박을 받아왔으며, 더욱이 무기와 군자금의 곤란이 심하였다. 하지만 구사일생의 희생적 정신으로 수만의 군사를 동원하여 왜적을 대파하기를 수십 년 간 계속했으니 약소민족의 운동사상 가장 영광스러운 사실이 아닐 수 없었다.

⑦신해혁명 이후로 한·중 양국이 제휴하였고, 특히 황포군관학교 교장 장개석은 한국 혁명청년들을 수용하여 많은 장재를 양성해 주었으며, 북벌

혁명(北伐革命)이 성공한 후 낙양군교에 한인특별반을 설치하여 청년장교를 길러주었는데, 이 소식을 듣고 동북삼성에 산재해 있던 우리 군대의 수령들이 관내로 모여들어 임정의 영도하에 군사기관을 설립하고 국내외 동지들에게 밀명을 놓아 총동원을 개시하게 되었다. 오늘날 장개석 총통이 "약소민족을 부조하라"는 손중산 선생의 유훈에 따라 중국 경내에서 우리 광복군의 편성과 활동을 허락하는 동시에 지방 당국에 우리 군대 활동의 편의 제공을 명령하였으니 이제 확실히 한·중 연합군의 성립이 시작되는 것이다. 대한민국 임시정부는 전에 규정된 광복군조례와 총사령부조직대강에 의해 금년(1940) 8월 4일 총사령부를 설치하고 그 전례를 9월 17일 거행하였다.

⑧우리의 광복군은 파괴와 건설의 임무가 있다. 한국 내에 있는 일제의 침략적 정치·군사·경제·문화·교통 등의 기구를 박멸해야 할 것이며, 국내의 봉건세력과 반혁명세력은 물론 왜적에게 아부한 악랄한 소인들을 숙청해야 할 것이고, 재래의 모든 악풍·오속을 타파해야 할 것이다. 그리고 대한민국의 건국 방침에 의해 정치·경제·교육의 균등제도(보통선거, 국유화, 의무교육)가 수립되어야 할 것이며, 민족과 민족, 국가와 국가 간의 평등한 지위도 실현되어야 할 것이고, 우리에게 평등 대우하는 자들과 더불어 세계 인류의 화평과 행복을 위해 협력을 촉진해야 할 것이다. 조국의 독립과 민족의 해방을 위하여 싸우려는 자와 공화국의 합리적인 사회를 건설하기 위하여 싸우려는 자는 모두 광복군의 깃발 아래로 모여 왜적을 섬멸하고 국가 기초를 영원무궁하게 세워야 할 것이다.

이상에서 살펴본 광복군성립보고서의 의의는[16] 첫째, 1907년 8월 1일 대한제국 국군 해산의 날이 바로 독립전쟁 개시의 날이요 광복군의 창립의 날이라고 보는 점이다. 이는 일제의 강압으로 비록 국권은 상실했지만 군권은 빼앗기지 않고 의병 → 독립군 → 광복군으로 군맥을 유지해 오면서 대일 항전을 계속해 왔다는 것이다.

---

16) 한용원, 「조소앙과 국군의 정통성」, 무오대한독립선언서 선포 제72주년 기념식 및 학술심포지엄 논문집(삼균학회, 1991), 31-32쪽.

둘째, 광복군이 실제로 1940년 창립되었지만 그보다 33년 전인 1907년에 이미 창립된 것이며, 그 사이에 단 하루 단 한 해의 단절(斷絶)도 없었다고 주장하는 점이다. 이는 군맥이 단절되면 곧 국맥이 단절되는 것인데, 일제의 침략에 의해 한국의 군맥이 단절되지 않았다는 민족사관을 천명한 것이었다고 할 것이다.

셋째, 광복군이 33년간 국내외에서 민족의 독립을 쟁취하기 위해 대일항쟁을 계속해온 전통을 부각시키고 있는 점이다. 즉 1907년부터 의병과 국군이 배합하여 조직된 광복군이 5~6년간 국내에서 혈전을 전개하다가 활동무대를 상하이, 동북삼성, 호놀룰루, 샌프란시스코 등지로 분산 이동하여 대일항전을 계속했으며, 대한독립선언 후에는 50여 개의 독립군단이 일제히 봉기하여 독립투쟁을 수행하였고, 1931년 만주사변 후에는 한국군과 중국군이 연합하여 대일항전을 전개해 왔었다는 것이다.

넷째, 광복군은 국토와 주권을 완전 광복하여 민주공화국을 건설해야 할 혁명군으로서의 소명(召命)이 주어졌다는 점이다. 즉 광복군은 파괴와 건설의 임무가 주어졌는데, 파괴 면에서는 ①일제의 각종 침략적 기구의 박멸, ②일제에 추수하는 세력의 숙청, ③재래의 악풍·오속의 타파 임무를 수행하고, 건설 면에서는 ①정치·경제·교육의 균등제도 수립, ②민족과 민족, 국가와 국가 간의 평등한 지위 실현, ③세계 인류의 화평과 행복을 위한 협력의 촉진 임무를 수행해야 한다는 것이다.

다섯째, 광복군이 직접 국토수복작전을 성공시킴으로써 승전 후 국토의 분할 문제가 제기되지 않도록 하려 했다는 점이다. 중국의 국민당과 공산당의 분열, 왕정위 괴뢰정부의 수립 등으로부터 교훈을 얻은 임정의 요인들은 이동녕의 유언에 따라 1940년 5월 민족계의 3개 당, 즉 이동녕의 한국국민당, 조소앙의 한국독립당, 이청천의 민족혁명당 등이 통합하여 한국독립당을 결성하였다. 나아가 임시의정원 의원 최동오와 이청천, 조경환 등은 전쟁에서 일본이 패망하고 한국이 해방될 것은 명약관화하지만 "우리가 군사 행동으로 우군들과 같이 피를 흘려 본토에 상륙하지 못한다면 어느 시기까지 주도권이 외군에게 있게 되어 분열될 소지가 있다"는 여론을 환기시켰다.

이에 임정의 요인들은 "광복군이 한국독립당의 무장군이 아니라 임시정부의 정규군으로 건설해야 한다"는 데 공감대를 형성하고, 광복군이 창설되자 1942년 조선의용대를 광복군에 편입시켰을 뿐 아니라 중국군과 행동준승 9개항 폐기 교섭에 진력하였다.

IV. 광복군 편제와 준승

'한국광복군 조직계획 대강'은 임정의 김구와 박찬익이 중국 외교부를 방문, 광복군 창설에 협조를 요청하자 중국 측의 요구로 중국 정부에 제출한 계획안이지만 이러한 조직계획에 따라 광복군이 편성되었을 뿐 아니라 이 계획에 대한 중국 측의 검토의견이 광복군의 활동을 제한하게 했다. 우선 한국 측이 제시한 조직계획의 대강은 다음과 같이 요약될 수 있을 것이다.[17]

(1) 임무: 한국광복군은 왜적을 토벌하는 한국인으로 구성된 정식적인 기간부대이다.

(2) 병력: 우선 1개 사단을 표준으로 삼는다.

(3) 예속: 한국광복군총사령부에서 직접 관할하며, 중국 군사의 최고 영수는 한·중 연합군 총사령관의 자격으로 이들을 통솔·지휘한다.

(4) 편제: ①사령부는 사령부 편제를 기준으로 하는 외에 정치, 특무의 2개 부를 설치하여 선전, 조직, 징모, 정보 및 파괴 등의 공작을 담당케 한다. ②부대 편제는 독립작전상 기동력이 풍부한 소단위제를 채용하여 혼성 여단을 최고 단위로 삼는다. ③편제의 순서는 먼저 상층 조직에서부터 착수한다.

---

17) 국가보훈처 편, 『독립운동사 제6권』, 658-665쪽.

(5) 징모 방법: 동북방면으로부터 입관(入關)해서 화북 각지에 나뉘어 있는 한국독립군의 옛 군대 중에서 모집하고, 윤함구(적의 점령하에 있는 지역) 내에 흩어져 사는 한인 장정들을 모조리 모집한다.

(6) 훈련 방법 및 장소: 군사훈련은 물론 특종기술 및 특무공작을 훈련하되, 먼저 서안과 낙양에서 한다.

(7) 활동 구역: 우선 기주, 섬주, 예주, 노, 진 및 동북지방의 네 성으로 정하여 그곳을 주요한 활동구역으로 삼는다.

(8) 동북방면의 한인 무장대오에 대한 처리 방법: ①조선혁명군을 모두 개편해서 한국광복군으로 만들고, ②한국인 적색 군대까지도 한국광복군의 기치 밑에 편입시켜 최소한의 광복군의 작전 방침하에 일치된 행동을 취하게 하며, ③적군의 세력하에 있는 한국인 무장자경대를 기회를 보아 우리 편에 돌아오도록 유도한다.

(9) 속성(速成) 방법과 선전요령: ①현재 관내 각 지방·각 기관에 복무하고 있는 군관들을 소집하여 최단 시간 내에 필요한 훈련을 실시하고, 이를 기본으로 삼아 중국과 한국의 사병들을 소집하여 우선 1개 연대 내지 1개 여단을 편성하며, ②대오가 편성되면 신문·방송 기자들을 초청, 열병식을 거행함으로써 한국인들의 적개심을 고취시키고 적들의 간담을 서늘케 하여 적진에 있는 한국인의 귀순을 촉구하고 적군에게 염전사상을 고취시킨다.

(10) 특무기관의 설치 및 공작: ①광복군총사령부 내에 특무부를 설치하고 그 직할하에 특무대를 설치하며, ②특무대가 선전, 조직, 모집, 정찰, 선동, 파괴 등 공작을 실행케 한다.

(11) **총동원 방략**: ①한국에 있는 전 민중을 총동원시킬 준비 공작을 실행하고, ②동북지방에 있는 300만 명의 교민은 지방예비대에 편성했다가 기회가 도래하면 강력한 광복군으로 개편한다. ③그리고 기존의 한인무장 부대는 새로이 조직·훈련시킨다.

(12) 요구사항: ①광복군의 창설을 속히 승인함은 물론 한·중의 장정을 혼성 편성할 수 있게 해주고, ②준비 비용 50만 원을 지원해주며, 매

월 갑종사단의 경비를 지원해 달라.

이러한 임시정부 측의 계획에 대해 중국 정부 측은 1940년 6월경 다음과
같은 검토의견을 임정에 제시해 왔다.[18]

(1) 광복군의 조직·훈련 계획: 한국독립당 내의 공작가능 인사는 60여 명에
   불과하므로 계획의 실행이 어려울 뿐 아니라 계획 예정 병력 1개 사
   단은 너무 많다.
(2) 예속: 중국의 영수는 한·중 연합군 총사령으로 지휘할 시간이 없을
   뿐 아니라 한·중의 지위가 같지 않으므로 광복군은 마땅히 중국군사
   위원회에 예속시켜야 한다. 또한 광복군이 각지에 파견된다 하더라
   도 그들은 그 지역의 중국 고급군사장관의 통제를 받아야 한다.
(3) 지원사항: 중앙에서의 보조 경비는 현재 있는 인원을 참작하여 조선의
   용대의 경우와 마찬가지로 훈련·생활비 등을 계산해 주고, 병력이
   확충되었을 때에는 예산을 점차 증가시킨다.
(4) 편제: 현재 인원이 많지 않으므로 일반 군대처럼 편제하면 병력을 분배
   하기가 어렵다. 그러므로 독립자존성을 유지해야 할 것이며, 기구는
   너무 복잡하게 하지 말아야 할 것이다. 따라서 중앙에 참모조, 정치
   조, 군법조, 총무조, 특무조로 편성하고 후방에 제1종대, 제2종대, 제
   3종대 하는 식으로 편성하여 중국의 연락참모 또는 정치지도위원이
   장악할 수 있게 해야 한다.
(5) 속성 방법 및 위력선전: 중국의 사병으로 한국군을 채우면 그 세력은
   커질 것이지만 폐단이 있으니 주의해야 할 것이며, 위력선전도 곤란
   하다.

이상과 같이 중국의 검토의견은 임정이 제시한 계획과 큰 차이가 있는

---

18) 국가보훈처 편, 앞의 책, 656-658쪽.

것이었다. 중국은 광복군의 창설을 지원은 해주되, 광복군을 중국군사위원회에 예속시키려고 했고, 편제에 있어 중국의 연락참모나 정치지도위원이 종대를 장악토록 했으며, 이러한 인식이 '한국광복군 행동준승 9개항'을 만들게 하였다.19) 임정은 광복군을 창설할 비용도 인력도 제한된 가운데 중국 정부로부터 1940년 8월 초 광복군 창설에 대한 동의를 받아 창군을 추진했으나 징모 대상자의 발굴이 어려워 부대 증편이 지연되었고, 중국의 군원과

〈도표 17〉 임정 및 광복군의 부서 편성(1940.11.1. 현재)

구분	직책 및 성명
국무위원회 (주석, 국무위원 및 부서장)	• 주　석: 김 구 • 국무위원: 이시영, 조소앙, 조완구, 조성환, 차이석, 　　　　　　송병조, 박찬익 • 내무부장: 조완구 • 외무부장: 조소앙 • 군무부장: 조성환 • 법무부장: 박찬익 • 재무부장: 이시영　• 비 서 장: 차이석 • 감사원장: 이상만　• 참모총장: 유동열
통수부 (주석 및 막료)	• 주　석: 김 구 • 막　료 · 참모총장: 유동열 　　　　　 · 군무부장: 조성환 　　　　　 · 내무부장: 조완구
광복군총사령부 (간부진)	• 총 사 령: 이청천 • 참 모 장: 이범석 • 총무처장: 최용덕 • 참모처장: 채원개 • 부관처장: 황학수 • 경리처장: 조경환(안훈, 정훈처장 겸임) • 편련처장: 송호성 • 군의처장: 유진동

자료: 육군본부, 『국군의 맥』(1992), 339쪽.

---

19) 국사편찬위원회, 『한국독립운동사, 자료 I 』(탐구당, 1970), 251-252쪽.

재정원조에 의존함으로써 중국군에 예속되어 작전지휘를 받아야 했으며, 1945년 4월 4일에 가서야 이 같은 굴레를 벗어날 수가 있었다.

그런데 광복군 창설 당시 임시정부는 개헌을 단행, 국무령제를 폐지하고 주석제를 채택하여 김구를 주석, 이시영·조소앙·조완구 등을 국무위원으로 선출했으며, 곧이어(1940.11.1) '대한민국 임시정부 임시통수부관제'를 제정·공포하고 〈도표 17〉과 같이 통수부(대원수부)를 설치하였다. 통수부 주석은 임시정부 주석 김구이고, 막료로는 참모총장 유동열, 군무부장 조성환, 내무부장 조완구였다. 그리고 광복군총사령부는 '당면 전략'으로 ①군의 경비 및 기재 장비는 외국 원조로 충당한다. ②군사간부를 단기 훈련으로 대량 양성하는 한편, 국내·만주·남북 중국에 요원을 파견하여 동포 사병을 소집·훈련한다. ③군 창립 1개년 후에는 최소한 3개 사단을 편성하여 중·미·영 등 연합군에 교전단체(交戰團體)로 참가하여 전투를 전개한다. ④한편 선전전을 실시하여 밖으로 종전의 투쟁역사와 현재의 분투상황을 소개하는 동시에 우리 민족의 독립 자격이 충분함을 천명 선양하여 안으로는 적 후방의 동포를 고무 격동하여 총궐기하게 한다는 등 4개 항을 선택하였다.

하지만 임정과 광복군은 재정적 문제로 인해 그 활동이 제한되어 왔다. 중국의 원조가 본격적으로 시작된 1941년 12월 이전의 임정의 재원은 미주와 하와이, 멕시코 교포의 인구세, 애국금, 혈성금에 의존하였고, 그나마 임정의 피난시(1932~1940)에 이 자금은 임정요원의 구급비로 충당되어 광복군의 창설에 사용되지 못했다. 더욱이 미주지역연합회와 이승만 계열의 국민회 간의 분열·대립으로 인해 미주에서는 독립금 명목으로 매월 1,500원 수준 밖에 보내오지 않았다. 그러므로 1940년 9월부터 1941년 11월까지는 광복군 성립 전례식 때 미주와 하와이 동포가 보내준 4만 원과 송미령 여사가 보내준 10만 원으로 지탱하였다.[20] 이 같은 상황에서 중국군사위원회는 광복군이 동 회의 지휘를 받도록 하기 위해 각 전구사령관에게 전선에서 공작하고 있는 한국광복군을 지원해주지 말라고 시달까지 하였다. 그러므로

---

20) 육군본부, 『국군의 맥』, 344쪽.

임시정부는 1941년 11월 11일 국무회의를 통해 광복군의 통수권을 중국 정부에 이양하도록 중국군사위원회가 강요한 '한국광복군 행동준승 9개항'을 승인하기에 이르렀고, 이를 승인하자 중국 정부는 1941년 12월 26일 임정에 매월 6만 원을 원조하였고, 그 액수가 인플레이션으로 인해 해마다 증가되어 1944년 9월에는 월 100만 원에 달하게 되었다.

한국광복군 행동준승 9개항의 요지를 살펴보면,[21] ①한국광복군은 중국의 항일작전 기간 동안 본회(중국군사위원회)에 직접 예속되어 참모총장이 장악·운영한다. ②한국광복군은 본회에서 통할·지휘하되, 중국이 계속 항전하는 기간과 임시정부가 한국 국경까지 진출하기 이전에는 중국최고통수부의 군령을 접수해야 한다. ③본회에서 광복군을 원조하여 한국 변경에 근접한 지역에서 활동할 경우 중국의 항전공작과 배합시킴을 원칙으로 한다. ④전 구 제일선 후방에서 활동 시 임의로 부대를 드나드는 활동은 금지한다. ⑤광복군총사령부 소재지는 본회(군사위원회)에서 지정한다. ⑥광복군이 윤도구(적이 작전하는 지역)에 있거나 전구 후방에 있을 때를 막론하고 중국 국적의 사병을 초모하거나 행정관리를 설복하는 것은 금지한다. ⑦아군의 지휘명령 등에 관한 일은 본회에서 지정한 관공청 군사처에서 접수 및 복명해야 한다. ⑧중·일전쟁이 결말되기 이전에 임시정부가 한국 경내에 추진했을 경우에도 본회의 군령을 계속 접수하여 배합작전을 해야 한다. ⑨중·일전쟁 결말 시에도 임시정부가 한국 지경에 정진하지 못했을 경우 향후 광복군을 여하히 운영할 것인가를 본회가 결정한다는 것이다.

이상과 같이 '준승'에 의하면 광복군총사령부가 중국군사위원회에 예속되어 인사·경리·훈련·공작 등 일체의 군사사항에 관하여 중국군의 명령 내지 준허를 받도록 되어 있기 때문에 한국광복군은 중국군에 직속할 뿐 아니라 임시정부와의 관계는 명의 관계를 유지하는 데 불과한 존재로 전락하게 되었다. 이는 곧 광복군이 한국의 독립군이 아니라 중국군의 보조·고용군이 되는 것을 의미하는 것이며, 더욱이 '준승' 8·9항에 의해 광복군은 중국

---

21) 국사편찬위원회, 앞의 책, 251-252쪽.

영토 내에서뿐만 아니라 한국 내지에 진공(進攻)하였을 때에도 중국군사령부의 명령계통에 복종해야 하는 것이었다. 이후 중국군사위원회는 장교를 광복군에 파견하여 광복군의 활동을 간섭·규제하였다.[22]

그러나 임시정부와 광복군은 이에 좌절하지 않고 '한국광복군 공약'과 '한국광복군 서약'을 만들어 내부적으로 이에 대응하였다.[23] 한국광복군 공약은 전 4조로 구성되어 있는데, ①제1조: 무장적 행동으로 적의 침탈세력을 박멸하려는 한국 남녀는 그 주의·사상의 여하를 막론하고 한국광복군의 군인 될 의무와 권리가 있다. ②제2조: 한국광복군의 군인된 자는 대한민국 건국강령(建國綱領)과 한국광복군 지도정신에 위배되는 주의를 군 내외에 선전하고 조직할 수 없다. ③제3조: 대한민국의 건국강령과 한국광복군 지도정신에 부합되는 당의·당강·당책을 가진 당은 군내에 선전하고 조직할 수 있다. ④제4조: 한국광복군의 정신과 행동을 통일하기 위하여 군내에 일종 이상의 정치조직을 만드는 것을 금지한다는 등이다.

그리고 '한국광복군 서약'은 총 5개 항으로 구성되어 있는데, "다음 각 항을 준수하고 만일 배서(背誓)하는 행위가 있으면 군의 엄중한 처분을 감수할 것을 이에 선서한다"고 맹세하면서 "①한국광복군을 위하여 헌신하고 일체를 희생한다. ②대한민국의 건국강령을 절실히 추행(追行)한다. ③임시정부를 적극 옹호하고 법령을 절대 준수한다. ④광복군 공약과 기율을 엄수하고 장관의 명령에 절대 복종한다. ⑤건국강령과 지도정신에 위배되는 선전이나 정치조직을 군 내외에서 행하지 않는다"고 서약하였다.[24] 이상으로 미루어 보아 임시정부는 광복군을 대한민국의 건국강령을 이념으로 하는 정부의 군대로 육성시키려는 확고한 결의를 보였다. 더욱이 군무부는 광복군의 난항을 타개하기 위한 가장 현실적인 방안이 준승의 폐기라고 보고 중국과 준승의 폐기 문제를 교섭했으나 성과 없이 끝나고 말았다.

---

22) 육군본부, 『국군의 맥』, 345-346쪽.
23) 국사편찬위원회, 『한국독립운동사, 자료 I 』, 456-457쪽.
24) 육군본부, 앞의 책, 246-247쪽.

그러나 1943년 10월 이복원(李復源) 의원 등이 '광복군 9개 준승 취소 재교섭안'을 제의함에 따라 12월 8일 임시의정원은 준승개정에 관한 제의안을 가결했으나 임정의 준승 폐기 교섭은 1944년 8월 중국 군무부장 하응흠(何應欽)이 '폐기 용의' 공한을 임정에 보내올 때까지 아무런 진전이 없었다. 중국 정부는 대한민국 임정이 1943년 초부터 미국정보전략처(OSS)와 군사합작을 꾀하는 등 미국, 영국, 소련 등 연합국과 군수 및 경비의 차관 문제와 특수 군사교육에 관한 문제를 활발히 교섭하고 있는 상황에서 더 이상 준승을 강요할 수 없음을 인식하지 않을 수 없었으며, 따라서 준승의 폐기 용의를 표명하기에 이르렀다.

하응흠 부장의 공한 이후 임정은 중국과 오랜 교섭 끝에 1945년 4월 4일 「관어 한국광복군 중한양방상정판법」을 통과시켰는데, 그 요지에 의하면[25] ①한국광복군은 한국 임시정부에 소속하고 조국의 광복을 목적으로 한다. ②한국광복군이 중국 국경 내에서 작전행동을 할 때에는 중국 최고통수의 지휘를 받는다. ③한국광복군이 필요로 하는 일체의 군비(軍備)는 차관 형식으로 중국이 한국 임시정부에 제공한다는 등을 협정한 것이었다. 신군사협정은 광복군의 독립성을 상당히 보장해 주었으며, 특히 중국의 통수권을 광복군이 중국의 국경 내에서 작전할 때로 한정하여 광복군이 국내 정진 시에는 독자성을 보장해 주었고, 또한 광복군에 대한 중국의 원조를 임정을 거쳐 전달하고 원조를 차관 형식으로 대체함으로써 임정의 국제적 위신을 제고시켜 주었다.

그러나 이러한 신협정 성립의 이면에는 결함이 내포되어 있었다. 첫째, 신협정으로 인해 광복군의 대중(對中) 의존도가 한층 심화되었다는 점이다. 즉 중국의 원조에만 의존해 오던 광복군의 성격이 신협정으로 인해 그대로 성문화되어 광복군의 대중 의존도가 한층 심화·고정되었다. 둘째, 신협정이 광복되기 4개월 전에 체결됨으로써 광복군의 기본전략 수행에 큰 차질을 초래케 했다는 점이다. 즉 신협정이 광복을 불과 4개월 앞두고 성립되어

---

25) 국사편찬위원회, 『한국독립운동사, 자료 I』, 478쪽.

광복군의 기본전략이 국내 진입을 위한 조건을 확보하고 성장해 나가기에는 때가 너무 늦었던 것이다. 하지만 광복군이 제 기능을 발휘하지 못한 것은 '준승' 때문이라기보다는 광복군 자체가 미미한 중국의 경상비 원조에 의존한 채 취약한 민중적 기반 위에 있었기 때문이었다.

V. 광복군의 활동

1. 청년공작대 조직과 활동

1937년 중·일전쟁이 발발한 직후로부터 1945년 8·15광복에 이르기까지 광복군의 주요 활동은 ①청년공작대 조직과 활동, ②대일 선전포고와 군사활동, ③인도 및 버마 파병, ④특수훈련과 국내정진계획, ⑤10개 사단 편성 추진과 복원 선언 순으로 전개되었다. 중·일전쟁 발발 직후 임정의 우익 9개 정당 단체가 연합하여 남경에서 '한국광복진선'을 결성하자 좌익 정당 단체가 1937년 12월 무한에서 '조선민족전선연맹'을 조직하여 광복진선(光線)의 민족진영 결집 노력을 방해하였다. 김원봉은 조선의용대의 결성을 중국 정부에 신청하여 1938년 10월 초 장개석 총통의 재가를 받자 10월 10일 한구에서 석정, 박효삼 등과 더불어 조선의용대를 조직하였다.[26]

조선의용대는 성립 선언을 통해 "우리의 진정한 적(敵) 일본제국을 타도하고 동서의 영원한 평화를 완성한다"고 표방하고, 공작 방침으로 ①대원의 다수를 만주에 밀파하여 밀산현 본거로 동지를 규합, 일·만군의 후방 교란에 전력을 경주하며, ②만주에의 밀파가 경비 및 교통 문제로 불가능할 경우에는 중국군 선봉부대 직후에 진출하여 중국군의 원조 공작을 담당하고,

---

26) 이현희, 앞의 글(중경 임정과 한국광복군 연구), 154쪽.

③중국군의 원조 공작이 효과가 없을 경우에는 희생을 각오하고 상하이·천진·북경 등 요지는 물론 일본·조선·대만·만주 등지에 정예대원을 밀파하여 적극적인 테러활동을 전개키로 하였다.[27]

그러나 조선의용대는 중국 정치부의 영도하에 ①중국어, 일본어, 한글로 선전 간행물을 발간하였고, ②중국군과 연합, 전선에서 확성기 방송과 전단 살포를 통해 심리전을 전개했으며, ③일본군 점령지역 내의 정보 수집은 물론 일선 부대에 대해 첩보 수집 활동을 전개하였고, ④철도를 파괴하여 일본군의 병참선을 차단키도 하였다. 그리고 조선의용대에는 석정(石正)과 같은 좌익 인사도 있었지만 박찬익과 같은 우익 인사도 있었으며, 따라서 1940년 9월 17일 대한민국 임시정부에 광복군이 창설되자 이들 중 상당수가 광복군에 참여하였다. 더욱이 조선의용대는 임시정부와 중국 정부의 정치적 배려에 따라 1942년 4월 20일 광복군에 편입되어 제1지대로 활약하였다.

한편 광선(光線) 측에서는 1938년 말 유주에서 청년공작대를 조직하였는데, 이를 모체로 1939년 10월 중경에서 '한국청년전지공작대'가 결성되어 서안(西安)을 무대로 정치공작을 전개하였고, 1940년 9월 이들을 모체로 광복군이 편성되었다. 그리고 임시정부에서는 대일항전 체제를 갖추어 나갔는데, 1939년 정부 내에 참모부를 설치하고 연락 및 초모를 위한 군사특파단을 각지에 파견키로 결정하여 1939년 10월 1일 군사특파단을 서안에 파견하였다. 동 단은 단장 조성환, 부단장 황학수, 단원 왕중량·이웅 등으로 구성하여 광복군 창설을 위한 초모활동에 중점을 두었다.

1938년 11월 30일 유주로 이동한 광선 측에서는 민선(民線) 측의 조선의용대와 성격이 유사한 '한국광복진선 청년공작대'를 조직했는데, 동 대에는 박영준(朴英俊), 이재현, 이달수, 신준호, 노복선, 민영주, 이준식 등 70여 명의 청년남녀가 참여하였다.[28] 그러나 임정이 유주에서 6개월 밖에 체류

---

27) 김정명, 앞의 책, 652쪽.
28) 이현희, 앞의 글, 149쪽.

하지 못했기 때문에 광선의 청년공작대는 특별한 활동을 하지 못하고 기강으로 이동하였다. 그러나 기강에서 임정이 전술한 바와 같이 참모부를 설치하고 군사특파단을 파견하여 대일 항전체제를 강화시키자 1939년 10월 중경에서 '한국청년전지공작대'가 결성되었다. 이는 그동안 정부가 여러 가지 항전계획을 수립했으나 그것은 어디까지나 계획일 뿐 실제적인 항일 전투활동이 자꾸 늦어만 가게 되니 혈기왕성한 청년들이 자발적으로 공작대를 결성, 전선에 나가 대일항전에 참가하려고 한 것이었다.

30여 명 규모로 출범한 이 공작대에는 중국중앙군사학교를 졸업한 장교가 12명이나 되었으며, 그 외의 대원들도 상당한 교육을 받은 자들로서 중국의 군사기관에서 복무하였거나 상하이, 만주 등지에서 독립운동에 종사하고 있던 청년지사들이었다. 동 공작대는 기관지인 『한국청년』의 발간사를 통해 "한·중의 공동의 적 일제를 타도하지 않으면 세계평화도 이룩될 수 없다"고 전제하고, "중·일전쟁의 중국 승리가 우리민족 광복의 시초다"라고 강조, 중국의 항일전이 곧 우리의 독립전쟁이라고 자각하고, "중국에 흩어져 있는 한국 청년들을 총집결하여 중국의 항일전을 돕는 한편 한국의 무장부대를 편성하여 조국의 해방과 독립을 쟁취하는 기초를 확립한다"는 결의를 천명하였다. 동 대의 주요 간부진은 다음과 같이 편성되었다.

- 대   장: 나월환(羅月煥)
- 부 대 장: 김동수(金東洙)
- 군사조장: 박기성(朴基成)
- 정훈조장: 이하유(李何有)
- 예술조장: 한형석(韓亨錫)
- 공작조장: 이재현(李在賢)

동 공작대는 편성과 동시 1939년 10월 하순경 중경 대양자 청년회관에서 일선 장병들의 피복 보급을 위한 전투극의 공연을 통해 기금을 마련하고, 그 해 가을 서안으로 이동하여 전지공작을 개시하였다. 전지공작대는 전방공작활동뿐 아니라 후방에서 군·민 위문공연을 수시로 개최하였고, 공연을 통해 모금한 성금을 중국군의 피복 구입비로 제공함으로써 중국군 유격대의 환심을 사게 되어 초모공작이 성공할 수 있었으며, 초모를 통해 병력이 증가되자 중국군 유격대와 합세하여 일본군 주둔지를 공격하여 산서, 하남, 하북 3성(省)의 일본군에게 타격을 주었다. 그리고 임정은 광복군총사령부를 창설하고 청년남녀를 충원시킴으로써 1년이 경과된 1941년 9월에는 300여 명의 병력을 확보하여 활동할 태세를 갖추었다. 그런데 여군의 충원문제는 광복군 성립 전례식장에 임정 요인의 가족으로 구성된 김정숙(김준봉의 딸), 지복영(지청천의 딸), 신준호(신건식의 딸), 민영주(민영구의 딸) 등 여군을 참여시킴으로써 이미 예고되었다고 할 수 있을 것이다.

2. 대일 선전포고와 군사활동

1941년 12월 8일 일본군이 진주만을 기습하자 임정은 12월 9일 대일 선전성명서를 발표했는데, 그 주요 요지는[29] ①한국 인민은 이미 반침략전선에 참가했으니 한 개의 전투단위로서 추축국에 선전한다. ②1910년의 합병조약 및 일제의 불평등조약의 무효를 선언한다. ③한·중과 서태평양으로부터 왜구를 완전히 구축하기 위하여 혈전한다. ④일본세력하에서 조성된 장춘과 남경 정권을 승인하지 않는다는 것이다. 대일 선전포고로 광복군의 군사활동이 중요시되자 임정은 1942년 2월에 김학규를 단장으로 하는 새 특파단을 조직하여 장차 제3지대의 편성을 전제로 안휘성에 파견, 적 후방 깊숙이 징집·선전공작을 전개하였다. 그러나 아직까지도 광복군은 정규군으로 무장투쟁을 수행하기에는 작은 규모의 군대였을 뿐 아니라 '준승'으로 인해 독자성마저 보장되지 못하고 있었다.

이에 1943년 10월 9일 이청천, 김원봉(김약산), 이복원 등 3인은 '군사정

29) 삼균학회, 『소앙선생문집 (상)』, 265-266쪽.

책에 관한 제언'을 했는데, 동 제안에서 광복군 병력의 표준을 30만 명으로 정하고 이를 편성·훈련하기 위한 공작으로서[30] ①황하 이북의 제1지대 박효삼 부대의 개편, ②만주에 있는 한인 무장대에 대표의 파견, ③국내·만주·일본에 공작원을 밀파하여 민중 조직, ④중·영·미·소에 군사대표를 파견해 군비문제 교섭, ⑤재미대표단을 확대 조직하되 각 파의 유력 활동 인물을 망라, ⑥모스크바에 정부 대표단을 파견하여 대표단을 조직하고 군대 양성을 교섭, ⑦군사간부 훈련을 위해 동맹국의 각종 군사학교 활용, ⑧영·미·소 등 동맹국에 대해 상당한 액수의 군사비 차관 교섭 등을 제안하였다. 이러한 제안은 중국 일변도의 군원 확보와 간섭 정책에서 벗어날 수는 있겠으나 중국과 만주에서 활약하던 연안파의 조선혁명군과 장백산 일대의 소규모 무장대는 중공과 소련의 후원을 받고 있었기 때문에 광복군과의 연계 가능성이 희박한 문제점을 안고 있었다.

그러므로 군무부가 1944년 4월 입안한 '군무부 공작계획 대강'에서는 ①외국에 산재하여 활동하고 있는 무장대오를 임정의 통일적 지휘 하에 두기로 할 것, ②광복군 행동준승 9개항을 취소하고 신군사협정을 체결할 것, ③동맹국의 각 전선에 가능한 한 우리 대표 및 공작원을 파견하여 배합작전을 위한 연락을 취함과 동시에 포로가 된 한적장병의 인도 교섭을 할 것, ④군사 정보 및 정치·경제 정보를 수집하여 군사공작에 참고할 것, ⑤단기 훈련반을 설치하여 초급 군사간부를 양성함과 동시에 우수한 인재를 동맹국의 군사학교에 유학케 할 것, ⑥공작원을 국내 및 적 점령구역에 파견하여 병원을 초모케 할 것 등을 제시하였다.[31] 이처럼 임정은 해외 항일무장세력의 통합 지휘를 꾀했을 뿐 아니라 중국 이외의 동맹국과도 배합작전을 꾀하였다.

그리고 1942년 임정이 조선의용대를 광복군에 편입시킴으로써 군사통일의 실현은 물론 정치통일을 실현하게 되었고, 임정의 민족연합정부로서의

---

30) 국가보훈처 편, 『독립운동사 제4권(임시정부사)』(1975), 949-950쪽.
31) 국사편찬위원회, 『대한민국 임시정부 의정원 문서』(1974), 855-856쪽.

개편과 통일을 가져오게 되었다. 그러나 이 무렵 연안의 팔로군에서 활약하던 무정(武亭)이 '조선의용군'을 조직하자 광복군에 편입되었던 조선의용대의 일부 병력이 광복군을 이탈, 조선의용군에 가담하게 되었다. 무정은 1941년 1월 '화북조선청년연맹회'를 조직하고, 동년 7월 '조선의용대 화북지대(支隊)'를 조직했다가 1942년 8월 화북조선청년연맹회를 '조선독립동맹'으로, 조선의용대 화북지대를 '조선의용군'으로 각각 개칭하였다. 이렇게 되자 광복군 제1지대에 편입되었던 석정을 비롯한 전 조선의용대의 일부가 광복군을 이탈, 화북으로 가서 조선의용군에 가담하였고, 따라서 임정은 1944년 3월 제1지대를 정화·개편하고 지대장에 송호성(宋虎聲)을 임명하였다.

3. 인도 및 버마 파병

한편 태평양전쟁이 연합군 측에 불리하게 전개되면서 일본군이 동남아지역으로 침투하여 버마가 일본군의 침공을 받고 인도까지 침공할 가능성이 짙어지자 인도 주둔 영국군은 버마로 진출하여 일본군을 인도지나반도에서 격퇴시킬 작전을 계획하였고, 이 작전에 중국전선에서 대적 심리전에 큰 성과를 올린 한국광복군을 활용키로 하였다. 그러므로 이제 광복군의 인도 및 버마 파병에 관해 논의하고자 한다. 인도 주둔 영국군사령부는 주중국 영국대사관 무관을 통하여 대한민국 임시정부에 한·영군의 합작교섭을 벌여왔다. 이에 임정의 김구 주석은 안우생 비서에게 교섭을 하게 한 결과 1943년 6월 한국광복군 총사령관 이청천 장군과 영국군 동남아전구총사령부 대표 콜린 맥켄지(Colin Mackengie) 사이에 전문 12조의 한·영 군사상호협정이 체결되었다.[32]

동 협정서에 의하면 ①임정은 영국과 합작하여 광복군 공작대를 주인도

---

32) 김승학, 『한국독립사 (상)』(통일문제연구회, 1972), 303-304쪽.

영국군에 파견하고, ②공작대는 대장을 포함 10명 내지 25명으로 하고 영국
군과 동일한 군복을 착용하며, ③공작전은 영국군의 대일작전에 호응하여
대적선전 및 노획한 적 문서의 번역을 포함하고, ④공작대의 복무기간은 6
개월로 정하고 쌍방의 합의에 의해 연장할 수 있다는 것이다. 이 같은 협정
이 체결되자 광복군총사령부에서는 영어와 일어에 능통하고 신체조건이 적
합한 인원을 각 지대에서 선발하여 한지성(韓志成) 등 10명으로 구성된 '한
국광복군 인면지구공작대'를 다음과 같이 편성하였다.[33] 그리고 중국 정부
의 협조를 얻어 3주간에 걸친 군사교육을 수료한 후 1943년 8월 캘커타에
있는 영국군동남아전구사령부 GSIK 부대에 배속되었으며, 영국군으로부터
1개월간의 기술교육을 받고 임무를 수행하였다.

- 대　장: 한지성(韓志成)
- 부대장: 문응국(文應國)
- 대　원: 송　철(宋　哲), 박영진(朴永晋), 김상준(金尙俊)
　　　　　 나동규(羅東奎), 김성호(金成浩), 최봉진(崔俸鎭)
　　　　　 박영수(朴英秀), 안원생(安原生)

　한국광복군 인면지구공작대는 처음에 전단 작성, 대적 방송, 적 문서 번
역, 포로 심문 등을 담당했는데, 심리전이 효과가 있어 일본군 기무라 소위
등 27명이 귀순해 왔다. 그 후 1943년 12월 최전방 임펄(Imphal)에 도착한
공작대는 3방면에 각각 분산 배치되어 임무를 수행했는데, 그중 1944년 1월
티딤(Tidim) 지역에서 대적 선무공작과 적정 탐색전을 전개하던 문응국 팀
은 영국군 제17사단이 일본군 제33군에 완전 포위되어 위기에 처하자 일본
군으로부터 중요 문서를 노획하고 이를 정확히 해독했을 뿐 아니라 일본군
포로를 심문하여 정확한 적정을 판단함으로써 동 17사단이 피해 없이 안전
지대로 탈출할 수 있게 하는 데 크게 공헌하였다.

---

33) 김승학, 앞의 책, 304쪽.

1944년 4월 초 광복군 공작대는 전원 임펄에 집결하여 영국군 제15군에 소속되어 공작활동을 전개하였다. 이때 일본군이 임펄 공격작전을 전개하였고, 광복군 공작대는 이 전투에 참전하여 한적장병에 대한 선무공작을 비롯한 심리전을 전개하여 많은 성과를 올림으로써 연합군으로부터 격찬을 받았다. 임펄작전에서 성공한 후 캘커타로 복귀한 공작대는 1개월간 휴식을 취하고 다시 아샘주 치타공(Chitagong)으로 이동하여 3개 반으로 나누어 배치되어 공작활동을 전개하였다. 이같이 광복군 공작대가 인도·버마 전선에서 활동하고 있을 때 영국군은 공작대의 증원을 광복군총사령부에 요청했으며, 광복군총사령부에서도 이 요구에 응하여 조지영(趙志英), 이병훈 등 5명을 증원키로 결정했으나 종전으로 인해 실현되지는 않았다. 그리고 공작대가 각 전지에서 공작하여 귀순한 한적장병과 연합군이 포로로 한 한적장병 100명을 별도의 포로수용소에 수용하고 훈련 중에 종전이 되었다. 그러나 광복군 공작대는 2년간 인도·버마 전선에서 혁혁한 전과를 올리고 1945년 9월 전원이 총사령부로 원대복귀하였다.

4. 특수훈련과 국내정진 계획

1943년에 접어들어 광복군총사령부에서는 전황의 추이로 보아 광복군은 중국군과 제휴하여 중국 및 만주 작전에 참가하는 동시에 미국군과 제휴하여 한반도에 대한 상륙작전을 전개하는 것이 광복정책에 유리할 것이라고 판단하였다. 그러므로 미국의 군사기술자를 초빙하여 특수훈련을 실시하고, 특수훈련을 받은 요원을 한반도 및 일본군 점령지에 침투시켜 지하군의 조직과 정보 및 모략공작을 전개할 방도를 다각도로 모색하게 되었다. 따라서 중경의 임정에서 대외관계 업무를 담당하던 안원생(安原生)이 미국대사관 및 미국 관계자와의 접촉을 통해 1943년 2월 중국 주재 미국 공군사령부의 정보장교 윔스(Clarence B. Weems)를 임정 청사로 초청하여 김구 주석 등과 한·미 군사합작 문제를 토의하였다.

한편 미국 측에서도 1943년 봄 임정의 구미위원부의 추천으로 장기영, 장석윤, 조종익 등에게 정보, 통신 등 특수훈련을 실시하여 미국전략정보처 (OSS) 요원으로 버마 전선에 배치, 큰 성과를 얻게 되었을 뿐 아니라 영국군에 배속된 광복군 공작대의 활약상을 지실하게 됨으로써 한·미 군사합작의 필요성을 인식하게 되었다. 1944년 가을 광복군 제2지대장 이범석 장군은 중경에서 주중 미군사령관이며 연합군 중국전구부사령관인 웨드마이어(A. C. Wedemeyer) 중장을 만나 광복군의 작전계획과 한·미 합작 특수훈련 계획이 순조롭게 진행될 수 있었다. 한·미 간의 합의에 의해 1944년 12월 미군 제14항공대에서 서전트(C. B. Sargent)와 정운수(鄭雲樹)를 중경에 파견하자 임정에서는 이들을 제1지대와 제2지대 본부로 안내하여 실정을 파악 특수훈련 계획을 구체화시킬 수 있도록 하였다.

미군 측의 계획 검토가 완료되자 광복군 제3지대장 김학규 장군은 김우전(金祐銓)과 버치(John M. Berch)를 대동하고 1945년 3월 곤명 주둔 미 제 14항공단 사령관 체놀트(C. L. Chennault) 장군을 만나 훈련계획에 합의를 보게 됨으로써 1945년 3월 15일 다음과 같은 '한·미 군사합작 협의사항'이 만들어지게 되었다.

① 한·미 양군은 공동의 적 일본군을 박멸하기 위하여 상호협력 공동작전을 전개한다.
② 한국광복군은 미군으로부터 무전기술과 기타 필요한 기술을 훈련받고 적진과 한반도에 잠입하여 연합군 작전에 필요한 군사정보를 제공한다.
③ 미군은 공동작전에 필요한 모든 무기, 기재 및 군수물자를 한국광복군에 공급한다.
④ 미군은 한국광복군에게 육·해·공 교통 통신의 편의를 제공한다.
⑤ 기타 필요한 군사적 지원을 상호 제공한다.
⑥ 합의된 사항을 실천하기 위하여 각기 상부의 재가를 받고 중국군사위원회의 동의를 얻는 데 상호 적극 노력한다.

이 같은 한·미 군사합작 계획은 3월 16일 중경에 도착한 김학규 장군 일행의 보고로 임정의 주석이 재가하였고, 곧이어 광복군총사령부가 중국 군사위원장 장개석의 동의도 얻었다. 그러나 서안의 광복군 제2지대와 부양의 광복군 제3지대에 한·미 군사합작을 위한 OSS 훈련소 설치 승인이 나온 것은 5월이었다. 그 사이 3월 25일자로 윔스가 인도 OSS로부터 중국 OSS 본부로 전속되어 3월 30일 버치와 함께 임정의 김구 주석과 이청천 총사령관을 방문하여 한·미 합의사항의 한국 및 중국의 동의 관계를 확인하고 훈련 내용에 관한 의견 교환을 하였다. 그리하여 중국 OSS 본부에 한국 담당 부서가 신설되고 윔스가 그 책임자로 되면서 5월에 한국계 미국인 정운수와 이순용을 인도로부터 동 본부로 전속시켰으며, 무전통신 훈련을 제3지대에서 뿐 아니라 제2지대에서도 실시키로 한·미 간 합의가 이루어졌다.

1945년 6월 초부터 서안의 광복군 제2지대에서는 서전트와 정운수의 지도로 90명이, 부양의 광복군 제3지대에서는 윔스와 트루먼의 지도로 58명이 정보반, 파괴반, 무전반으로 구분되어 훈련을 실시하였다. 정보반은 정보학을 중심으로 첩보의 수집·분석·평가로부터 지형·기상의 판단 방법과 선전삐라 작성에 이르기까지 광범위한 내용을 교육 훈련하였다. 그리고 파괴반은 폭파와 관련된 각종 폭발물의 취급 기술에 관한 내용을, 무전반은 송수신 방법을 비롯하여 무전기 조작법과 암호문 해독법에 관한 내용을 각각 교육 훈련하였다. 그리고 공통적으로는 유격훈련을 실시했는데, 그 내용은 개별 또는 집단행동의 경우에 적용하는 권총 사격, 수류탄 투척, 암살용 무기 사용, 도피 훈련, 야간습격, 민중선동 사업 등 유격 전술에 필요한 것이었다. 이 훈련의 대상자들은 대부분 학도동원령에 의해 징집되어 중국 전선에 배치되었다가 1944년 5월부터 일본군을 탈출 광복군 대열에 참가한 자들이었다.[34]

당시 광복군의 목표는 OSS 훈련이 끝나는 즉시 국내에 정진하여 왜적을 타도하고 독립을 쟁취하는 것이었으며, 미군 측에서도 1945년 5월 16일 합

---

34) 국가보훈처 편, 『독립운동사 제6권』, 495-496쪽.

동전쟁기획위원회(JWPC)에서 대일본 군사작전의 개념을 대일본 직접공격과 한국의 일부 점령(부산·진해 지역과 서울·인천 지역)으로 정하여 작명(作命)을 Downfall에서 Blacklist로 개칭했기 때문에 한국의 일부 점령 시에 OSS 훈련을 받은 광복군을 작전에 투입할 복안을 가지고 있었다. 그러므로 1945년 8월 초 3개월 과정의 OSS 특수훈련이 종료되자 8월 7일 김구 주석과 이청천 사령관은 서안의 제2지대 본부로 가서 이범석 지대장과 함께 곤명 소재 미 전략첩보대를 방문, 도너반(W. Donovan) 소장 및 서전트 소령

〈도표 18〉 광복군의 국내정진군 편성

구분		명단	구분		명단
지휘본부	총지휘관	이범석	제2지구	지구대장	노태준
	부관	김성근		충청도반 반장	정일명
	본부요원	이재현·민영수·김석동		1조	이덕산·박영섭·김욱배
		이윤장·강일성·오 건		2조	장재민·박재화·송석형
		최 철·한경수·김동걸		3조	윤치원·윤태동·김세용
제1지구	지구대장	안춘생		전라도반 반장	박 훈
	평안도반 반장	강정선		1조	노능서·신국빈·김상을
	1조	장덕기·계의성·장 철		2조	이정선·장두성·백준기
	2조	김 용·이지홍·이우경		3조	임재남·한종원·박금장
	3조	김중호·전성윤·선우기	제3지구	지구대장	노복선
	4조	김영호·박명관·안국보		함경도반 반장	김용주
	황해도반 반장	송면수		1조	석근영·태윤기·이욱승
	1조	노성환·황삼룡·이동환		2조	최봉상·김덕원·김광옥
	2조	홍기화·신덕영·석호문		강원도반 반장	김준엽
	3조	이우성·허봉석·송수일		1조	이철현·임정근·이준명
	경기도반 반장	장준하		2조	고철호·홍재원·김성갑
	1조	이준승·이 명·박수덕		3조	김춘정·동방석·이호길
	2조	송창석·정정산·최문식		경상도반 반장	허영일
	3조	김유길·오서희·이순승		1조	김성환·구자민·이동학
				2조	유덕량·이지성·윤재현
				3조	이종무·이건림·이운학

자료: 전쟁기념사업회, 『현대사 속의 국군』(1990), 235-237쪽

과 '한·미 양국 간의 일본에 항거하는 비밀공작의 전개'를 약정하게 되었다.[35]

그리하여 임정은 1945년 8월 상순 광복군 제2지대장 이범석 장군을 총지휘관으로 하는 국내정진군을 편성하여 국내 진입을 준비하였다. 국내정진군은 〈도표 18〉에서 볼 수 있듯이 국내를 3개 지구로 나누어 평안도·황해도·경기도를 포괄하는 제1지구의 대장에 안춘생(安椿生)을, 충청도·전라도를 포괄하는 제2지구의 대장에 노태준(盧泰俊)을, 함경도·강원도·경상도를 포괄하는 제3지구의 대장에 노복선(盧福善)을 각각 임명하였다. 그리고 각 도를 담당하는 반장도 임명하여 1945년 8월 20일 이내로 함경도로부터 남해에 이르기까지 잠입할 계획이었다. 그러나 일제가 8월 15일 무조건 항복함으로써 광복군의 국내진입 계획은 실현되지 못하고 말았다. 그러나 광복군은 태평양전쟁에 참전한 28개 연합국 중에서 그 규모와 활동이 중간 이상의 위치를 차지한 것으로 신재홍(申載洪) 전 국사편찬위원회 부장은 평가하였다.[36] 하지만 광복군의 국내진입 작전이 이루어지지 못하고 38선을 경계로 미군과 소련군이 진주함으로써 한반도가 분단되고 말았다.

5. 10개 사단 편성추진과 복원선언

일제가 항복하자 임시정부는 이범석 장군을 광복군 국내정진군 총사령관으로 임명하여 미국 OSS 대원들(버튼 대령, 서전트 소령, 정운수 대위)과 8월 18일 여의도비행장에 도착, 일본군 사령관으로부터 항복을 접수하려고 했으나 일본군의 완강한 거부로 되돌아갈 수밖에 없었다. 한편 대한민국 임시정부에서는 중국 정부의 협조를 받아 한적장병(韓籍將兵)을 규합하여 10

---

35) 국가보훈처 편, 앞의 책, 499쪽.
36) 신재홍, 「독립군의 편성과 맥락」, 『현대사 속의 국군』(전쟁기념사업회, 1991), 30-31쪽.

만 명의 광복군을 편성, 국군의 자격으로 귀국할 계획을 추진하였다. 우선 김구 주석은 장개석 총통에게 한적장병의 조선의용군으로의 이탈을 방지하기 위해 광복군에로의 편입을 요청하여 1945년 8월 20일 동의를 얻었으며, 이에 중국의 군무부장 하응흠 장군은 주중 일본군사령관 오카무라(岡村寧次) 대장에게 중국 정부의 조처가 있을 때까지 한적장병들을 일본군 지휘관 책임하에 보호·관리하도록 지시하였다.

다음으로 임정은 한적장병 10만 명을 인수하여 10개 지대(10개 사단)로 확대 편성할 목표 하에 기존 3개 지대 외에 새로이 7개 잠편지대(暫編支隊)를 편성하고,[37] 부대 편성을 위한 자금 조달을 위해 광복군채를 발행했으며, 1945년 8월 하순 만주로부터 귀국한 오광선(吳光鮮) 장군이 하지 장군과 접촉하여 미군용기 편으로 상하이에 도착하자 김구 주석과 이청천 사령관은 광복군 국내 지대를 편성함은 물론 미군정과 협조하여 임정 및 광복군을 정부 및 국군의 자격으로 입국할 수 있도록 하라고 명령했는데, 7개 잠편지대와 동 지대장은 다음과 같다.

- 상해잠편지대: 지대장 박시창
- 항주잠편지대: 지대장 김관오
- 한구잠편지대: 지대장 권 준
- 남경잠편지대: 지대장 안춘생
- 북경잠편지대: 지대장 최용덕
- 광주잠편지대: 지대장 최덕신
- 국내잠편지대: 지대장 오광선

이러한 잠편지대들은 1945년 10월 15일 한교선무단(韓僑宣撫團)을 조직할 때 광복군총사령부가 한적장병의 위무와 정신교육을 관장토록 되어 있어 편성작업에 최선을 다했지만 정세 여건이 광복군의 편에 서주지 않았다. 광

---

37) 한국광복군동지회,『한국광복군약사』(1989), 16쪽.

복군 국내지대장 오광선 장군의 노력에도 불구하고 미군정은 정책상 임정을 부인하고 요인들을 개인 자격으로 귀국하라고 주문함에 따라 임정은 1945년 11월 1일 대한민국 임시정부 주화대표단(駐華代表團, 단장 박찬익(朴贊翊)을 출범시키고 정부 요인들을 제1진과 제2진으로 나누어 귀국하도록 조치하였다. 한편 광복군 총사령관 이청천 장군은 주화대표단으로 남아 10개 지대의 편성 작업을 계속 추진하면서 사령부를 남경으로 이전하고 남경 등지에 간훈반을 설치하여 중국전구 한적사병들을 접수, 조직·훈련시켰다.

그러나 모스크바 3상회의 직후 장개석 총통이 3상회의의 결정을 추인하면서 '한국광복군 복원령'을 선포한 데다가 미군정에서도 1946년 1월 21일 광복군 국내지대를 군사단체 해산령에 의해 해체시켰을 뿐만 아니라 광복군의 국군 자격으로의 입국을 불허하였다. 이러한 상황에서 광복군총사령부는 잠편지대원을 35,000여 명 수준 편성한 선에서 잠편지대를 폐지하지 않을 수 없었다.[38]

그리고 이청천 장군은 1946년 5월 16일 '한국광복군 복원선언'을 하고 광복군의 주력을 개인 자격으로 환국시켰다. 이처럼 광복군이 비록 복원선언(復員宣言)을 하고 개인 자격으로 환국했지만 임시정부가 환국 후에도 비상국민회의, 국민의회, 대한국민회, 대한민국으로 그 법통성을 전승시켰기 때문에 광복군이 임정의 군대인 이상 임정과 그 명(命, 1919~1948)을 같이 했다고 보아야 할 것이다.[39] 다시 말하면 임정의 법통성이 대한민국에 계승되었다면 광복군의 정통성은 대한민국 국군에 계승되었다고 보는 것이 순리일 것이다.

---

38) 육군본부, 『국군의 맥』, 372쪽.
39) 전쟁기념사업회, 앞의 책, 239쪽.

제**6**장

대한민국 국군

I. 국군의 창설 과정 전개

해방이 되자 임시정부에서는 광복군을 국내로 정진시켜 일제로부터 항복의 접수를 시도하는 한편, 광복군을 10개 사단 수준으로 재편성시켜 국군의 자격으로 입국을 시도하였다. 그리고 미군정에서는 한국의 국방군 창설 계획을 수립하여 상부에 제시했으나 미·소공동위원회가 개최되는 시점에서 계획 결정을 할 수 있는 상황이 아니었기 때문에 '국방'의 개념이 아닌 '국내 치안'의 개념에 바탕을 둔 경비대를 창설하게 되었다. 그러므로 이에 수반된 경비대 및 경비사의 명칭을 둘러싼 시비, 경비대의 창설 방향과 고문 담당자의 선정 문제 등에 대한 한·미 간 논쟁이 심화될 수밖에 없었다.

임정의 김구 주석은 1945년 8월 17일 국내정진군 총사령관 이범석 장군에게 서울로 진주하여 조선 총독 아베 노부유끼(阿部信行)의 무조건 항복을 받고 일본군사령부를 접수하라고 명령하였다. 이에 이범석 장군은 8월 18일

미 OSS 연락장교단장 버튼 대령과 서전트 박사·정운수 대위 그리고 지휘부 정훈총대장 안춘생 대령과 중견간부 장준하·김준엽·장재민·노능서 등 20여 명을 대동하고 미군 수송기 편으로 여의도비행장에 도착하였다. 이 장군은 일본군사령관과 담판하여 항복을 접수하려고 했으나 실패하였고, 미군의 안내로 조선호텔에서 1박하고 8월 19일 중국으로 되돌아갈 수밖에 없었다. 그 후에도 임정계의 광복군과 독립동맹계의 조선의용군은 미·소의 한반도 분할 점령으로 인해 단체로의 입국이 좌절되고 개인 자격으로의 입국만 허용되었다.

한편 임정의 김구 주석은 장개석 총통에게 한적장병(韓籍將兵)의 조선의용군으로의 이탈을 방지하기 위해 광복군에로의 편입을 요청하여 1945년 8월 20일 동의를 얻었으며, 이에 중국의 군무부장 하응흠 장군은 주중 일본 군사령관 오카무라 대장에게 중국 정부의 조처가 있을 때까지 한적장병들을 일본군 지휘관 책임하에 보호·관리하도록 지시하였다. 다음 단계로 임정은 한적장병 10만 명을 인수하여 10개 지대(10개 사단)로 확대 편성할 목표 아래 기존 3개 지대 외에 새로이 7개 잠편지대를 편성하고 부대 편성을 위한 자금조달을 위해 광복군채(光復軍債)를 발행했을 뿐 아니라 미군용기 편으로 상하이에 도착한 오광선 장군에게 미군정과 협조하여 임정 및 광복군을 정부 및 국군의 자격으로 입국할 수 있도록 하라고 명령하였다.[1]

오광선 장군의 노력에도 불구하고 미군정은 정책상 임정을 부인하고 요인(要人)들을 개인 자격으로 귀국하라고 주문함에 따라 1945년 11월 1일 대한민국 임시정부 주화대표단(단장 朴贊翊)을 출범시키고 정부 요인들을 제1진과 제2진으로 나누어 귀국케 하였다. 주화대표단의 군무처장으로 남게 된 이청천 장군은 10개 지대의 편성작업을 계속 추진했으나 장개석 총통이 3상회의의 결정을 추인하면서 '한국광복군 복원령'을 선포한 데다가 미군정에서도 1946년 1월 21일 광복군 국내지대를 군사단체 해산령에 의해 해체시켰을 뿐 아니라 광복군의 국군 자격으로의 입국을 불허하자 35,000여

---

1) 「오광선 장군」, 『신동아』, 1971년 2월호.

명을 편성한 선에서 잠편지대를 폐지하였다. 즉 이청천 장군은 1946년 5월 16일 '한국광복군 복원선언'을 하고 광복군의 주력을 개인 자격으로 환국시켰다.

이러한 과정을 거쳐 대한민국 정부가 수립되자 창설된 대한민국 국군은 5천 년간 민족사를 수호해 온 모든 국군의 전통을 계승하여 1950년대에는 한국전쟁에 창군 요원의 29%를 희생시키면서 국가를 수호하였으며, 1960년대에는 한국사회에서 가장 근대화된 집단으로서 근대화의 기수 역할을 담당하였고, 자유 우방의 지원을 위한 월남 파병을 통해 산업화의 물적 토대 확보를 뒷받침했으며 1970년대와 1980년대에는 자주국방 태세를 확립하여 북한의 무력 도발을 억제함으로써 경제발전을 뒷받침하고 평화통일의 기반을 다졌다. 이 같은 국군 50년의 발자취는 창군 이전 50년간에 걸친 독립투쟁의 수행만큼이나 역동적이었다.

이러한 맥락에서 국군 50년사는 역경 속의 창군과 동족상잔의 전쟁 및 정비 그리고 자주국방의 건설로 점철되어 왔다고 할 수 있을 것이다. 그러나 국군사의 원형인 창군사가 분단사와 맞물려 전개됨으로써 국군은 우여곡절 속에서 성장해야만 했다.[2] 더욱이 창군사가 광복군 문화, 일본군 문화, 미국군 문화와 접합되어 시발함으로써 숱한 역경을 헤쳐 나와야만 했다. 즉 광복군의 독립투쟁정신을 계승한 초창기 국군은 일본군 출신이 주류를 형성한 가운데 미군의 장비와 교리에 의해 육성되어 왔기 때문에 우리 군대문화가 형성되는 데는 상당한 시간적 흐름과 정신적·물질적 여유를 필요로 하였다.

국가와 그 기구인 군대는 정통성을 공유하는 것이므로 대한민국이 3·1독립정신을 이어받은 임시정부의 법통을 계승하여 민족적 주체성 속에서 국가적 정통성을 확인했듯이 국군은 의병과 독립군의 독립투쟁정신을 이어받은 임시정부의 국군인 광복군의 법통성을 계승하여 그 정통성이 보장된 것

---

2) 이원순, 「광복50년사의 역사적 조명」, 『광복50주년기념 종합학술대회 발표논문집』(한국학술진흥재단, 1995), 16-17쪽.

으로 보아야 할 것이다. 1940년 10월 15일 임정이 발표한 '광복군성립보고
서'에 의하면 ①1907년 8월 1일 대한제국 국군의 해산의 날이 곧 독립전쟁
개시의 날이요 광복군 창립의 날이며, ②일제의 강압으로 비록 국권은 상실
했지만 군권은 빼앗기지 않고 민족의 국군으로서 33년간 의병·독립군으로
군맥을 유지해 오면서 국내외에서 대일항전을 계속하였고, ③의병과 독립군
을 계승한 광복군은 국토와 주권을 완전 광복하여 민주공화국을 건설해야
할 혁명군으로서의 소명이 부여되었다는 것이다.

더욱이 임시정부의 중추세력인 한국독립당은 중앙집행위원회의 선언을
통해 "광복군의 성립은 우리의 민족적 통일독립을 유감없이 실현할 것"이라
고 강조하였다.[3] 그러므로 광복군은 민주공화국을 건설할 혁명군인 동시
민족의 통일을 성취할 통일군으로서의 소명을 지닌 것으로 보았다. 나아가
광복군의 정신을 계승한 국군은 21세기 통일국군으로서의 소명을 완수해야
할 책무가 있다고 보았다. 이러한 관점에서 이 글은 ①해방 직후로부터
1950년 한국전쟁 발발 직전까지 1940년대 후반기를 창군기로 보고, 이를
창군운동기, 경비대창설기, 국군창설기로 세분하여 조명하고, ②성장기는
1950년대 전쟁 및 정비기, 1960년대 체제정립기, 1970년대와 1980년대 자
주국방기로 세분하여 조명하고자 한다.

무릇 군사제도는 "국가의 군사적 안전보장을 주 임무로 하는 일종의 사회
제도로서 사회와는 유기적인 연관성을 가지며, 합법적인 권위가 군정권과
군령권을 가지고 군인을 조직·훈련·관리하는 법도"로서 전투공동체의 권
위를 항속적인 도덕적 기초로 하면서도 시대와 민족과 정치를 반영하는 속
성이 있다.[4] 그러므로 국군의 성장·발전도 당면한 시대적 과제와 민족
적·정치적 과제의 해결과 연관하여 진전되어 온 것으로 보아야 할 것이며,
특히 군이 기능적 필요성(functional imperative)과 사회적 필요성(societal
imperative)을 충족시키기 위해 노력해 온 결과로 보아야 할 것이다. 따라

---

3) 삼균학회, 『소앙선생문집 (상)』(횃불사, 1979), 285쪽.
4) 한용원, 『군사발전론』(박영사, 1969), 17쪽.

서 국군 50년사는 국군이 직면한 구조적·문화적 조건과 상황적·인위적 조건을 고려하여 조명할 필요가 있는 것이다.

그러면 이제 국군의 창설 준비 및 창설 과정에 관해 논의키로 한다. 탈식민지 사회의 국가와 그 기구는 자생적 요인과 외생적 요인의 상호작용에 의해 형성되는 것이다. 한국군의 창립 과정은 ①민족 자생의 창군운동 과정, ②미군정의 경비대 창설 과정, ③대한민국 정부의 국군 창설 과정 등 3단계로 진행되었다. 그리고 창군운동 과정에서 국군의 이념과 정신이 형성되고, 경비대 창설 과정에서 국군의 조직과 훈련이 이루어짐으로써 국군 창설 과정에서 정신과 조직의 변증법적 통일을 성취할 수 있었다. 따라서 창군운동 과정과 경비대 창설 과정은 국군 창설의 준비 과정에 해당하는 것이다. 일제의 강압으로 1907년 8월 1일 대한제국의 국군이 해산되자 앞서 서장에서 언급했듯이 일부는 '독립전취론'을 견지하고 독립투쟁 전선의 광복군으로 활약하였고, 다른 일부는 '독립준비론'을 견지하고 반독립투쟁전선의 일본군 및 만주군으로 복무했으나 그들은 해방공간에서 함께 만나 창군운동을 전개하였다.[5]

창군운동 과정에서 독립투쟁 전선의 광복군 출신들이 대중적 지지를 받게 되자 일본군 및 만주군 출신들도 "광복군을 모체로 국군을 편성해야 한다"는 데 '공동의 동의'를 하게 되었다. 하지만 미군정이 경비대를 창설하면서 민족 자생의 군사단체들을 해산시키자 창군운동 세력은 분열되었다. 즉 "광복군을 모체로 국군을 편성해야 한다"는 중견층의 명분론과 "경비대는 장차 국군이 될 것"이라는 소장층의 실리론으로 분열되어 소장층은 제도권 내의 경비대에 입대했으나 중견층은 제도권 밖에서 '참전동지회(후에 육·해·공군출신동지회로 개칭)'를 결성하여 국군이 창설되기를 기다렸다. 이러한 상황하에서 군사영어학교가 개교된 후 김구 주석이 개인 자격으로 하지 장군과 면담할 때에 하지 장군은 김구 주석에게 '국군의 편성안'을 제시해

---

5) 한용원,「국군 50년: 창군과 성장」,『국방연구』제41권 제1호(국방대학교 안보문제연구소, 1998), 7쪽.

달라고 부탁하였고, 이러한 부탁을 받은 김구 주석은 이 작업을 김석원·이응준·신태영 등 일본군 장교 출신들에게 맡겼으며, 이들 일본군 장교 출신들은 '중국 땅에 머물고 있는 광복군을 모체'로 국군의 편성안을 작성하여 제시한 것으로 알려졌다.

1948년 8월 15일 대한민국 정부가 수립되어 국군이 창설되자 경비대가 국군에 편입(1948년 8월 16일부)되고, '육·해·공군출신동지회' 회원들이 국군에 입대함으로써 창군운동 세력은 다시 대한민국 국군으로 합류하였다. 이처럼 창군 과정이 독립의 전취론을 견지했던 광복군 출신들과 독립의 준비론을 견지했던 일본군 및 만주군 출신들이 해방공간에서 함께 만나 창군운동을 전개하면서 '광복군모체론'에 공동의 동의를 창출하고, 비록 미군정의 경비대 창설로 실리론자들은 제도권 내에서, 명분론자들은 제도권 밖에서 각각 활동하였지만 대한민국 국군에 합류하는 양상으로 전개되어 광복군의 후예가 되었는데, 이러한 양상으로의 전개는 해방 전후 한국의 문화적·구조적 산물인 동시 상황적·인위적 산물이었다고 볼 수 있을 것이다.

II. 국군 창설의 준비 과정

1. 창군운동기(1945.8~1946.1)

해방이 되자 고국으로 돌아온 군사경력자들은 연고 관계를 중심으로 군사단체를 조직하여 건군의 초석이 되고자 했는데, 당시 민족의 구심점을 제시할만한 뚜렷한 주도세력이 없었기 때문에 우후죽순 격으로 난립되어 1945년 11월 미군정청에 등록된 군사단체의 수효는 30여 개에 달했으며,[6]

---

6) 육군사관학교, 『육군사관학교 30년사』(1978), 60쪽.

1946년 1월 21일 미군정청법령 제28호에 의해 해산될 때까지 이합집산을 거듭하였다. 이는 당시 남한에 인민공화국과 치안대를 중심으로 한 자생적 권력기구와 미군정 및 군정경찰을 중심으로 한 점령군 권력기구가 병존하고 있었고, 정치세력도 '임정봉대론'을 내세운 우익세력과 '인공중심론'을 내세운 좌익세력으로 분열된 데서 비롯되었다.

창군운동의 전개 양상은 광복군의 국내지대(사령관 吳光鮮) 편성과 조선임시군사위원회(위원장 李應俊)를 비롯한 군사단체의 결성으로 나타났다.[7] 해방과 동시 개별적으로 귀국한 광복군 출신들은 오광선 장군을 중심으로 '광복군 국내지대' 편성을 서둘렀고, 일본군 및 만주군 장교 출신들은 일본 육사 출신 친목단체 계림회를 중심으로 상통하여 '조선임시군사위원회'를 조직하였으며, 일제에 의해 강제 지원된 학병 출신들은 '조선학병동맹'을 결성하였고, 일부 일본군 학병 사병 출신들은 일본군 및 만주군 사병 출신들을 규합하여 '조선국군준비대'를 조직했으며, 일본 해군 출신들은 손원일(孫元一)을 중심으로 '해사대'를 결성하여 '해사협회'로 발전시켰다.

이들 30여 개의 군사단체의 요원 중 인민공화국을 지지한 국군준비대(총사령 李赫基) 및 학병동맹(위원장 王益權)의 간부들을 제외한 대부분은 출신 배경에 관계없이 "광복군을 중심으로 국군을 편성해야 한다"는 데 공동의 동의를 하였다. 이는 국군준비대 및 학병동맹의 간부들이 군사단체의 헤게모니를 장악하기 위해 1945년 9월 27일 재경 12개 군사단체 대표자회의를 개최하고 통합된 '조선군사준비위원회'를 결성하려 했을 때 광복군지대 측이 대한민국 임시정부의 법통을 계승하기 위해 '조선' 대신 '대한'으로 명칭을 정하자고 주장하자 대부분의 군사단체 대표들이 이에 동조한 데서 여실히 드러났다.[8] 그리고 〈도표 19〉에서 볼 수 있는 많은 창군운동 요원들이 광복군 국내지대 편성에 참여함으로써 광복군모체론을 행동으로 실증하

---

7) 이들 군사단체를 『창군전사』 등에서는 사설군사단체로 보지만 창군운동단체로 보는 것이 타당할 것임.
8) 민주주의민족전선, 『해방조선 Ⅰ』(1946), 234쪽.

〈도표 19〉 해방공간의 군사단체 현황

단체명	대표	설치일·장소	특이사항
조선임시 군사위원회 (우파)	위원장 李應俊	1945.8. 말 경기여고	• 일본육사 출신이 중심이 된 일본군과 만주 　군 출신들이 참여 • 여운형이 흡수하려 했으나 영관급에서 반대 • 휘하에 치안대 총사령부 설치
조선국군준비대 (좌파)	총사령 李赫基 부사령 박승환	1945.9.16 서울 명동	• 간부들이 대부분 좌익 계열 • 귀환장병대와 귀환군인동맹이 통합 • 1945.12.15 태릉에 훈련소 설치 • 1945.12.26~27 서울에서 전국대회를 개최 　하고 명예회장에 김일성, 김원봉, 이청천, 　무정을 추대
학병동맹 (좌파)	위원장 王益權	1945.9.1 종로 한청빌딩	• 人共의 외곽단체로 좌익계열이 대부분 • 1946.1. 삼청동 반탁학생연맹 습격
학병단 (우파)	총사령 安東濬	1945.12.16 서울 명동	• 학병동맹의 좌경화에 반대하여 탈퇴한 37명 　이 3,000여 명의 동지를 모아 결성
조선국군학교 (좌파)	교장 金元鳳 추대	1945.10. 광주	• 임정의 좌파계 1,000여 명 훈련 • 12.2. 광장리로 이전, 12.15. 국군준비대에 　흡수
육군사관 예비학교 (좌파)	교장 吳正邦	1946.1.11 당인리	• 조선건국청년회 회원 훈련 목적으로 설치 • 지지자 3명이 현금 800만 원과 전답 2,000 　만 원 상당 기증
대한무관학교 (우파)	교장 金九 부교장 全盛鎬	1945.11. 창신동	• 대한군인회가 주관 • 46.1. 제1기 사관을 입교시켰으나 해산령으 　로 인해 해선
한국장교단 군사준비회 (우파)	고문 曺成煥 회장 李恒植	1945.12.16 서울	• 사관 양성과 병사 훈련을 목적으로 설치
광복군국내지대 (우파)	사령관 吳光鮮	1945.9. 동대문 밖	• 광복군 국내지대 편성(지대장 장석윤) • 한국광복군군사원호회(총재 조성환)
육·해·공군 출신동지회 (우파)	고문 李靑天 회장	1947.11. 경운동 천도교당	• 1946.1.21 군사단체가 해산되자 전에 군적 　을 가졌던 장병의 친목단체로서 회원 15,000 　여 명

| 金錫源
훈련부장
吳光鮮 | • 간부후보생 양성, 국군 창설에 대비(1948
가을 200여 명 간부후보생이 성남중학교에
서 훈련받고 육군사관학교에 추천됨 |

자료:『자료 대한민국사 1·2권』,『한국전비사』

였다.

우선 '조선임시군사위원회'는 임정을 지지하여 여운형(呂運亨)의 인공 흡수에 반대하였고, 광복군 국내지대의 편성에 동 회의 핵심 청년 간부인 장석윤, 김영환, 안광수, 강문봉, 장창국 등을 참여시켰을 뿐 아니라 임정의 김구 주석의 부탁을 받고 중국 땅에 머물고 있는 광복군을 중심으로 국군을 편성하는 건군안(建軍案)을 작성하여 임정에 제출하였다. 다음으로 '조선국군준비대'와 '조선학병동맹'의 대부분의 요원들도 간부들이 임정을 부인하고 인공을 지지하자 광복군의 편에 섰다. 일부 조선국군준비대의 요원들은 1945년 12월 4일 대전에서 '조선국군준비대 남조선전체대회'(위원장 전향)를 개최하고 "무조건 광복군에 합류키로 한다"는 성명을 발표했으며, 3,000여 명에 달하던 '조선학병동맹'의 요원 85%도 동 동맹을 탈퇴하여 '학병단'(총사령 안동준)을 조직하였다.

이러한 현상은 창군운동 요원들의 임정봉대론에 대한 지지도보다 광복군 모체론에 대한 지지도가 더 높았음을 의미할 뿐 아니라 신생 국군은 광복군의 독립투쟁정신을 계승해야 한다는 합의된 인식이 요원들 간에 형성되었음을 의미하는 것이다. 해방 정국에서 군사단체들은 ①일제의 항복으로 인해 야기된 정치적 혼란과 행정의 공백을 수습하고 사회질서와 치안을 유지하는 한편, ②건국과 건군에 이바지할 수 있는 토대를 마련하는 데 진력하였다. 그러므로 창군운동 단체들의 이 같은 노력이 1948년 대한민국 국군의 창설로 빛을 보게 되었다. 나아가 창군운동은 해방 후의 국군사를 미군정의 경비대가 아닌 민족자생의 창군운동 단체로부터 시작하게 만든 역사적 의의를 지니게 되었다.

물론 군사단체의 창군운동 전개 과정에서 사회적 물의가 없지는 않았다.

군사단체의 유지와 세력의 확장을 위한 재원 조달관계로 사회적 물의가 야기되었고, 남원 등지에서는 조선국군준비대가 미군 및 경찰과 충돌하는 사태가 발생하였으며, 서울에서는 찬·반탁을 위요하고 좌·우 군사단체 간에 시가지전이 벌어지기도 했다. 그러나 이러한 현상은 해방공간에서 혼란한 사회의 축소판을 방불케 한 현상에 지나지 않았다. 오히려 군사단체들은 우선 당장 치안질서 유지에 참여하는 한편, 국가 승인의 촉성활동을 전개하면서도 그들의 대의(大義)를 건군의 초석이 되는 데 두었다.

그러나 이들 군사단체들은 미군정이 반혁명전략(反革命戰略)의 추진을 위한 조치의 일환으로 미군정법령 제28호에 의해 1946년 1월 21일 해체시켜 그들의 에너지를 1946년 1월 15일 창설한 경비대에 흡수하고자 함으로써 해산되고 말았다.9) 그러나 미군정이 경비대 창설 시에 "한국의 정규군은 한국이 독립할 때 창설될 문제"라는 점을 확실히 못 박았을 뿐 아니라 대한민국 국방부도 1948년 8월 15일 국방부 본부편성에 이어 8월 16일 국방부 훈령 제1호를 통해 "경비대를 국군에 편입시킨다"고 선언하였기 때문에 국군사는 미군정의 경비대가 아닌 민족자생의 창군운동단체로부터 시작하게 만들었다고 볼 수 있을 것이다.

경비대가 창설되자 일본군 및 만주군 출신 소장층은 미군정의 소장층 충원정책에 힘입었을 뿐 아니라 "경비대가 장차 국군이 될 것"이라는 실리론에 따라 경비대에 입대하였다. 그러나 광복군 출신들은 주력이 중국에 머물고 있는 상황에서 법통성을 내세우지 않을 수 없었고, 일본군 및 만주군 출신 노장층과 중견층 간에는 자숙론과 명분론이 확산됨으로써 이들은 경비대의 입대를 외면하지 않을 수 없었으며, 따라서 제도권 밖에서 참전동지회를 조직하여 우의를 다지면서 국군이 창설되기를 기다렸다. 그리고 광복군의 주력이 귀국하자 15,000여 명의 회원을 확보하여 1947년 11월 「육·해·공군출신동지회」(고문 이청천, 회장 김석원)를 조직하였다.

---

9) Robert K. Sawyer, *Military Advisors in Korea: KMAG in Peace and War*(Washington: USOCMH, 1962), pp.9-10.

2. 경비대창설기(1946.1~1948.8)

자주적이고 민주적인 정부 수립을 예비하는 목적을 가진 미군정은 국방을 위한 준비작업을 우선적인 임무 중 하나로 인식했으나 미·소공동위원회가 개최될 시점에서 소련의 오해 소지가 있는 군대를 조직할 수가 없어 25,000명 규모의 경비대를 창설하였다. 1945년 11월 13일 군정법령 제28호에 의해 국방사령부가 설치되자 국방사령부는 남한의 국방을 위한 준비작업으로 50,000명 규모의 한국군 편성안을 작성하여 상부에 건의했으나 3성조정위원회가 "한국의 정규군은 한국이 독립할 때 창설될 문제이므로 계획 결정을 연기한다"고 미군정에 통고해 왔으며, 따라서 미군정은 태평양 미육군 최고사령관 맥아더(MacArther)로부터 1945년 11월 20일 이미 지시받은 바 있던 경찰예비대(Police constabulary)의 창설계획을 추진하게 되었다.

국방사령부의 설치와 더불어 국군준비 계획의 수립을 연구하던 위원회는 "경찰력을 지원하기 위해 국군을 조심스럽게 발전시키되, 병력 수준은 육·공군 45,000명(즉 3개 보병사단으로 구성된 1개 군단, 1개 항공수송중대와 2개 전투비행대대), 해군·해안경비대 5,000명으로 제한시키자"고 건의해 왔기 때문에 하지(Hodge) 장군은 한국군 창설 계획을 상부에 건의하였고, 이를 검토하던 3성조정위원회(三省調整委員會, the State-War-Navy Coodinating Committee)가 1945년 12월 말 "미·소공동위원회가 개최되고 있는 시점에서 소련의 오해를 받지 않도록 동 회가 끝날 때까지 계획 결정을 연기한다"고 하지 장군에게 통고해 왔다. 이에 하지 장군은 국방사령관(Champeny 대령)에게 25,000명 규모의 필리핀식 경찰예비대 창설계획(Bamboo 계획)의 추진을 지시하였다.

경비대의 창설에 따른 간부의 확보를 위해 아놀드(A. V. Arnold) 군정장관은 1945년 11월 20일 각 군사단체 간부 120여 명을 초청하고 "앞으로 남한에 경비대를 창설할 계획인데, 미국식에 의해 조직·훈련되기 때문에 우선 군사영어를 교육하는 기관을 만들어 간부를 양성할 계획이니 각 단체에서 유능한 사람을 추천해 주기 바란다"고 당부하였다.[10] 미군정의 군무국

에서는 당초 군사영어학교에 일본군·만주군·광복군 출신 장교 및 준사관
중에서 중등학교 이상을 졸업하고 영어에 대한 기초지식을 구비한 자로서
일본군 출신 20명, 만주군 출신 20명, 광복군 출신 20명으로 균형을 유지하
되, 소장경력자(少壯經歷者)에 한해 선발함으로써 파벌조성을 방지하고자
하였다. 그러나 경비대 창설 계획이 앞당겨짐으로써 장교의 소요가 급증한
데다가 광복군 출신은 응시를 기피한 반면, 일본군 출신이 지원자의 절대다
수를 차지함으로써 군사영어학교 입교자는 일본군 출신이 대종(大宗)을 이
루었다.[11]

　　1945년 12월 5일 설치된 군사영어학교는 1946년 5월 1일 경비사관학교
가 창설됨에 따라 1946년 4월 30일 해체되었다. 군사영어학교에는 200명이
입교하여 110명이 임관했는데, 임관자 중에는 교육을 받지 않고 졸업자로
인정된 백선엽, 김백일, 최남근 등 연대창설 요원과 연대 사병으로 입대했으
나 자격과 능력을 고려하여 장교로 인정된 오덕준, 박진경, 송요찬 등이 있
었다. 원래 졸업자는 우선 전원을 참위로 임관시키고 실력에 따라 진급을
시킨다는 원칙을 세웠으나 예외적으로 군번 1번부터 5번까지 즉 이형근, 채
병덕, 유재흥, 장석윤, 정일권은 정위(正尉)로 임관시키고, 참령 출신 이성가
와 연대창설 요원으로 부임한 백선엽, 김백일, 최남근은 부위(副尉)로, 부교
장 원용덕은 참령(參領)으로, 창군의 산파역 이응준은 정령(正領)으로 임관
되었다.

　　임관자 110명을 출신별로 보면 일본군 출신 87명, 만주군 출신 21명, 광
복군 출신 2명으로서, 일본군 출신은 일본육사 출신 13명, 학병 출신 68명,
지원병 출신 6명으로 구성되었고, 그들 중 파면자(19명)와 전사 및 순직자(8
명) 그리고 대령 예편자(5명)를 제외한 78명이 장성으로 승진하여 군의 리
더십을 장악했을 뿐 아니라 예편 후에도 정치·경제·사회 등 분야에서 지도
력을 발휘하였다. 그런데 이러한 일본군 출신의 우위 현상은 경비사관학교

10) 육군본부, 『창군전사』(1980), 303-304쪽.
11) 한용원, 앞의 글, 406-412쪽.

에서도 지속되어 1946년 후반기에 통위부장과 경비대총사령관이 광복군 출신으로 임명되고 광복군 출신이 경비대의 리더십을 장악하려고 하자 경비대 내에 '중·일전쟁론'을 유포시켰을 뿐 아니라 국군 창설 후에는 군영 출신 중심으로 '경비대모체론'을 고수하게 한 요인을 형성하였다.12)

한편 뱀부(Bamboo) 계획으로 알려진 경비대 창설 계획은 국방사령관 고문 이응준의 계획안이 수용되어 1946년 1월 15일 태릉에 제1연대의 창설로부터 추진되었다. 국방사령관 고문 이응준은 군무부장(Ago 대령)으로부터 건군에 관한 기초방안 제안을 받고 ①주둔위치: 각 도청 소재지 ②편성방법 및 병력규모: 보병중대로부터 시작되어 점차 대대, 연대, 여단, 사단으로 확대 ③모병방법: 20세 전후 청년지원자 중에서 선발 ④장비와 교육: 일본군의 유기 무기를 사용하고 미식으로 교육을 시작하되, 가급적 조속히 미군 장비를 지급하는 안을 제시하였다.13) 이러한 제안을 받은 미군정은 경비대의 창설 요원을 1946년 1월 24일 미 40사단이 해체되면서 전입된 위관장교 18명을 활용하였고, 각 연대에 파견할 미군의 '부대편성 및 훈련조' 요원은 장교 2명, 사병 4명으로 편성하되, 사병은 일본어를 구사할 수 있는 자를 1명씩 배치하였다.

8개 연대의 창설 작업은 1946년 1월 15일 태릉의 제1연대 창설로부터 시작하여 1946년 4월 1일 춘천에 제8연대가 창설됨으로써 일단 착수는 완료하였다. 그러나 찬·반탁 운동의 소용돌이 속에서 경찰의 보조기관적 성격으로 인해 경비대는 일면 모병, 일면 탈영이 반복되어 1946년 말까지 경비대는 25,000명 충원 목표에 불과 7,000여 명만을 충원하였다.14) 그러나 경비대는 향토경비대의 성격이 강했기 때문에 지방군사단체 요원들이 많이 응모하였다. 그리고 미군정은 '대한 초기 기본지령'(1945.10.13)에 군정의 목표가 "국제연합의 책임있는 구성원으로서 충분한 자주독립국가를 건설할

---

12) 한용원, 「국군의 정통성」, 『국군의 맥』(육군본부, 1992), 488-493쪽.
13) 이응준, 『자서전 회고 90년: 1890~1981』(선운기념사업회, 1982), 241쪽.
14) 한용원, 앞의 글, 398-401쪽.

수 있는 조건을 조장"시킴에 있음을 상기하여 경비대의 한국화(韓國化)를 추구하였다.

이에 미군정은 초창기에 이원화시켰던 지휘권을 한국인 장교로 일원화시키고 입대선서식도 거행하였다. 즉 미군정은 1946년 2월 7일 태릉에 경비대 총사령부를 설치하고 초대 사령관에 마샬(J. T. Marshall) 중령, 부사령관에 원용덕(元容德) 참령을 임명하여 지휘권을 이원화시켰지만 경비대의 중대 편성이 완료되면 입대선서식을 거행하고 "우리 조선경비대는 불편부당으로 부여된 임무를 충실히 수행할 것이며, 장래 합법적으로 수립되는 정부에 충성할 것을 엄숙히 선서합니다"라고 맹세케 하였고, 1946년 9월 11일에는 경비대의 지휘권을 한국인 장교로 일원화시켰을 뿐 아니라 미군 장교들은 고문관의 역할만을 담당토록 조치하였다.

한편 1945년 11월 14일 진해 기지에서 출범한 해방병단(海防兵團)은 1946년 1월 14일 미군정법령 제42호의 공포로 국방사령부에 편입되어 1946년 1월 15일 진해 기지에 총사령부(사령관 손원일 참령)를 설치하였고, 1946년 6월 15일 군정법령 제86호에 의해 조선해안경비대로 개칭되었다. 조선해안 경비대는 초창기에 일본군으로부터 인수한 군함(10척)으로 해상 및 해안의 경비와 도서의 순찰 임무를 수행했으나 미군사고문단의 주선으로 미 해군으로부터 상륙정 및 소해정을 양수(36척)하고, 조병창에서 충무공정을 건조하여 1947년 2월 7일 진수함으로써 해안경비대의 능력이 제고되자 1947년 8월 미 해군 구축함대가 담당하던 해상경비 임무를 해안경비대가 인수하였고, 이는 인천, 목포, 묵호, 진해, 군산, 포항, 부산에 기지사령부가 설치됨으로써 가능하였다. 그리고 1948년 5월에 가서 군정법령 제189호와 제197호에 의해 선박 검사와 경찰권 행사 임무가 추가되었다.[15]

조선경비대와 비교하여 해안경비대는 미국이나 한국 정부의 지원을 제대로 받지 못했기 때문에 낙후되어 있던 상황이었으나 미군정은 경비대 창설을 진행시키면서 간부 양성도 병행 추진하고 있었기 때문에 해안경비대에

---

15) 해군본부 전사편찬관실, 『대한민국 해군사』 행정편 제1집(1994), 29-45쪽.

〈도표 20〉 조선경비사관학교 출신 현황

기별	입교자 (명)	입교일	임관일	교육기간	임관자 (명)	전사자 (임관자와 비율)	장성수 (임관자와 비율)	비고
1기	88	46.5.1	46.6.15	1개월반	40	9(23%)	19(43%)	6·25 당시 연대장급
2기	263	46.9.23	46.12.14	3개월(-)	196	40(20%)	79(40%)	6·25 당시 대대장, 사단참모
3기	338	47.1.15	47.4.19	3개월(+)	296	88(30%)	63(21%)	6·25 당시 대대장, 사단참모
4기	120	47.5.16	47.9.10	4개월(-)	107	38(36%)	16(15%)	6·25 당시 연대참모
5기	420	47.10.23	48.4.6	6개월(-)	380	97(26%)	59(15%)	6·25 당시 중대장
6기	282	48.5.5	48.7.28	3개월(-)	235	94(40%)	21(9%)	6·25 당시 중대장
계	1,511				1,254	366(29%)	257(20%)	

자료: 한용원, 『창군』(박영사, 1984), 82쪽

대한 특별 지원은 불가능하였다. 당시 간부 양성은 1946년 5월 1일 태릉에 설치된 경비사관학교와 1946년 1월 17일 진해기지에 설치된 해방병학교에서 추진했는데, 조선경비사관학교는 〈도표 20〉에서 볼 수 있듯이 제1기생부터 제6기생에 이르기까지 1,254명의 간부를 배출하였다. 입교자들의 성분은 제1기로부터 제4기까지는 대체로 환국이 늦어졌거나 개인적 사유로 인해 군사영어학교에 입교하지 못한 군사경력자들이 대종을 이루었으며, 제5기는 민간인을 공개모집(경쟁률 15대1)했는데, 합격자의 2/3가 이북 출신이었다. 그리고 제6기는 각 연대 우수 하사관 및 병을 대상으로 모집했는데도 역시 대부분이 이북에서 월남한 자들이었다.

경비사관학교의 교육 내용은 제식훈련, 분·소대 전술, 화기기계훈련이

주였지만 초창기에는 교육체계가 확립되지 못해 제식훈련과 군수교육은 미국식으로, 전술 및 화기훈련과 내무생활은 일본식으로 실시되었다. 그러나 미식 무기가 보급되고 교관들의 미군 교리에 대한 이해가 증진됨에 따라 제5기생으로부터 모든 교육훈련 체계는 미국식으로 통일되었다.[16] 그리고 해방병학교에서는 제1기생 113명을 입교시켜 1947년 2월 7일 61명을 임관(수학기간 1년)시킨 이래 미군정하에서 3기생까지 입교시켰으며, 정부수립을 목전에 두고 해안경비대의 확장이 요구되자 1948년 6월 29일 사관후보생 과정인 특교대(特敎隊)를 설치하여 군사경력자와 항해 유경험자를 단기 교육시켜 임관시켰는데 정부수립 때까지 1기생 60명을 임관시키고(수학기간 3주) 2기생을 입교시켰다.

한편 미군정은 경비대의 한국화 작업을 추진하면서 1946년 9월 12일 국내경비부장(통위부장)에 유동열 장군을 임명하고, 1946년 12월 23일 제2대 경비대총사령관 송호성(宋虎聲) 중령을 임명(초대 총사령관대리는 이형근(李亨根) 참령)하여 경비대의 수뇌부를 광복군 출신으로 보직시킴으로써 사회적 필요성(societal imperative)을 충족시키고 경비대의 이미지를 개선하여 부대 편성에 박차를 가하려 했으며, 따라서 환국하여 청년운동에 투신했던 광복군 출신들이 경비대에 많이 입대하였다.[17] 그러나 1946년 10월에 발생한 추수폭동으로 인해 경찰에 쫓기는 신세가 된 좌익인사들이 경비대에 입대하여 경비대 내의 좌익분자들과 연계됨으로써 1947년부터 경비대에 좌익조직이 확대·강화되어 1948년 제주4·3사건, 여순반란사건, 대구반란사건과 1949년 강·표(姜·表)대대 월북사건이 발생하게 되었고, 그 결과 경비사관학교 각 기별 임관자의 7% 수준이 숙청되었다.[18]

추수폭동은 미국 정부에도 큰 충격을 주어 정책입안자 간에 한국문제를 유엔에 이관시키고 주한미군도 철수시키자는 의견을 대두케 만들었다. 미국

---

16) 한용원, 앞의 글, 409-411쪽.
17) 한용원, 앞의 글, 414-415쪽.
18) 한용원, 「5·10총선거를 둘러싼 좌우익 간의 투쟁」, 『한국사 시민강좌 38』(일조각, 2006), 106-142쪽.

의 조야에서는 1946년 가을 '추수폭동'이 일어나기 몇 개월 전부터 남한에 10,000여 명의 북한 공산당원이 침투했다는 G-2 정보보고가 있었던 데다가 추수폭동으로 인해 200명 이상의 경찰관이 살해되고, 1,000여 명의 관리 및 양민과 폭도가 사망하는 사건이 전개되자 맥아더 장군은 1946년 10월 28일 아이젠하워 참모총장에게 전문보고를 통해 "하지 장군의 보고에 의하면 남한을 해방시키기 위해 소련 군사훈련을 받은 북한군이 가을 추수 이후 남침(南侵)계획을 하고 있다는 증거가 뚜렷해지고 있다"고 하면서 ①주한미군에게 지체 없이 T/O 수준의 병력을 유지시켜 주고, ②점령군과 경찰 및 경비대를 지원할 우익청년단의 육성을 바란다는 건의를 한 바 있었다.[19]

그리고 트루먼 행정부는 1947년 4월 미·소공동위원회의 재개를 위해 소련과 최후적인 협상을 추진해 보고 실패하면 한국 문제를 유엔에 이관하고 주한미군을 3년 이내에 철수시키기로 결정하였다. 따라서 미군정은 제2차 미·소공동위원회가 1947년 7월 초 결렬되자 주한미군의 철수에 대비하여 경비대를 25,000명으로부터 50,000명으로 증강시키는 계획을 입안하였다. 미군정은 일차적으로 기존 9개 연대로서 1947년 12월 1일 3개 여단을 창설하였고, 합동참모본부(JCS)가 경비대의 50,000명 증강 계획을 승인하자 1948년 4월 25일 2개 여단을 증설하여 경비대는 5개 여단으로 증강되었으며, 1948년 5월 1일부터 4일 사이에 6개 연대를 창설함으로써 1948년 8월 15일 대한민국 정부가 수립될 때까지 조선경비대는 5개 여단 15개 연대로 성장하였다.[20]

---

19) *Foreign Relation*, Vol.Ⅷ(1946), p.750.
20) 한용원, 「대한민국 국군」, 『국군의 맥』(육군본부, 1992), 417-418쪽.

III. 국군의 창설 과정

창군은 독립된 주권국가의 군대 창설인 것이다. 1948년 7월 17일 대한민국 헌법이 공포된 동일자에 정부조직법이 공포됨으로써 국방부가 설치되었고, 1948년 8월 15일 대한민국 정부수립 선포와 더불어 미군정이 종식되자 통위부의 행정은 국방부로 이양되었다. 그리고 '남조선 과도정부의 행정이양 절차'에 의해 1948년 9월 1일 조선경비대와 조선해안경비대의 국군 편입이 이루어졌고, 그 명칭도 9월 5일 각각 육군과 해군으로 개칭되었다. 그러나 이러한 잠정적인 명칭은 11월 30일 국군조직법이 공포되고 이어서 12월 7일 국방부직제령이 제정됨으로써 1948년 12월 15일에 통위부가 국방부로, 조선경비대와 조선해안경비대가 각각 대한민국 육군과 해군으로 정식 편입·법제화되었다.

정부 수립을 앞두고 서북청년회나 대동청년단 등 우익청년단체의 간부들이 경비대 내의 좌익분자들을 구실로 삼거나 광복군모체론을 내세워 경비대의 전면 해산을 국군 재조직의 선행조건으로 해야 한다고 정계에 압력을 가했다.[21] 그러나 정계에서는 경비대가 미군정의 한국화 작업의 산물일 뿐 아니라 민주 군대로 육성되었음을 감안하여 대한민국 국군에 편입시켜야 한다는 입장을 견지하였고, 아울러 경비대의 결함인 리더십 문제와 사상 문제를 극복하기 위해 군사경험이 풍부한 '육·해·공군출신동지회' 회원들과 반탁·반공운동에 앞장섰던 서북청년회, 민족청년단 등 우익청년단 단원들을 충원·보강시켜 체질적 개선을 해야 한다는 입장을 견지하였다. 이는 유동열 장군이 통위부장 취임 시에 임정 등 민족진영에서 경비대의 광복군개조론이 대두되었고, 1947년 경비대 내의 사상문제가 심각해지자 대동청년단 등에서 경비대를 우익청년단과 혼합 편성하여 국방군으로의 개편론이 대두된 데서 비롯되었다.

---

21) 고정훈, 『비록 軍(상)』(동방서원, 1967), 35쪽.

1947년 4월에 귀국하여 대동청년단을 육성시키고 있던 이청천 장군은
1947년 9월 초 하지 장군에게 경비대를 국방군으로 개편하자고 역설한 서
한을 보냈는데, 동 서한에 의하면[22] ①경비대는 경찰의 지원에 목적이 있고
치안 유지를 보조하기 때문에 군대의 성격이 약할 뿐 아니라 '조선국군준비
대'가 많이 참여하여 장병의 절반 이상이 공산주의자로 추측된다. ②더욱이
대부분의 장교들이 군사경험이 부족하고 군사교육 기간도 짧아 하사관들이
경비대를 장악하고 있는 실정이다. ③그러므로 공산주의의 영향을 근절시
키고 한·미·중 간에 극동군사동맹을 체결하며, 병력은 18개 연대로, 장비
는 소총 118,000정을 포함하여 군용차 42,000대, 탱크 2,130대, 전폭기 400
대로 하되, 병력은 장교의 경우 참전동지회가 장교의 자질을 가진 자
30,000명과 대동청년단 단원을 대상으로 단시일 내에 육성하고, 사병은 복
무적령기의 청년 300만 명을 활용하는데, 이 중에는 일본군에 복무한 경험
이 있는 자가 20만 명이고, 이북에서 월남한 반공주의자도 6만 명에 달한다
고 지적하였다.

이 같은 이청천 장군의 제안은 경비대가 국제 정세에 대처함은 물론 공산
주의자의 반란 위험을 제거하기 위해 참전동지회 및 대동청년단과 혼합 편
성하여 국방군으로 개편하는 것이 소망스럽다는 것이다. 이러한 이 장군의
제안이 미군정하에서 실현되지는 못했지만 경비대 내의 공산주의들에 의한
반란의 가능성을 예측하였고, 정부가 수립되고 국군이 창설되자 육·해·공
군출신동지회의 회원과 광복군 수뇌들이 육성한 광복청년회(회장 오광선),
민족청년단(단장 이범석), 대동청년단(단장 이청천), 건국실천원양성소(소
장 김구)의 청년단원들이 대거 육군사관학교에 입교함으로써 그의 이상은
실현되었다. 그러나 이 당시 미국 정부는 한국의 정치적 상황을 절망적으로
판단하여 그 대책을 수립하기보다는 주한미군의 명예로운 철수를 결정하여
철군을 단행하는 우를 범하였다.

이승만(李承晚) 정부는 경비대의 전면 해산을 국군 재조직의 선행 조건으

---

22) HQ 24 Corps, G-2 Weekly Summary(1947.9.7~14).

로 해야 한다는 주장과 더불어 경비대의 광복군 개조론 및 광복군으로의
개편론 등 사회적 요구를 반영하여 경비대를 국군에 편입시키되,23) ①국방
부 장·차관 이범석(李範奭) 장관, 최용덕(崔用德) 차관을 광복군 출신으로
임명하여 국군이 광복군의 독립투쟁정신을 계승토록 했으며, ②군의 리더십
을 확립하기 위해 광복군 출신 김홍일(金弘壹), 안춘생(安椿生), 이준식, 일
본군 출신 유승열(柳升烈), 김석원(金錫源), 백홍석(白洪錫), 만주군 출신 이
주일(李周一), 박림항(朴林恒) 등 육·해·공군출신동지회의 중진 군사경력
자들을 육사 7기 특기와 육사 8기 특기로 경비대 시절에 배출된 장교의 수

〈도표 21〉 육군사관학교 출신 현황

기별		입교자	입교일	임관일	교육기간	임관자	전사자	장성수	비고
7기	정기	602	48.8.9	48.11.11	3개월(-)	561	137(24%)	41(7%)	
	특별	246	48.8.17 ~9.13	48.10.12	2개월(-)	190	42(22%)	41(22%)	
	후기	350	48.11.12	48.12.21	1개월(+)	345	75(21%)	16(5%)	
8기	정기	948 37 315	48.12.7 49.1.27 49.3.19	49.5.23	6개월(-)	1,264	402(32%)	111(9%)	
	특별 1 특별 2	11 160	48.12.7 48.12.7	49.1.1 49.1.14	3주 5주	11 145	2(18%) 32(22%)	9(82%) 9(6%)	
	특별 3	190	48.12.7	49.3.2	3개월(-)	181	45(25%)	11(6%)	
	특별 4	250	49.2.21	49.3.29 49.4.27	5주 9주	148 99	53(21%)	17(7%)	
9기		647	49.7.15	50.1.14	6개월	580	198(34%)	49(8%)	
10기		313	49.7.15	50.7.10	1년	134	109(35%)	39(28%)	
합계		4,069				3,658			

자료: 한용원, 『창군』(박영사, 1984), 83쪽.

---

23) 육군본부 군사감실, 『육군역사일지: 1945~1950』(1954), 239쪽.

만큼 입교시켰고, ③군의 사상문제를 해결하기 위해 광복군의 수뇌들이 육
성한 광복청년회, 민족청년단, 대동청년단, 건국실천원양성소의 청년단원들
과 이북에서 월남한 서북청년회, 대동강동지회, 압록강동지회 등 우익청년
단체 회원들을 육사 정규 7기로부터 육사 정규 10기에 이르기까지 경비대
시절에 배출된 장교의 배수만큼 입교시켰다.

따라서 〈도표 21〉과 같이 육사에서 배출한 장교는 3,658명으로서 경비대
시절에 배출된 장교의 3배에 달하게 되었는데, 이러한 맥락에서 6·25전쟁
발발 직전까지 육사에 입교한 정규 10기생까지를 창군 요원으로 보는 것이
타당할 것이다.[24] 그리고 이러한 간부육성정책의 추진으로 인해 국군의 체
질이 개선되었을 뿐 아니라 해병대 및 공군의 창설 요원까지 육성할 수 있
었으나 신생 국군의 발전에 제한점으로 작용키도 하였다. 첫째, 육군사관학
교에서도 경비사관학교에서와 마찬가지로 간부후보생학교(OCS)로 운영되
어 왔기 때문에 대한민국 국군은 정규군으로의 체질 육성이 어려웠다. 둘째,
미군정이 경비대를 비이념적 집단으로 만들기 위해 불편부당과 기술주의를
강조해 왔기 때문에 경비대가 그 존재가치를 공산주의에 대항할 무장력으로
인정하지 않고 있다가 군부반란사건의 연발에 직면하게 되었다. 셋째, 미국
정부는 한국의 전략적 가치를 낮게 평가하여 주한미군 철수 후에도 한국의
군사력을 소규모 국경 충돌 내지 치안유지에 적합한 방어형 성격의 건설에
중점을 두었기 때문에 한국군은 전면전 수행능력의 배양이 불가능한 상황이
었다.

1948년 9월 15일 주한미군이 철수를 개시한 와중에 10월 19일 여수 14연
대 반란사건과 11월 및 12월 대구반란사건이 연발하였다. 이에 미국 정부는
한국 정부의 요청으로 일단 미 제5연대 전투단 7,500여 명을 잔류시켰으나
1949년 3월 ①한국군에 기본 장비 공급, ②한국 해군에 무기 및 함정의 추
가 공급, ③한국 경찰에 무기 및 탄약 공급, ④한국 육·해군 및 경찰의 비축
용으로 6개월분의 군수물자 공급, 그리고 ⑤미군사고문단을 설치하여 한국

---

24) 한용원, 앞의 글, 421-425쪽.

군의 훈련과 원조의 효과적인 활용 업무를 담당케 하고, 1949년 6월 30일까지 주한미군을 완전히 철수시키기로 결정하였다.[25] 즉 한·미 잠정군사협정 (1948.8.24)에 의거, 1948년 8월 26일 주한미군고문사절단을 설치하고, 그 산하에 임시군사고문단(PMAG)을 두어 1949년 7월 1일까지 주한미군사고문단(KMAG)으로 발전시켜 나갔다.

한편 국방부직제령이 발효된 1948년 12월 15일 현재 국군의 조직은 국방부에 참모총장을 두고, 그 밑에 육군본부와 해군본부를 설치했으며, 각 군은 정규군과 호국군으로 조직하였고, 특히 공군에 관해서는 국군조직법 제23조에 의거, 필요 시 독립할 수 있게 하였다. 그리고 국군은 반란사건이 발생하자 국방부에 정치국을 설치하여 장병들의 정신교육을 강화시키고 '국군 맹세'를 제정·공포하여 점호 시 암송토록 했으며, 육군 특무부대로 하여금 숙군작업을 추진토록 하여 1949년 7월까지 좌익조직원 4,700명을 숙청하였고, 정부 차원에서도 국가보안법을 제정하여 1948년 12월 1일부터 시행하게 되었다.[26] 그러나 초창기의 국군은 65,000명분의 무기와 장비로 95,000명을 훈련 및 장비해야만 했으며, 공비토벌과 38선상의 국지 접전으로 인해 부대훈련을 제대로 할 수 없었다.

육군은 1948년 10월부터 1949년 6월까지 7개 보병연대 및 1개 독립기갑연대와 1개 여단을 창설하였고, 연대의 창설이 순조롭게 진행되자 1949년 5월 21일 각 여단을 사단으로 승격·개편했으며, 6월 20일 수도경비사령부와 제8사단을 창설함으로써 총 8개 사단, 22개 연대를 보유하게 되었다. 또한 육군은 1949년 12월 15일 보병, 포병, 공병, 항공병, 통신병, 헌병 등 8개 병과를 제정하여 군사 특기의 향상을 꾀했고, 아울러 병과학교도 설치하여 1950년 1월까지 13개 군사학교를 설치하였다. 그러나 육군은 1949년 후반기에 하루 평균 3회에 해당하는 총 542회의 공비소탕전과 600여 회 이

25) Department of State, *The Conflict in Korea, Events Prior to the Attack on June 25, 1950*(Washington: USGPO, 1951), p.6.
26) 육군본부 군사감실, 앞의 책, 244-251쪽.

상의 38선 국지 접전을 벌여야만 했기 때문에 부대 훈련이 제대로 이루어
질 수 없었다.[27] 하지만 보병장교 5명과 포병장교 6명이 포트베닝 및 포트
실 고등군사반을 이수하고, G-3에서는 군사영어사전을 편찬·보급하여 장
교들의 미군 교리에 대한 이해도를 증진시킬 수 있는 계기를 마련하였다.

  해군은 여·순 반란사건이 발생하자 임시정대를 편성하여 진압작전에 참
가하였고, 북한 인민군의 해상 도발이 증대되자 1949년 2월 14일 인천, 목
포, 부산, 진해 기지에 각각 정대를 편성하여 해상경비에 만전을 기하였다.
그리고 해군에 해병대가 1949년 4월 15일 진해 덕산비행장에서 창설(장교
26명, 하사관 54명, 병사 300명)되어 5월 5일 해병대령(대통령령 제88호)이
공포됨으로써 추인되었고, 6월 25일 통제부직제령(대통령령 제135호)과 경
비부직제령(대통령령 제136호)이 공포되어 진해에 해군통제부(초대 사령관
金省三 대령)가 설치되었고, 종전 해군기지였던 인천·목포·묵호는 1949년
6월에, 부산·포항은 1950년 4월에, 군산·제주는 1951년에 각각 경비부로
승격하였다. 그러나 해군 전력의 증강이 지연되자 해군은 1949년 6월 '함정
건조기금거출위원회'를 결성하여 기금을 거출, 1949년 10월 17일 구잠함 1
척을 구입하는 자구적 충정까지 보였다.

  이에 국방부는 1950년 4월 해상포, 레이더, 소오나, 헤드곡 등을 장비한
구잠함(PC형) 1척을 구입한 데 이어 5월에 3척을 추가 구입하여 7월 14일
도입하였다. 그런데 해군은 전쟁 전까지 해병대, 통제부, 경비부 등의 창설
에 중점을 둠으로써 주로 지상 병력이 증강되었을 뿐 해상 병력의 증강은
미미하여 간부 양성은 시급한 과제가 아니었다. 따라서 〈도표 22〉에서 볼
수 있듯이 상당수의 간부를 특교대 및 해병간부후보생에서 배출할 수 있었
으므로 해군사관학교는 전쟁 중에도 매 기 3개년 상당의 교육을 실시할 수
있었다. 그리고 해병대는 창설된 지 얼마 되지 않아 1949년 8월 말부터 12
월 말까지 진주지구 공비토벌작전과 1949년 12월 말부터 1950년 6월 말까
지 제주4·3사건 진압작전에 참가하였다.

---

27) Robert K. Sawyer, op. cit., p.73.

<표 22> 해군간부 양성 현황

임관구분	기별	입교일자	졸업일자	교육기간	임관인원
해사	2	47. 2. 7	48.12.25	1년 10개월	48
	3	47. 9. 2	50. 2.20	2년 6개월	54
특교대	2	48. 7.30	48. 8.31	33일	66
	3	48.11. 4	49. 1.25	83일	27
	4	49. 2. 8	49. 3. 8	29일	14
	5	49. 3.12	49. 3.23	14일	17
	6	49. 4. 7	49. 5. 5	29일	19
	7	49. 8.10	49.10.10	62일	46
	8	49.11. 1	50. 2. 1	93일	68
	9	50. 3.17	50. 4.20	35일	98
해병간후	1	49. 7. 5	50. 1. 1	6개월(-)	30
	2	50. 2.17	50. 8. 1	6개월(-)	41
합계					528

자료: 한용원, 「대한민국 국군」, 『국군의 맥』(육군본부, 1991), 440쪽

　공군은 1949년 10월 1일 대통령령 제254호로 육군으로부터 분리되어 독립하였다. 정부 수립 후 미군으로부터 L-4형 연락기 10대를 인수한 육군항공사령부의 간부들은 국군조직법 제23조에 근거하여 공군의 독립을 관철시키려고 정부에 건의함은 물론 미군사고문단 측과 교섭을 벌였으며, 그 결과 1,616명의 병력과 L-4형 및 L-5형 연락기 14대를 보유한 공군으로 독립하여 1949년 12월 19일 수원·군산·광주·대구·제주 등 5개소에 기지부대를 설치하였다. 그러나 공군은 항공기가 부족하여 조종사를 양성할 수 없었기 때문에 항공기 확보를 위해 대미교섭을 벌였으나 성과가 없자 애국기 헌납운동을 벌여 1950년 5월 캐나다로부터 T-6형 항공기 10대를 구입하였다. 그리고 공군은 1948년 5월 항공부대 창설 시 장교가 7명에 불과했으나 특별임관자와 간후장교 출신은 물론 소집장교 출신 등을 확보하여 한국전쟁 발발 시 242명으로 대폭 증대되었다.
　국군은 주한미군의 철수에 따른 힘의 공백을 메우기 위해 병력 증강이

요구되었으나 지원병제하에서 정규군의 확충이 어려워 예비역인 호국군을
편성하여 1949년 7월 16일 7개 여단, 18개 연대를 보유했으나, 8월 6일 병
역법을 공포하여 징병제를 실시하게 되고, 1949년 3월 국방장관을 맡게 된
신성모(申性模)가 정치적 목적을 위해 민족청년단 등 청년단체를 해체시켜
대한청년단을 조직하게 되자 호국군을 폐지하고 청년방위대가 편성되었다.
그러나 효과적인 예비군으로 육성된 호국군을 해체시키고 청년방위대를 편
성했으나 훈련에 임하기도 전에 전쟁이 발발하여 청년방위대는 이산되었고,
따라서 전시에 국민방위군을 다시 편성해야만 했다. 1949년 11월 대한청년
단을 주축으로 창설된 청년방위대는 20만 명의 대원으로 편성됐으나 정치
적 어용단체로서 군사적인 실용성이 별무했을 뿐 아니라 전시에 국군이 국
민방위군사건에 휘말려 사기가 저하되게 만들었다.[28]

창군 과정에서 이처럼 제기되는 문제점은 많았는데, 그중에서도 중요한
문제라고 할 수 있는 것은 첫째, 미국 정부가 전전에 한국의 군사력을 한국
의 경제 능력에 비추어 치안유지에 적합한 방어형으로 건설하도록 지원해
왔기 때문에 한국군에게는 전면전을 수행할 수 있는 정규군으로 거듭 태어나
기 위한 획기적인 재편성이 요구되었다. 둘째, 한국군이 경비대 체제를 국군
체제로 전환시키면서 1~2년 사이에 장교의 수를 3배로 팽창시켜 '인사의
혹'을 형성했기 때문에 군부의 신진대사를 저해시켰으며, 군부의 신진대사
저해는 훗날 한국군이 정치 개입을 하게 되는 한 요인을 형성하게 되었다.

셋째, 한국군의 정통성과 관련되는 문제인데, 전전의 광복군모체론은 6·25
전쟁 후에 쇠퇴되어간 데 반해, 경비대모체론은 전후 반공주의 세력의 득세
와 더불어 경비사 출신이 군부의 헤게모니를 장악함으로 인해 부각되었다.
그러므로 앞서 기술했듯이 육군본부는 1955년 4월 27일 "군의 역사와 전통
을 단절 없이 계승시키기 위해서 육사 창설일을 5월 1일로 하고, 재학 중인
생도의 기별 호칭을 변경하는 결정을 했다"고 육군사관학교에 통보해 왔다.
군에서는 장병들에게 '광복군의 후예'라는 긍지를 심어주기 위해 1948년 7

---

28) 한용원, 앞의 글, 446-449쪽.

월 29일 광복군 출신 최덕신 중령을 육사 제6대 교장으로 임명한 이래 계속
해서 제7대 교장(1949.1.15~1950.6.10)에 김홍일 장군, 제8대 교장(1950.
6.10~1950.7.8)에 이준식 장군, 제9대 교장(1951.10.30~1952.11.10)에 안
춘생 장군을 각각 임명하여 왔다.

특별임관한 제6대 육참총장 이종찬 중장(1951.6.23~1952.7.22)은 광복
군 출신 안춘생 장군을 육사 교장에 임명했으나 군영 출신 제7대 육참총장
백선엽 대장(1952.7.23~1954.2.13)은 광복군 출신을 육사 교장으로 임명하
는 관례를 폐지하였고, 역시 군영 출신 제8대 육참총장 정일권 대장(1954.
2.14~1956.6.26)은 육사 창설일을 경비사관학교 창설일인 5월 1일로 정하
고 생도의 기별 호칭을 변경시킴으로써 정규 육사 출신들이 '경비사관학교
모체론'을 신봉하도록 만들고자 했다. 창군 과정에서 한국군은 장교의 교육
기간을 군사경력자의 경우 3주부터 3개월까지로, 민간인 출신의 경우 6개월
로부터 1년까지로 다양화시켰다. 이러한 상황에서 육군본부는 4년제 정규
육사 1기생이 졸업하기 전에 임관장교들의 기별 호칭을 획일화시킬 필요성
을 느꼈다. 그러므로 육군본부는 1951년 후반기 진해에서 육군사관학교를
창설할 때 "정규 육사 1기생을 모집한다"고 공포했던 사실을 무시하고 1955
년 4월에 일방적으로 정규 육사 11기로 변경시키는 조치를 취하였다.

따라서 이 같은 조치로 인해 임관교육 기간이 4년간이 걸린 정규 육사
출신은 불리한 입장에 처하게 되었고, 1950년에 입대한 생도 2기는 아예
설자리마저 잃게 되었다. 아마도 이는 정부 수립을 앞두고 서북청년회와 대
동청년단 등 청년단체의 간부들이 경비대 내의 좌익분자들을 구실로 삼거나
광복군모체론을 내세워 경비대의 전면 해산을 국군 재조직의 선행조건으로
해야 한다고 정계에 압력을 가했던 사실과 결코 무관하지 않을 것이다.[29]
즉 전쟁으로 인해 군의 헤게모니를 장악할 수 있게 된 군사영어학교 출신
및 경비사관학교 출신들이 군내에 경비대모체론을 부각시켜 그들의 영향력
을 지속시키고자 한 것으로 보인다. 또한 이는 당시 한국군의 발전 방향을

---

29) 고정훈, 『비록 軍(상)』, 35쪽.

좌우했던 주한미군사고문단(KMAG)이 군영 및 경비사 출신을 비호하는 상황이었기 때문에 가능할 수 있었다.

IV. 창군의 인적 자원

해방공간에서 창군의 인적 자원은 ①우선 군사경력자로는 〈도표 23〉과 같이 일제의 동원령에 의해 일제의 전쟁대리인으로 동원된 42만 명 중 전사 및 행불자 18만 명을 제외한 24만 명과 독립투쟁전선에서 활약했던 독립군·광복군 출신 생존자 3만 명이 가용자원이었다. ②다음으로 비군사경력자로는 이북에서 월남한 서북청년회, 대동강동지회, 압록강동지회 등의 청년회원들과 광복군의 수뇌들이 육성한 광복청년회, 민족청년단, 대동청년단 등의 청년단원들이 주요한 가용자원이었다. 해방공간에서 일본군 및 만주군 출신 군사경력자들은 조선임시군사위원회나 조선국군준비대를 결성하여 창군운동을 전개하였고, 광복군 출신들은 광복군국내지대에 참여하여 창군운

〈도표 23〉 일제의 전시동원

구분	동원령	비고
학도병	학도동원령(1943.10.12)	
육군지원병	육군특별지원병령(1938.2.2)	
해군지원병	해군특별지원병령(1943.5.11)	
육군징병	일반징병령(1943.8.1)	
해군징병	해군병징모검사(1944.5.10)	
군무원	해군작업애국단원 및 포로감시원 모집령	

자료: 이선근, 『대한국사 10』(신태양사, 1973) 참조

동을 전개했기 때문에 이들 군사경력자들은 당연히 창군의 가용자원으로 간주되었으나 창군의 인적 자원을 군사경력자로 한정한다면 반독립투쟁전선에서의 활약자들이 독립투쟁전선에서의 활약자들보다 8배나 많았고, 따라서 국군의 정통성 문제가 제기될 소지를 내포하고 있었다.

그러나 이 같은 창군은 가용자원 산정방식에 비해 보다 체계적인 산정방식으로서 이청천 장군이 1947년에 하지 장군에게 제의한 '경비대의 국방군 개편론'을 통해서 살펴보면 우선 장교는 남한에 있는 훈련된 장교 3,030명과 장교의 자질을 가진 자 30,000명을 활용하되, 고급장교 100명과 중·하급장교 600명의 회원을 포용한 참전동지회(參戰同志会)가 장교의 자질을 가진 자 30,000명과 대동청년단 단원들을 대상으로 단시일 내에 육성하고, 다음으로 사병은 복무적령기의 청년 300만 명을 활용하되, 이 중에는 일본군에 복무한 경험이 있는 자가 20만 명이고 이북에서 월남한 반공주의자도 6만 명에 달한다는 것이다.[30] 그러나 가용자원을 어떠한 방식으로 산정하건 가용자원이 곧 충원자원이 되는 것이 아니라는 데 문제가 있는 것이다.

그러면 이제 창군의 인적 자원을 출신별·단체별로 세분하여 살펴보기로 한다. 먼저 독립투쟁전선의 독립군·광복군의 기간요원은 1910년대에는 민족진영 주체로 양성하였고, 1920년대에는 중국의 군관학교에 유학시켰으며, 1930년대에는 한·중합작으로 육성하였다.[31] 민족진영 주체로 독립군의 기간요원을 양성한 대표적 기관으로는 만주의 경우 이회영·이동녕 중심으로 운영한 신흥무관학교, 이동휘(대한제국 무관 출신) 중심으로 운영한 동림무관학교와 이갑(대한제국 무관 출신) 중심으로 운영한 밀산무관학교 등이 있었는데, 그중 신흥무관학교(新興武官學校)는 1911년에 개교하여 1920년 폐교될 때까지 원병상, 변영태, 성주식 등 3,500여 명의 간부를 양성하여 사실상 독립군의 주도세력이 되게 하였다.

신흥무관학교는 교장 이천민(李天民), 교성대장 이청천, 교관 김광서(김

30) G-2 Summary, HQXXIV Corps(1947.9.7~14).
31) 한용원, 「국군의 정통성」, 『국군의 맥』(육군본부, 1992), 453-473쪽.

경천), 신팔균, 이범석 등으로 편성하여 무관 과정·하사관 과정·속성병 과
정을 운영하였고, 졸업생들은 신흥학우단을 조직하여 북로군정서 사관연성
소(소장 金佐鎭) 등에 교관지원과 교재지원을 하였다. 북로군정서 사관연성
소는 소장에 김좌진, 교관에 이범석, 이장녕, 김규식 등으로 편성하고, 서로
군정서 신흥무관학교의 지원을 받아 1920년 9월 9일 제1기 사관연성소생
298명을 졸업시킴과 동시 일반병 480명도 모집하여 훈련시킴으로써 청산리
전투의 기간요원으로 활용할 수 있었다. 한편 상하이 임시정부에서도 프랑
스 조계 내에 1919년 말 임시무관학교를 개교하여 6개월 속성으로 1920년
5월 8일 이현수(李賢秀) 등 19명의 제1회 졸업생을 배출하였고, 12월 24일
에는 22명의 제2회 졸업생을 배출하였다.[32]

　그러나 1920년대에 들어와 독립운동진영 내에 민족주의자와 공산주의자
의 대결은 물론 임정문제를 놓고 개조파와 창조파로 분열됨으로써 임정은
스스로 무력을 배양할 힘을 상실하였고, 따라서 임정 지원의 외곽단체 노병
회(勞兵会) 등이 주선해서 한국청년들을 중국의 운남강무당, 황포군관학교
등 군관학교에 유학시켰는데, 이들 기관에서 군사교육을 받은 요원은 240여
명에 달하였다.[33]

　즉 ①당계요가 운남성 곤명에 설립한 신식 군관학교인 운남강무당에 이
범석(李範奭) 등 4명이 1919년에, 이준식 등 11명이 1923년에, 김종진이
1925년에 각각 졸업하였고, ②노병회의 주선으로 이동건·송호성 등 10여
명은 감야군사강습소에, 채원개·오동기 등 50여 명은 1923년 낙양강무당에
입학하여 군사훈련을 받았으며, ③중국의 중앙군관학교인 황포군관학교에
도 한인청년들은 제3기로부터 제17기에 이르기까지 170여 명이 졸업하였
다. ④이 외에도 보정군관학교에 조개옥(趙介玉), 오광선 등이 유학하였고,
귀주강무당에 김홍일 등이 유학하였다. 황포군관학교에는 제3기에 이일태

32) 국회도서관 편, 『한국민족운동사료』, 중국편(1976), 15쪽.
33) 한시준, 「신흥무관학교 이후 독립군 군사간부 양성」, 『신흥무관학교와 항일무장독립
　　운동』(2011), 51-52쪽.

등 4명이 1924년 입학하였고, 제4기에 김원봉, 권준 등 140여 명이 1926년에 입학했으며, 제5기에 신악·박시창 등 9명이, 제6기에 안재환 등 7명이, 제7기에 이탁(李拓) 등 10명이 각각 입교하였다. 그런데 황포군관학교 유학생 중 4기 40여 명이 공산폭동에 가담하여 처형됨으로써 7기 이후에는 한국청년들의 유학이 제한을 받게 되어 10기 최덕신(崔德新)·김동수(金東洙), 11기 박기성(朴基成), 15기 유해준(兪海濬), 17기 박영준(朴英俊) 등만이 유학할 수 있었다.

1930년대에 들어와 만주사변 등 일제의 침략활동이 더욱 노골화되었을 뿐 아니라 1932년 4월 윤봉길 의사의 홍구공원 폭탄투척 의거로 인해 한국인의 항일저항운동이 중국 내에서 높이 평가됨으로써 장개석(蔣介石) 총통은 중국중앙군관학교 분교 내에 한국인 특설반을 설치하여 간부를 양성할 수 있게 편의를 제공해 주었다. 장 총통의 이 같은 편의제공으로 한국독립운동자들에 의해 군사간부 양성사업이 추진될 수 있게 됨으로써 조선혁명당은 김원봉의 주도하에, 임정은 김구의 주도(실제로는 이청천 장군 주도)하에 각각 이루어지게 되었다.

한국인 특설반 출신 현황을 살펴보면 우선 좌파의 김원봉은 남경교외「국민정부 군사위원회 간부훈련반」내에 의열단(단장 김원봉) 경영의 제6대(별명 조선혁명간부학교)를 창립하여 1932년 10월부터 1935년 10월까지 6개월 과정의 제1기(26명), 제2기(54명), 제3기(44명)로 총 124명을 배출했는데, 이들은 훗날 조선의용군의 기간요원이 되었다. 다음 우파의 이청천은 「국민정부 군관학교 낙양분교 육군군관훈련반」에 제17대(일명 한인특설반)를 설치하여 1932년 92명을 입교시켜 1935년 62명을 졸업시켰는데, 이들은 훗날 한국광복군의 기간요원이 되었다. 1940년 9월 17일 광복군이 창설되자 중국관내의 독립군은 광복군으로 전환했는데, 독립군 출신 광복군의 주요 인사는 〈도표 24〉와 같았다.

다음으로 반독립투쟁전선의 일본군 및 만주군 출신에 관해 살펴보기로 한다. 일본군 및 만주군 출신은 1910년에 한일합방이 되었기 때문에 '독립준비론'의 차원에서 일본군 및 만주군에 입대했다고 그 명분을 내세운다.

〈도표 24〉 독립군 출신 광복군 주요 인사

성명	광복군에서의 역할	국군 창설에서의 역할
유동열	참모총장 겸 통수부원	통위부장
이청천	총사령관 겸 군사외교단장	국방군 개편안 제의
이범석	참모장, 제2지대장, 국내정진군 총사령관	초대 국방장관
최용덕	총무처장	초대 국방차관
김원봉	제1지대장, 부사령관	중앙육군군관학교 교장
권 준	제1지대장, 고급참모	수도경비사령관
채원개	작전처장, 제1지대장	여단장
이준식	제1지대장, 고급참모	육군대학 총장
김홍일	참모장	군단장
송호성	편련처장, 제5지대장	경비대총사령관
조성환	군사특파단장, 군무부장	대한민국군사후원회 총재
오광선	낙양군교교관, 국내지대장	호국군여단장
황학수	참모장 대리, 부관처장	
김학규	고급참모, 제3지대장	
윤기섭	고급참모, 부관처장	

자료: 육군본부, 『국군의 맥』(1992), 457쪽

대한제국이 수립되자 1897년 12월 무관학교가 설치되어 1909년 7월 3일 폐교될 때까지 대한제국의 군관 육성이 일본인 교관과 조교의 군사훈련 전담으로 이루어졌으며, 역대 학교장은 이학균, 이병무, 조성근, 노백린, 이희두 등이었다. 대한제국 무관학교 출신 중에서는 일본육군사관학교에 유학자가 많았다. 훈련대의 사관양성소(후에 대한제국 무관학교) 설립계획에 따라 이병무(당시 副領官, 후에 군부대신, 중장)가 1895년 5월부터 1896년 3월까지 일본육사에 연수한 데 이어 조선무관들의 특별 과정 입학이 허가되어 1896년 1월 부장(副將) 성창기, 조성근(후에 중장), 참위 권학진·이대규·

왕유식·김상열, 생도 이희두(후에 참장)·이장화·박의병·최병태·장명근 등 11명이 수학했으나 동년 7월 박영효 등 친일내각의 실각으로 귀국 명령을 받고 귀국해야만 했다.[34]

일본육사의 정규 과정에는 1898년 12월 1일 어담(후에 중장)·노백린 등 21명이 제11기생으로, 1902년 12월 1일 김응선(후에 참장)·유동열·이갑 등 8명이 제15기생으로 입교하여 1년 만에 졸업하고 일본에서 6개월간 견습사관 수업 중에 러·일전쟁이 일어나자 관전무관으로서 근대전의 식견을 넓히고 귀국, 무관학교에 보직되어 군간부 양성에 이바지했을 뿐 아니라 대한제국군의 고급간부가 되었다.[35] 그러나 러·일전쟁 후 1905년 11월 17일 을사보호조약이 체결되자 이토 통감은 국가재정을 절약한다는 구실로 1907년 8월 1일 대한제국군대를 해산시켜 버렸다. 군대해산에 항거하여 노백린 대좌와 이갑 중좌 등은 중국 및 만주로 망명하여 독립운동에 가담하였고, 군대해산 후인 1909년 12월 1일 일본육사에 입교하여 1911년 5월 27일 졸업한 김광서(김경천 또는 김현충)도 중위 때에 시베리아로 망명하여 항일투쟁을 전개하였다.

1910년 한일합방 이후 일본육사에는 〈도표 25〉와 같이 1912년 12월 1일 제26기가 입교한 이래 광복 직전인 1945년 4월 제61기까지 입교하였다. 그러나 제26기에는 홍사익(洪思翊)·이응준(李応俊) 등 11명이, 제27기에는 김석원(金錫源)·백홍석(白洪錫) 등 20명이 각각 졸업했으나 제29기로부터 제53기까지는 1명 내지 2명이 졸업하였고, 제54기부터 제59기까지는 3명 내지 4명 수준이 졸업하였다. 그리고 제60기 6명과 제61기 9명은 생도로서 수학 중에 종전을 맞았다. 이들 일본육사 출신 중 제26기 홍사익과 제29기 이근(영친왕)은 일본육군대학을 졸업하고 일군중장까지 승진했으나 제26기 이응준·신태영, 제27기 김석원·백홍석 등은 대좌까지 진출하는 데 그쳤다.

한편 일제의 대륙침략이 본격화되자 일본육군성과 조선총독부는 1938년

34) 육군본부, 『창군전사』(1980), 28-29쪽.
35) 이기동, 『비극의 군인들』(일조각, 1982), 143-149쪽.

〈도표 25〉 한일합방 후 일본육사 출신 현황

기별	수학기간	졸업자	비고
제26기	1912.12.1~1914.5.26 (1년 6개월)	홍사익·이응준·신태영· 이청천 등(11명)	• 이청천, 일군중위 때 망명 광복군총사령관 • 홍사익, 일군중장 전범자로 처형
제27기	1913.12.1~1915.5.25 (1년 6개월)	김석원·백홍석·장석균· 이종혁 등(20명)	• 이종혁, 참의부 군사위원장
제29기	1915.11.28~1917.5.25 (1년 6개월)	이근(영친왕)·조대호 등 (2명)	• 이근, 일군중장
제30기	1916~1918(2년)	엄주명(1명)	• 영친왕의 친구
제42기	1928~1930(2년)	이건(1명)	• 영친왕의 조카(일본에 귀화)
제45기	1929.4~1933.7(4년)	이우·이형석 등(2명)	• 이우, 영친왕의 조카 (히로시마 원폭 시 사망)
제49기	1933.4~1937.6(4년)	채병덕·이종찬 등(2명)	• 초대국방장관 이범석 장군이 창군의 참모총장기로 고려
제50기	1934.4~1937.12 (3년 6개월)	이용문·지인태 등(2명)	• 지인태, 노몽한사건 때 전사
제52기	1936.4~1937.4(1년)	박범집·최명하 등(2명)	• 최명하, 스마트라에서 전사
제53기	1937.4~1940.2(3년)	신응균·박재홍 등(2명)	• 박재홍, 사업가로 변신(일본)
제54기	1937.12~1940.9(3년)	김정열·강석우·노태순 등(2명)	• 노태순, 버마에서 전사 • 강석우, 태평양에서 전사
제55기	1938.12~1941.7(3년)	유재홍·김창규·전원상 등(3명)	• 전원상, 버마에서 전사
제56기	1939.12~1942.12(3년)	이형근·김종석·최정근· 최창식 등(4명)	• 최정근, 오키나와에서 전사
제57기	1941.4~1944.4(3년)	김영수 등(3명)	• 김영수, 김석원의 자 • 3명 모두 전사 내지 사망
제58기	1942.4~1945.6(3년)	성래혁·박원석·신상철 등(6명)	• 종전 시 일군중위

제59기	1943.4~1945.8 (2년 4개월)	장창국 등(3명)	
제60기	1944.3~1945.8 (1년 5개월)	장지량·조병건 등(6명)	• 육사재학 중 종전
제61기	1945.4~1945.8(4개월)	오일균·정만영 등(9명)	• 육사재학 중 종전

자료: 육군사관학교(1970), 한국전쟁사(병학사, 1977)

4월 3일 육군특별지원병령을 시행하여 한국인을 일본군 현역에 편입시켜 활용하는 길을 텄으며, 이로 인해 최경록(崔慶綠), 송요찬(宋堯讚), 문형태, 김재규 등 17,664명의 육군지원병이 일본군에 복무하게 되었다. 그리고 일본군이 진주만을 기습한 후에 전장이 확대되자 일제는 1943년 8월 1일 징병제도를 실시하여 187,000명을 징집하였고, 10월 12일 학도동원령을 선포하여 민기식(閔기植), 김계원(金桂元), 김종오(金鐘五), 서종철 등 4,385명을 동원하였다. 또한 일제는 해군자원의 충원을 위해 해군특별지원령을 시행하여 이용운(李龍雲), 강기천(姜起千), 이봉출(李鳳出), 현시학 등 3,000명을 충원하였고, 해군징병조치를 단행하여 22,290명을 징집·충원하였으며, 이외에 포로감시 등을 위한 155,000여 명의 군무원도 채용하였다.[36)

나아가 반독립투쟁전선의 군사경력자 중에는 일본군 출신 외에도 일본군에 의해 세워진 괴뢰정부 만주국의 국방군에 복무한 군사경력자들도 있었다. 그들 중 최고계급은 중좌(元容德, 申鶴鎭 등)까지 승진했으나 대부분은 위관급이었으며, 대체로 봉천군관학교와 신경군관학교 출신들이었다. 즉 김석범, 정일권, 신현준(申鉉俊), 김백일(金白一), 백선엽(白善燁) 등은 봉천군관학교 출신이었고, 이주일(李周一), 박림항(朴林恒), 박정희(朴正熙), 이한림, 강문봉, 윤태일 등은 신경군관학교 출신이었다. 이외에도 일본육사편입 출신, 만군군의학교 출신과 만군경리학교 출신이 있었다. 봉천군관학교 출

---

36) 한용원, 「국군」, 『현대사 속의 국군』(전쟁기념사업회, 1990), 325-326쪽.

〈도표 26〉 만주군 출신 일본육사 편입자 현황

기별	명단	비고
봉천군교 5기 → 일육사 54기	김석범, 석회봉	2명, 대위
봉천군교 5기 → 일육사 55기	정일권	1명, 대위
신경군교 1기 → 일육사 56기	이주일, 최창언, 박림항, 김민규, 조영원, 최창윤	6명, 대위
신경군교 2기 → 일육사 57기	박정희, 이한림, 이변준, 김재풍	4명, 대위
신경군교 3기 → 일육사 58기	최주종, 강태민	2명, 소위
신경군교 5기 → 일육사 59기	강문봉, 황택림, 이용술, 김태종	4명, 소위
신경군교 6기 → 일육사 60기	김윤근, 김세현, 최정순, 이우춘, 김학림, 김기준, 김석권	7명, 소위

자료:『비록 군(상)』(동방서원, 1967),『한국전쟁사』(병학사, 1977)

신 기성장교와 신경군관학교 예과생도중에서 능력과 자질이 우수한 자는 발탁되어 일본육사에 편입되었는데, 제54기로부터 제60기에 이르기까지 〈도표 26〉과 같이 26명이 수학했으며, 원용덕·신학진·박동균 등은 만군군의 학교를, 김일환·양국진 등은 만군경리학교를 각각 수학하였다.

전후에 이상에서 논의한 바와 같이 독립투쟁전선과 반독립투쟁전선의 인적 자원을 중심으로 창군이 추진되었다. 1946년 1월 15일 경비대를 창설한 미군정은 1946년 1월 21일 창군운동을 전개하던 군사단체들을 해산시켰다. 이에 일본군 및 만주군 출신 소장층은 군사영어학교와 경비사관학교에 입교하여 임관했으나 광복군 출신은 '광복군모체론'의 법통을 내세우고 일본군 및 만주군 출신 중견층은 명분론·자숙론 등을 내세워 경비대의 입대를 외면하고 제도권 밖에서 참전동지회를 결성, 친목을 다지면서 국군이 창설되기를 기다렸다. 그리고 좌파들은 인민들의 자유를 억압한다는 이유로 경비대의 창설을 비난하면서도 지방조직을 가졌던 국군준비대 요원들은 도단위 연대창설 시 사병으로 입대하여 훗날 군이 내부적으로 시련을 겪게 만들었다.

미군정 국방사령부에서는 1945년 12월 5일 통역관 및 군간부 양성을 위한 군사영어학교를 설치하고 일본군 출신 이응준(李応俊), 만주군 출신 원용덕(元容德), 광복군 출신 조개옥(趙介玉) 등 출신별 선임자들에게 군사영어학교 입교자의 추천을 의뢰하는 한편, 입교자격을 일본군·만주군·광복군 출신 장교 및 준사관 중에서 중등학교 이상을 졸업하고 영어에 대한 약간의 지식을 구비한 자로 제한하였다.[37] 그 결과 군사영어학교 임관자는 110명으로서 그중 일본군 출신 87명, 만주군 출신 21명, 광복군 출신 2명(유해준, 이성가)이 차지하였다. 그리고 조선경비대의 창설에 따라 1946년 5월 1일 설치된 조선경비대훈련소(조선경비사관학교)에서는 6개기에 걸쳐, 1,254명을 임관시켰는데, 이 중 제1기로부터 제4기까지는 군사영어학교에 입학하지 못한 군사경력자 위주로 선발하였다.

1948년 8월 15일 대한민국 정부가 수립되고 국군이 창설되자 국군이 창설되기를 기다렸던 광복군·일본군·만주군 출신 중견층은 경비대 시절에 배출된 장교의 수만큼 육사7기특기와 육사8기특기로 임관하여 군의 리더십 확립에 기여하였다. 그리고 월남한 우익청년단 회원과 광복군의 수뇌들이 육성한 청년단 단원 등을 경비대시절에 배출한 장교의 배수만큼 육사정규 7기·8기·9기·10기로 임관시켜 군의 사상문제를 해결코자 하였다. 임관 구분과 관련하여 ①일본육사 출신은 49기 이전의 26기 유승렬·박승훈 등과 27기 김석원·백홍석 등은 육사8기특기로, 49기와 그 후의 이종찬·이용문·신응균 등은 특별임관으로 각각 충원했으며, ②일본학도병 출신은 장경순·유양수처럼 육사7기특기로 충원하였고, ③일본해군지원병 출신 이용운·강기천 등은 특별임관으로, 현시학 등은 해사1기로 각각 충원했으며, ④항공학교 출신 장성환(張盛煥)·김두만(金斗滿)·옥만호(玉滿鎬)·주영복(周永福) 등은 공군간후로 충원하였다.[38]

만주군 출신의 경우 봉천 및 신경군관학교 출신은 이주일·윤태일·강태

---

37) Robert K. Sawyer, op. cit., p.12.
38) 한용원, 「국군의 정통성」, 『국군의 맥』(육군본부, 1992), 458-459쪽.

민처럼 육사7기특기 및 육사8기특기로 충원하거나 박림항·신현준·김동하처럼 특별임관으로 충원하였다. 그리고 광복군 출신의 경우 장흥·김국주 등은 육사7기특기로, 안춘생·이준식·오광선·박영준 등은 육사8기특기로 각각 입대하였고, 김홍일(金弘壹)·김응조(金応祚) 등은 특별임관했으며, 최용덕(崔用德)·김신(金信) 등은 공군간후로 입대하였다. 이상과 같은 장교단의 양성 과정을 거치면서 광복 이전의 군사경력자 중 한국군에서 장군 승진자는 일본군 출신 226명, 만주군 출신 44명, 광복군 출신 32명이었고, 일본군 출신의 경우 일본육사 출신 26명, 일본학도병 출신 95명, 일본지원병 출신 105명이었다.[39]

V. 국군의 성장 과정

한국의 광복사는 38도선을 경계로 군사분계선이 설정되면서 시발되었고, 이 분계선이 국토의 분할선, 정치적 분단선 그리고 민족의 분열선으로 변해가는 과정에서 우리 민족은 숱한 파란곡절을 겪어야 했다.[40] 더욱이 38선은 남북한의 대결선일 뿐 아니라 동아시아의 공산주의 세력과 반공주의 세력의 대결선이며, 국제적으로 공산진영과 자유진영의 대결선이라는 세 수준의 대립을 함축한 복합적이고 교차적인 대립선으로서 분단의 중층구조를 형성하였다. 그러므로 무력통일을 기도하여 북한이 도발한 내전 성격의 한국전쟁이 국제전으로 비화되어 3년간 지속되었고, 정전협정이 체결되자 남북한은 체제경쟁에 돌입하였다. 따라서 분단체제는 민족의 자주적 발전을 저해·지

39) 한용원, 「국군」, 『현대사 속의 국군』(전쟁기념사업회, 1990), 329쪽.
40) 이원순, 「광복50년사의 역사적 조명」, 『광복50주년기념 종합학술대회 발표논문집』(한국학술진흥재단, 1995), 16-17쪽.

연시켜 한국군은 1970년대 후반기에 비로소 자주국방 건설을 추진할 수 있었다.

냉전하에서 남북한 관계가 '적대와 의존의 동태적 대쌍관계'를 유지하는 가운데,[41] 국군의 성장 과정은 1950년대 전쟁 및 정비기, 1960년대 체제정립기, 1970~80년대 자주국방기로 전개되었다. 국군은 경비대 체제를 국군체제로 전환시켜 겨우 소부대 훈련을 마친 상황에서 3년간에 걸친 동족상잔의 전쟁을 치렀다. 그리고 전시에 과대 성장한 국군은 정규군으로 거듭 태어나기 위한 획기적인 재편성을 추진하고 전후에 복구와 진지 편성 및 부대정비에 매진해야만 했다. 그러므로 본격적인 국군체제의 정립은 5·16 후에 비로소 가능하였다. 하지만 냉전체제하에서 경제력이 약한 한국은 '한국 방위의 한·미 동맹화'를 추구하지 않을 수 없었다. 그러나 1960년대에 경제개발에 어느 정도 성공한 한국은 닉슨 독트린이 발표되고 미국의 대한무상군원이 종료되자 1975년 방위세를 신설하여 전력증강 사업을 추진하였다.

그 결과 한국군은 1980년대에 방위산업의 국산화와 양산화를 상당 수준 성취하였고, 1990년대에 들어와 3군의 통합전력을 효과적으로 발휘할 수 있도록 군 구조를 개선한 데다가 1994년 12월 1일부로 평시작전통제권을 환수함으로써 자주국방의 거보를 내딛게 되었다.[42] 이처럼 한국군이 점차적으로 자주국방 능력을 증대시키면서 대미 의존의 폭을 좁힘으로써 이제 한국의 안보는 한국군이 주도하고 미군이 지원하는 구도로 바뀌게 되었다. 그러나 자주국방력을 확보하는 데는 경제력의 지출 문제와 과학기술력의 한계 그리고 국제적인 군비 통제 등 제한요소가 많다. 그러므로 한국군은 한편으로 자주국방 능력을 계속 증대시키면서 다른 한편으로 한·미연합방위체제를 공고히 해 왔는데, 이는 앞으로도 정도의 차이는 있겠으나 상당 기간 지속될 수밖에 없을 것이다.

6·25전쟁으로 인해 한국군은 양적으로나 질적으로 급성장했는데, 우선

---

41) 박명림 교수는 냉전하의 남북한 관계를 적대와 의존의 동태적 대상관계로 보았음.
42) 한용원, 「건국과 건군」, 『시대정신 39』(2008), 124-125쪽.

양적으로 전쟁 전 10만여 명을 유지했으나 종전 시에 70만여 명으로 늘어났
다. 전쟁 중 한국군의 병력 규모는 서울 함락 직후에 22,000여 명이 한강
이남에 재집결했으나 1950년 7월 초에는 58,000여 명으로 증가하였고, 낙
동강 방어선이 확보되자 개전 전의 8개 사단 수준이 회복되었다. 휴전협상
이 개시될 때 인가 병력은 250,000명으로 동결되었으나 1952년 5월 한국군
의 실병력은 360,000여 명에 달하였고, 그 후 1952년 10월 인가 병력을
463,000명으로 증가시켰으나 1953년 5월에는 인가 병력을 655,000명으로
재차 증가시켜 승인해야만 했다.[43] 다음 질적으로는 정규군으로 거듭 태어
나기 위해 획기적인 재편성을 추진함과 동시에 10,000여 명에 달하는 장교
및 하사관에게 미군사학교에서 위탁 교육을 실시할 수 있는 기회를 부여하
였다.

　장·사병 공히 정규훈련을 제대로 받지 못한 한국군이 북한군 및 중국군
의 기습을 받게 되자 정상적인 작전 수행이 불가능했으며, 이러한 경우 한국
군 지휘관은 부대를 보존하기 위해서 적군이 접근해 오기 이전에 조기 철수
작전을 전개했는데, 이는 인접한 미군부대와 유엔군 전선 전체에 심각한 부
담을 주었다. 1951년 5월 동부전선 헨리북방에서 한국군 제3군단이 중국군
의 공격을 받아 붕괴된 사건이 발생하여 유엔군 전선이 20㎞나 남하하게
되자 미 제10군단을 투입하여 전선을 안정시킨 바 있었다. 이처럼 한국군의
전쟁수행 능력이 보잘 것 없었던 것은 한국군의 간부 양성의 특성이 ①단기
교육 훈련 과정으로의 양성, ②국방전문장교로의 양성 미흡, ③리더십이 결
여된 장교를 배출한 데 있었기 때문이었다.[44] 그러므로 신임 8군사령관 밴
프리트 장군은 한국군이 중국군의 대공세에 직면 시 공황상태에 빠지게 되
는 것은 한국군 장교의 리더십 결여에 기인하고, 이는 한국군의 전투 효율성
을 향상시켜야만 극복될 수 있을 것이라고 진단하였다.

---

43) 군의 인력이 급증함에 따라 인가병력의 수준부터 설정하고 동 수준에 맞추어 인력을
　　조정하는 정책을 구사하였음.
44) 한용원, 『남북한의 창군』(오름, 2008), 221-223쪽.

이에 반해 한국군 측에서는 한국군의 결함이 무기 및 장비 지원의 결여와 인적 자원의 결여에서 비롯되었다고 진단하는 경향이었다. 사실상 한국군의 결함은 미국 정부가 한국군을 정규군이 아닌 경비대로 육성했을 뿐 아니라 한국의 전략적 가치를 낮게 평가하여 군사적 지원에 인색했던 탓에 기인하였다. 그러므로 한국군의 전투력 회복을 위한 실질적인 재편성의 추진은 절실한 것이었으며, 이는 미 8군사령부의 주관하에 시행되어야 할 과제이기도 했던 것이다. 다행스럽게도 그리스에서 미군사고문단을 지휘하여 그리스 육군을 공산게릴라와 싸워 이길 수 있도록 훈련시킨 바 있었던 밴프리트 장군이 미 8군사령관으로 부임하고, 1952년 5월 클라크(Mark E. Klark) 대장이 신임 유엔군사령관으로 부임함으로써 한국군의 화력과 인력은 증강될 수 있었다.[45]

밴프리트 장군은 각 부대의 전투 효율성을 상승시키기 위해 야외훈련소(the Field Training Center)라는 부대별 훈련 프로그램을 도입하여 제8군 예하의 각 군단이 한국군의 연대 및 사단 훈련을 지원하여 부대의 전투 효율성을 향상시키도록 하였다. 그리고 그는 재편성을 성공적으로 추진시키기 위해서는 한국군의 화력 증강 지원이 필수적이라고 보고, 155㎜ 1개 대대와 105㎜ 6개 대대로 이루어진 포병부대 6개를 창설했을 뿐 아니라 한국군의 사단급 부대들에 기갑부대를 신설하여 화력을 증강시켰으며, 그 결과로 인력 중심의 전투력을 행사하던 한국군이 점차 화력 중심의 전투력을 행사하는 군대로 변화되어갔다. 또한 그는 한국군 장교 및 하사관에게 도미 유학 경험을 부여하여 첨단 군사지식과 기술을 습득할 수 있게 하였다.

그는 1951년 9월 150명의 보병 장교와 100명의 포병 장교를 미보병학교와 포병학교에 위탁교육차 파견한 이래 1950년대에 10,000여 명의 장교 및 하사관을 선발하여 도미 유학을 시켰다. 도미 유학은 전후에도 지속되어 1950년대 후반기와 1960년대 전반기에 해마다 1,000여 명의 장교 및 하사관이 미 육군 군사교육기관에서 교육을 받을 수 있었다. 그리고 신임 유엔

---

45) 한용원, 앞의 글, 116-117쪽.

군사령관 클라크 대장은 밴프리트 장군이 추진하는 한국군 재편성 정책의
효과를 극대화시키는 한편, 한국군이 한반도에서 미군이나 유엔군의 도움
없이 독자적으로 공산군에 대처할 수 있을 정도로 성장시키는 것을 목표로
삼아 한국군을 최대 20개 사단, 70만 명의 수준으로 증강시킬 것을 제안하
였다.

클라크 장군의 제안은 대통령에 선출된 아이젠하워(Dwight D. Eisenhower)
가 1953년 5월 휴전의 성립을 반대하는 이승만 대통령을 설득하기 위해 한
국군을 20개 사단 655,000명 규모로 증강시키는 안을 승인함으로써 실현될
수 있었다. 즉 아이젠하워 대통령은 이승만 대통령이 반공 포로 27,000여
명을 독단적으로 석방하여 휴전의 성립을 방해하자 로버트슨(Walter S.
Robertson) 특사를 파견하여 한·미상호방위조약(ROK-U.S. Mutual Defence
Treaty)을 체결하여 주었고, 이 조약으로 한국군은 20개 사단을 유지할 수
있었을 뿐 아니라 미국의 군사 원조에 힘입어 더욱 성장할 수 있는 소지를
형성할 수 있었다. 1950년대 중엽 당시 미국 군대는 미국사회에서 가장 현
대적이고 능률적인 조직체로서 미국 정부는 물론 민간기관들도 군대식 기술
과 경영기법을 도입하고자 노력하는 상황이었는데,[46] 한국군은 바로 이러
한 미군의 현대식 무기 및 기술을 받아들였을 뿐 아니라 현대식 조직관리,
물자관리, 경영기법까지 받아들일 수 있었다.

그러므로 한국전쟁을 통한 한국군의 재편성과 미국의 적극적인 군사원조
가 겹쳐지면서 한국군은 1950년대 말에 한국사회에서 가장 현대적이고 능
률적인 조직이라고 평가받게 되었다. 따라서 한국군은 1950년대에 터득한
현대식 기술과 경영기법을 배경으로 하여 1960년대에 한국사회의 근대화
기수 역할을 담당할 수 있게 되었다. 이는 전후에 복구 및 체제정비기를
맞아 한국군이 추진한 AFAK(Armed Forces Assistance to Korea) 사업의
영향에 힘입은 바가 컸다. 복구 및 체제정립기에는 ①한국군이 전후 복구를
통해 축적한 노하우를 조국 근대화의 기수 역할 수행 시에 활용하게 되었으

---

46) Morris Janowitz, *The Professional Soldier*(Glencoe: Free Press, 1960), p.172.

며, ②월남전 파병으로 군의 현대화를 촉진하는 계기가 되었을 뿐 아니라 부대증편으로 국방력을 강화시킬 수 있었고,[47] ③1960년대 말에는 향토예비군을 조직하고 방위산업3개년계획과 전투태세완비3개년계획을 수립·시행하게 됨에 따라 국방정책의 추진개념이 제고되어 갔다.

특히 한국군은 전쟁으로 인해 파괴된 병영시설, 보급시설 등을 복구 내지 증축했을 뿐 아니라 진지를 보수하고 재편성했으며, 미군의 공병 자재를 지원받아 900여 개의 학교, 200여 개의 교량을 복구하고 300여 개의 교회도 건립함으로써 노하우를 축적시킬 수 있었다.[48] 이러한 노하우를 바탕으로 한국군은 최고의 건설 중장비와 고수준의 기술인력을 확보할 수 있었다. 1961년 당시 정부 및 민간부문에서 보유한 건설 중장비는 불도저를 포함하여 총 1,100대에 불과하였고, 1967년 2,877대로 증가했으나 이는 1967년 당시 군이 보유했던 크레인을 비롯한 4,000여 대에 비하면 1/3~1/2 수준에 불과하였다. 그리고 기술인력도 정부 및 민간부문은 1968년에 6,048명에 불과하였고, 1970년에 12,826명으로 증가했으나 군에서는 1966~68년간 양성한 기술인력만 해도 31,000여 명에 달하여 정부 및 민간부문은 군에 비해 1/5~1/3 수준에 지나지 않았다.[49]

더욱이 한국군은 월남파병을 통해 자유우방과의 유대강화는 물론 산업화의 물적 토대 마련을 뒷받침하고 다수의 전투유경험자를 확보할 수 있었다. 1964년부터 1973년까지 10년간 연인원 321,853명이 월남전에 참전함으로써 그 대가로 미국으로부터 11억 달러에 달하는 군사 및 경제 원조의 약속을 받아내었을 뿐 아니라 파월장병의 수당과 파월업체의 수입이 총 10억 달러에 이르러 경제발전을 크게 뒷받침할 수 있었다.[50] 나아가 1971년 주한미군 제7사단이 철수함으로써 155마일에 걸친 휴전선의 방어 임무를 전

47) 국방부, 『국방사 III』(1990), 347-349쪽.
48) 백선엽, 『군과 나』(대륙연구소, 1989), 298-311쪽.
49) 화랑대연구소, 『한국군과 국가발전』(1992), 124-156쪽.
50) 한용원, 『한국의 군부정치』(대왕사, 1993), 291-296쪽.

담하게 된 한국군은 국군현대화계획(1971~1975)을 수립하여 육·해·공군의 장비 현대화에 박차를 가하는 한편 '국방 8개년 계획(1974~1981)'을 수립하여 전력 증강 사업을 추진하였다. 이렇게 해서 한국의 국력이 신장되자 미국의 대한 무상군원은 종지부를 찍게 되었는데, 1950년부터 1988년까지 미국이 한국에 제공한 ①무상군원은 군원계획(MAP) 54억 7,000만 달러, 국제군사교육훈련(TMET) 1억 7,000만 달러이며, 유상군원은 대외군사판매(FMS) 50억 5,000만 달러, 상용판매 14억 3,000만 달러, FMS 차관 23억 5,000만 달러였다.51)

자주국방추진기에는 ①1974년부터 율곡사업이라는 명칭으로 본격적인 전력증강 사업이 시작되었고, 1975년에는 전력증강 사업의 재원을 마련하기 위해 방위세법이 신설·시행되었으며, ②한국의 국력이 신장되자 1977년 제10차 한·미안보협의회의(SCM)에서 연합사의 창설을 합의함에 따라 1978년에 한·미연합군사령부(CFC)가 창설됨으로써 유사시 한·미 양국군에 대한 작전통제권을 한·미 양국의 국가 및 군사통수기구가 공동으로 행사하게 되었고, ③1980년대에는 전력증강 사업이 본격적으로 추진되었을 뿐 아니라 국방부 본부와 합동참모본부가 전력증강을 주도하게 되었다. 특히 율곡사업으로 지칭되는 전력증강 사업은 군이 요구하는 각종 기본병기의 양산체제 구축과 병행하여 추진했는데, 1차 율곡사업(1974~1981)에 이어 2차 율곡사업(1982~1986)과 3차 율곡사업(1983~1992)이 추진되었다. 그 결과 1980년대에 방위산업의 자립기반이 구축되었을 뿐 아니라 일부 고도정밀무기의 개발 및 생산기반을 조성할 수 있었다.52)

그러나 1980년대 후반에 자주적 군사전략을 구현할 수 있는 군사력의 건설이 절실히 요청되었기 때문에 국방부는 1988년부터 장기 국방태세 발전방향에 대한 연구에 착수하였고, 그 결과 1990년 함참의 기능을 강화시킨 통합군제로 군 구조를 개선하고 1994년 12월 1일부로 평시작전통제권을 한

---

51) 온창일, 『한민족전쟁사』(집문당, 2000), 460쪽.
52) 국방부, 『국방백서 1988』(1988), 157-158쪽.

국군이 환수할 수 있었다. 국방정책전환기에는 대외적으로 한국 방위에 있어 미국의 역할을 주도적 역할로부터 지원적 역할로 변경시키고, 대내적으로 군의 구조 개편과 더불어 국방정책이 국가안보정책에 보다 유기적으로 통합되게 조정할 필요가 있었다. 1989년 독일 통일과 1991년 소련 해체는 전후의 세계질서를 근본적으로 변화시켜 탈냉전시대가 도래함에 따라 한국 방위는 한국이 주도적 역할을 담당하고 미국은 지원적 역할을 담당하는 방향으로 변화되었고, 이와 더불어 다자안보협력의 영역이 확대되었다.[53]

나아가 이는 장차 작전통제권의 단독 행사에 대비하여 합참은 군령 사항을, 각 군 본부는 군정 사항을 담당하는 합동군체제로 군의 구조를 개편했을 뿐 아니라 국방정책을 외교정책, 통일정책, 경제정책과 더불어 국가안보정책에 보다 유기적으로 통합하게 되었다. 그리고 민족의 통일문제는 우월한 체제가 체제 역량을 매개로 하여 민족의 공존·공영을 풀어나가는 방향으로 전개될 공산이 커서 체제 역량은 곧 통일 역량이 되기 때문에 체제 역량의 한 부분인 군사 역량도 경제 역량에 걸맞게 중위국가 수준을 유지해야 할 것이다. 1990년대에 들어와 한국군은 한편으로 자주국방 건설을 계속 추진하면서 다른 한편으로 통일 대비 역량 강화에 매진하고 있다. 그러나 통일 과정은 험난하게 전개될 것이므로 국군은 ①분단체제를 효과적으로 관리하고, 각종 도발을 분쇄하며, ②군사적 불안요인을 해소하여 통일 성취의 여건을 형성하고, ③통일이 된 후에도 안보를 보장할 수 있는 역량을 축적시켜 나가야 할 것이다.

이상과 같이 50년간에 걸친 대한민국 국군의 창군 및 성장 과정을 선대의 국군이 의병 → 독립군 → 광복군으로 군맥을 이어오면서 50년간에 걸쳐 항일독립투쟁을 전개해 온 과정과의 비교 맥락에서 논의하였다. 하지만 대한민국 국군의 창군 및 성장사에 관한 논의의 진정한 목적은 국군의 창설과 광복군의 정통성 계승을 조명하는 데 두었다.

---

53) 김국헌, 「국방정책」, 『국방연구』 제41권 제1호(1998), 47쪽.

제7장

정통성 계승

I. 정통성의 함의

한국의 현대 민족독립운동사를 보는 시각은 대체로 민족사관, 식민사관, 민중사관 등 세 가지가 있고, 국군사를 보는 시각도 광복군모체론, 경비대모체론, 미제용병론 등 세 가지가 있다. 민족사관에 의하면 한민족은 1895년부터 1945년까지 50년간 항일무장투쟁을 전개하여 광복을 쟁취했다는 것이며, 민족독립운동사를 의병 → 독립군 → 광복군으로 이어지는 흐름에 정통성을 부여한다. 그러나 식민사관에 의하면 일제 35년간 역사의 주체는 일본제국주의자들이었고, 따라서 8·15 해방은 한민족의 투쟁의 결과라기보다는 연합군이 안겨준 선물이라는 것이다. 그리고 민중사관에 의하면 민족보다 민중을 역사의 주체로 삼아 민족해방운동사를 3·1운동 → 노동자·농민운동 → 조선항일유격대의 무장투쟁으로 이어지는 흐름에 정통성을 부여한다.[1]

한편 국군의 정통성과 관련하여 주류를 형성하는 논리는 광복군이 국군의 정신적 모체라는 것이다. 즉 대한민국 임시정부가 1940년 9월 17일 창설한 광복군은 의병과 독립군의 후신으로서 정통·합법적 군대일 뿐 아니라 대한민국 국군의 정신적 모체이므로 군맥은 의당 대한제국 국군 → 의병 → 독립군 → 광복군 → 대한민국 국군으로 이어진다는 것이다. 그러나 일부 군영 출신을 중심으로 경비대모체론을 주장하고 있는데, 이는 1946년 1월 15일 미군정이 창설한 경비대가 인적 구성에 있어 광복군 출신이 도외시된 채 일본군 및 만주군 출신이 주류를 형성했을 뿐 아니라 정부 수립 후 국군은 이들을 모체로 편성되었기 때문에 의병 → 독립군 → 광복군으로 이어진 군의 명맥(命脈)은 사실상 단절되었다는 것이다. 그리고 제도권 밖의 운동권에서는 한·미 군사관계를 종속(從屬)적인 관계로 보아 국군을 미제(美帝)의 용병(傭兵)이라고 매도하기까지 하였다.

대한민국 정부의 초대 국방장관으로 임명된 이범석 장군은 1948년 8월 15일 일본육사 출신 이종찬(49기 출신으로 당시 민간인)과 김정열(54기 출신으로 당시 대위)을 자택으로 초치하여 국방부본부 편성과 국방업무인수 문제에 관해 논의하였다.[2] 국방부본부를 편성함에 있어 국방차관으로 최용덕(崔用德) 장군을, 참모총장으로 채병덕(蔡秉德) 대령을 각각 선정했으며, 8월 16일 통위부에서 신생 국방부로의 업무 인수·인계식을 거행한 연후에 국방부훈령 제1호를 발표하였다. 국방부훈령 제1호는 "금일부터 우리 육·해군 각급 장병은 대한민국의 국방군으로 편성되는 명예를 획득하게 되었다"고 선언하였다.[3]

이러한 절차와 과정을 통해서 볼 때 한국군은 국방부의 본부를 편성한 연후에 미군정의 경비대를 대한민국 국군에로의 편입을 선언하여 '경비대모체론'이나 '미제용병론'이 대두될 소지를 제거하고자 한 것으로 보인다. 나아

1) 이재화, 『한국 근·현대 민족해방운동사』(백산서당, 1988) 참조.
2) 김정열, 『김정열회고록』(을유문화사, 1993), 102-111쪽.
3) 육군본부 군사감실, 『육군역사일지: 1945~1950』(1954), 239쪽.

가 이범석 장관은 국군을 육성시킴에 있어 "국군의 정신은 광복군의 독립투쟁정신을 계승토록 하고, 장교의 질은 일본육군사관학교 출신을 비롯한 군사경험이 풍부한 중견들을 우선적으로 등용하여 향상시키는 데 두어야 할 것"이라고 천명하였다. 광복군의 독립투쟁정신 내지 자주독립정신은 의병과 독립군의 항일투쟁 과정에서 형성되어 광복 후 대한민국 국군에 계승되었다고 할 것이다.

의병전쟁 20년(1895~1915), 독립군전쟁 25년(1915~1940), 광복군전쟁 5년(1940~1945) 등 50년간에 걸친 항일투쟁의 과정에서 대한제국 국군 출신이 독립군의 주요 간부로 활약하였고, 독립군 출신이 광복군의 주요 간부로 활약했으며, 광복군 출신이 경비대의 상징적 지위인 통위부장과 경비대총사령관을 역임했을 뿐 아니라 대한민국 국군의 상징적 존재인 국방장관, 국방차관 그리고 주요 간부로 활약하였고, 특히 국군장병들에게 '광복군의 후예'라는 긍지를 심어주기 위해 장교를 양성하는 육군사관학교의 교장에 광복군 출신을 연속적으로 보직하여 장병들이 광복군의 독립투쟁정신을 본받게 하였다. 즉 정부수립을 목전에 두고 1948년 7월 29일 광복군 출신 최덕신 중령을 제6대 교장으로 임명한 이래 계속해서 제7대 교장(1949.1.15~1950.6.10)에 김홍일 장군을, 제8대 교장(1950.6.10~1970.7.8)에 이준식 장군을, 제9대 교장(1951.10.30~1952.11.10)에 안춘생 장군을 각각 임명하였다.[4]

이처럼 의병 → 독립군 → 광복군을 거치면서 형성된 독립투쟁정신 내지 자주독립정신은 광복 후 대한민국 국군에 계승되었으며, 따라서 창군의 정통 인맥은 〈도표 27〉과 같다고 볼 수 있을 것이다.[5] 그리고 국가와 그 기구는 정통성을 공유하는 것이므로 대한민국이 임시정부의 법통을 계승한 이상 국군은 임시정부의 국군인 광복군의 법통(法統)을 계승한 것으로 보아야 할 것이다. 미군정의 종식을 앞두고 헌법을 제정하기 위해 소집된 제헌국회에

---

4) 육군사관학교, 『육군사관학교 30년사』(1978) 참조.
5) 조항래, 「항일투쟁과 한국군의 맥락」, 대한민국 임시정부수립 제71주년 기념 학술발표회 논문(한국학술진흥재단, 1990), 39-42쪽.

〈도표 27〉 창군의 정통 인맥

대한제국 국군 출신 독립군 주요 간부	독립군 출신 광복군 주요 간부	광복군 출신 국군 주요 간부
노백린 (정령)	유동열 (참모총장)	이범석 (국방장관)
이 갑 (부령)	이청천 (총사령관)	최용덕 (국방차관, 공참총장)
유동열 (참령)	이범석 (참모장)	김홍일 (군단장)
이동휘 (참령)	김원봉 (부사령관)	송호성 (호국군사령관)
신팔균 (정위)	권 준 (지대장)	권 준 (수도경비사령관)
안 무 (정위)	채원개 (지대장)	이준식 (군단장)
김의선 (정위)	이준식 (지대장)	오광선 (호국군여단장)
김창환 (부위)	김학규 (지대장)	안춘생 (육사교장)
여 준 (부위)	조성환 (군무부장)	채원개 (여단장)
김좌진 (참위)	황학수 (부관처장)	박영준 (정훈감)
조성환 (참위)	김홍일 (참모장)	김 신 (공참총장)
신규식 (참위)	송호성 (지대장)	최덕신 (군단장)
김찬수 (참위)	조경한 (정훈처장)	김관오 (관구부사령관)
이청천 (무관학교 졸)	윤기섭 (고급참모)	유해준 (군부사령관)
김경천 (무관학교 졸)	오광선 (지대장)	이성가 (육대총장)

서 국회의장 이승만(李承晩)은 "이 국회는 기미년 3월 1일 열린 대한민국회
의 계승이요", "국회에서 건설되는 정부는 기미년에 수립된 민국 임시정부의
계승"으로서 대한국 전체를 대표한 중앙정부(中央政府)임을 공포한다고 밝
혔다.6) 그리고 대통령에 취임한 후 이승만은 정부의 공문서에 민국연호 '대
한민국 30년'을 사용하여 대한민국 정부가 임시정부의 정통성을 계승하였음
을 분명히 하였다.

---

6) 시사연구소, 『시사자료 광복20년사』(1975), 56쪽.

이러한 맥락에서 국가의 한 기구인 대한민국의 국군은 당연히 임시정부의 국군인 광복군의 법통을 계승한 것이다. 그럼에도 불구하고 미군정의 군사영어학교 출신들이 창군동우회(創軍同友会)를 결성하여 대한민국 국군의 창군요원으로 자처하고, 육군사관학교 교수부 전통위원회 요원들은 일제의 식민통치로 인해 의병 → 독립군 → 광복군으로 이어온 군의 명맥이 단절되었기 때문에 육군사관학교의 모체는 경비사관학교라고 주장한다. 그러나 국가와 그 기구인 군대는 정통성을 공유(共有)하는 것이기 때문에 국가가 임정의 법통성을 계승한 데 반해서 국군이 광복군의 정통성을 계승하지 못했다고 한다면 이는 어불성설(語不成說)일 것이다. 그리고 국군의 전통은 의병 → 독립군 → 광복군으로 이어지는 민족독립운동의 선상에서 찾아야 하는 것이지 전통군대의 명맥을 역사적으로 이어온 바가 없는 미군정의 경비대에서 찾는 것은 연목구어(緣木求魚)와 다를 바가 없는 것이다.

그런데 이처럼 민족독립운동사나 국군의 정통을 보는 시각에 차이가 나는 것은 이념, 기득권, 실세 등의 관점도 있겠으나 근본적으로는 정통성의 판별 기준을 잘못 이해한 데서 비롯되고 있는 것이다. 봉건시대 동양사회에서는 일반적으로 정통성의 개념을 '실(實)'을 행사하는 최고 통수권자의 실체'(또는 의지)에 두었다. 그 예로써 구양수(歐陽修: 1007~1072)는 "정(正)은 천하의 부정(不正)을 바로 하는 것이며, 통(統)은 분열된 천하를 합일시키는 것이므로 정통이란 천하를 소유한다는 뜻과 같다"고 하였고, 소식(蘇軾: 1036~1101)은 정통성 여부를 가리는 요소는 명(明)과 실(實)인데, 명보다 실에 더 큰 비중을 두어야 한다고 주장하였다.[7] 그러나 오늘날 법치국가에서 통치권(統治權)은 국민 다수의 동의에 근거하기 때문에 실(實)의 개념이 재해석 되어야 할 것이다.

서양사회에서 정통성은 Legitimacy로서 합법성, 합리성, 적법성 등을 의미하는데, 근세 이전에는 일반적으로 법률 및 관습에 따른다는 개념으로 사용되었고, 근세 이후에는 합의와 동의에 의한다는 개념으로 사용되었다. 그

---

7) 최병옥, 「국군의 정통성을 논함」, 『軍史 제21호』(1990), 10-11쪽.

러나 메스트르(J. M. C. de Maistre)가 법률은 자연권(自然權)의 산물이 아니라 인간 협정의 산물이라고 보았음을 상기할 때 시대를 초월하여 정통성은 합의 또는 동의를 의미하고 있다.[8] 다시 말하면 정통성의 본질을 결정하는 가장 중요한 기준은 '합의된 인식' 또는 '공동의 동의'인 것이다. 그러므로 동서고금을 막론하고 정통성의 판별 기준은 최고 통수권자의 실체(또는 국민 다수의 의사), 법과 관습, 그리고 공동의 동의 및 합의된 인식 등으로 볼 수 있는 것이다.

그리고 베버(M. Weber)가 정통성을 "믿음을 바탕으로 복종을 가능케 하는 개념"이라고 하였고, 립셋(S. M. Lipset)이 정통성을 "기존 제도들이 그 사회를 위한 가장 적합한 제도들이라는 믿음"이라고 했음을 고려할 때 정통성은 수단적 차원의 것이 아니라 감정적·평가적 차원의 것이다. 다시 말하면 정통성의 판별 기준은 이념이나 정신 등 형이상학(形而上學)적 차원의 것이며, 기능이나 수단 등 형이하학(形而下學)적 차원의 것이 아닌 것이다. 그러므로 군의 정통성 문제는 군의 정신적 측면과 직결되는 것이지 인적 구성이나 제도 채택 등 수단적 측면과는 거리가 먼 것이다.[9]

한국사회에서는 정통성을 합법성(Legitimacy)으로 보는 시각과 올바른 계통(Orthodoxy)으로 보는 시각으로 양분되고 있는 경향인데, 정통성 논쟁을 부정시하는 시각은 정통성을 Orthodoxy 개념으로 보는 측에서 나오고 있다. 그들은 '정통성이란 독존적이고 배타적인 권위를 과시하는 가치 개념'이기 때문에 정통성 논쟁은 당파성을 띤 이데올로기 논쟁을 촉진시키거나 화합보다 편 가르기를 조장할 우려가 있다는 주장을 제기한다. 하지만 정통성을 Legitimacy 개념으로 보는 측에서는 정통성 개념이 전제시대에는 배타적 권위를 과시하는 가치 개념으로 사용되었지만 민주시대에는 '정의와 사랑을 공유한 도덕 감정'으로 이해되기 때문에 정통성 논의를 긍정시하는 입장에 선다. 그러므로 정통성 논쟁은 전제사회의 타도 논리에서처럼 '정통을

---

8) 『증보 정치학대사전』(박영사, 1983), 1377-1379쪽.
9) 한용원, 「국군의 정통성」, 『국군의 맥』, 490-491쪽.

살리고 이단을 척결'하는 방식으로 진행할 것이 아니라 민주사회의 공존 논리에서처럼 정(正)과 부정(不正)을 가리되, 사랑으로 포용하는 방식으로 진행해야 할 것이다.

이는 마치 원효대사가 화쟁론에서 시시비비를 따져 그 본질이 같다는 것을 규명하도록 강조한 것과 같은 맥락인 것이다. 따라서 남북한의 정통성 논쟁을 전개할 때에도 법적·정치적·이데올로기적 논쟁이 아니라 역사적·과학적 논쟁으로 해야 하고, 시시비비를 따져 그 본질이 같음을 규명함으로써 동포애로서 포용하는 방향을 찾도록 해야 할 것이다. 이상에서 논의한 정통성의 판별 기준에 비추어 볼 때 대한민국 국군은 광복군의 정통성을 계승한 것이 분명하다. 즉 정통성의 판별 기준을 동양적 의미에서 최고 통수권자의 의지로 보건, 서양적 의미에서 '합의된 인식'으로 보건, 동서양 공통으로 '다수 국민의 의사'로 보건, 대한민국 국군은 임시정부의 광복군의 정통성을 계승하였다.

그리고 법적 차원에서 대한민국 정부가 임시정부의 법통(法統)을 계승했기 때문에 대한민국 국군은 임시정부의 광복군의 법통을 의당 계승했다고 보아야 할 것이다. 1948년 7월 17일 제정·공포된 헌법 전문에 "유구한 역사와 전통에 빛나는 우리 대한민국은 기미(己未) 3·1운동으로 대한민국을 건립하여 세계에 선포한 위대한 독립정신을 계승하여 이제 민주독립국가를 재건함에 있어서"라고 하여 대한민국의 뿌리를 임시정부에 두었고, 정신적으로 독립정신을 계승함을 분명히 하였다. 이는 초대 대통령 이승만(李承晩)이 "대한민국 정부는 기미년에 수립된 민국 임시정부의 계승"임을 천명하자 이러한 최고통수권자의 의지에 따라 초대 국방장관 이범석(李範奭)이 "대한민국 국군은 광복군의 독립투쟁정신을 계승한다"고 천명하여 국가와 그 기구가 정통성을 공유하도록 뒷받침하였다.

이러한 노력에도 불구하고 정통성 문제를 논의함에 있어 감정적·평가적 차원의 것이 아닌 수단적 차원의 것에 매달리는 경우가 많음을 본다. 즉 창군 시 국군의 인적 구성이 군사경력자를 중심으로 하여 볼 때 광복군 출신에 비해 일본군 출신과 만주군 출신이 많았는 데다가 제도측면에서도 편성·장비·교육훈련 등이 미군식을 채택했기 때문에 국군이 광복군의 정통성을 계승하지 못한 것이라고 보는 경우도 있다. 그러나 앞에서 지적했듯이 이러한 인적 구성이나 제도의 채택은 수단적 측면으로서 정통성과는 무관한 것이다.

더욱이 반독립투쟁전선(反獨立鬪爭戰線)에서 활약한 일본군 출신과 만주군 출신 중에는 일제의 멸시에서 벗어나려는 저항의식에서나 독립의 준비론과 그 맥을 같이 한 자들이 많았다. 그러므로 그들은 일제가 항복하자 대부분 광복군의 지대편성에 참여하는 행위 양태를 시현하였고, 따라서 광복군 모체론의 확산에도 기여한 것으로 볼 수 있는 것이다. 하지만 우리사회에는 광복군의 정통성 단절론이 광복군의 복원선언으로 인해 제기되었다는 주장이 있는가 하면 대한제국무관학교의 명맥 단절론과 육사의 경비사모체론(警備士母体論)으로 인해 제기되었다는 주장이 있는 것이다.

먼저 광복군의 복원선언에 바탕을 둔 광복군 정통성 단절론은 1946년 5월 16일 이청천 장군의 '한국광복군 복원선언'으로부터 연유하는 것이라고 볼 수 있을 것이다. 모스크바 3상회의 직후 장개석 총통이 3상회의의 결정을 추인하면서 '한국광복군 복원령'을 선포한 데다가 미군정에서도 광복군 국내지대를 1946년 1월 21일 군사단체의 해산령에 의해 해체시켰을 뿐 아니라 광복군의 국군 자격으로의 입국을 불허하였다. 이에 이청천 장군은 광복군이 개인자격으로라도 환국할 수 있도록 해주기 위해서 1946년 5월 16일 '한국광복군 복원선언'을 하였다. 하지만 임시정부가 환국한 후에도 '비상국민회의', '국민의회', '대한국민회', '대한민국'으로 그 법통성을 전승시켰기 때문에 광복군이 임정의 군대인 이상 임정과 그 명(命: 1919~1948)을 같이 했다고 보아야 할 것이다.

다음에, 대한제국무관학교의 명맥 단절론과 육사의 경비사모체론에 바탕을 둔 광복군 정통성 단절론은 1978년에 발간된 『육군사관학교 30년사』로부터 연유하는 것이다. 동 30년사는 "고종의 군대해산령과 대한제국의 붕괴에 이은 일제의 식민통치가 자행됨으로써 민족사의 명맥이 단절되었기 때문에 대한제국의 국군은 광복 후 신생 대한민국 국군 창건에는 아무런 연대나

영향을 미치지 못하였다. 따라서 대한민국 육군사관학교의 연원을 밝힘에
있어서 대한제국의 무관학교를 그 시초로 삼을 수는 없다", "그러나 경비사
관학교는 고난의 가시밭길을 헤치고 창군과 그 후 군 발전의 위업을 이룩한
군 간부들의 배움의 요람이었으며, 명실상부한 육군사관학교의 모체였다"고
단언하고 있다.[10)

　그러나 일제식민지 시기에도 민족사는 단절된 적이 없었다. 그럼에도 『육
군사관학교 30년사』에서는 대한제국의 붕괴와 일제의 식민통치로 인해 민
족사가 단절되었다고 단정하여 육군사관학교의 연원을 미군정의 경비사관
학교에서 찾을 수밖에 없다고 기술하고 있는 것이다. 하지만 육사의 경비사
모체론은 광복군의 정통성을 계승해야 할 국군이 경비대모체론을 신봉하게
되는 비정상적 상황이 전개되도록 하는 데 한 몫을 했을 뿐 아니라 국가와
군의 정통성을 훼손시키는 데도 한 몫을 하였다. 그러므로 육군사관학교에
서는 ①국가와 군의 정통성 공유, ②의병 → 독립군 → 광복군으로 군맥의
체계화, ③정통성 판별기준에서 수단적 측면의 배제 등을 감안하여 학교사
(学校史)에 대한 시정조치를 추진해야 할 것이다.

II. 창군의 인적 정통성

　창군이라고 하면 의당 독립된 주권국가의 군대 창설인 것인데, 미군정의
경비대를 창설하는 데 주역을 담당했던 군사영어학교 출신들이 지난 65년
간 창군 요원으로 자처해 왔다. 그러나 미군정과 대한민국 정부가 상이하듯
이 경비대와 국군은 엄연히 다른 것이기 때문에 군영 출신이 곧 창군 요원
이라는 논법은 성립될 수가 없는 것이다. 한국군의 창군 요원의 범위를 논

---

10) 육군사관학교, 『육군사관학교 30년사』(1978), 62-68쪽.

의할 때에 그 기점은 대한민국 정부가 수립되어 국군이 창설된 시점으로 설정해야 하며, 그 인적 자원은 국군에 편입된 경비대는 물론 국군에 입대한 육·해·공군출신동지회 회원과 광복군 수뇌들이 육성한 청년단 단원 그리고 이북에서 월남한 우익청년단체 회원을 포괄해야 할 것이다.[11] 다시 말하면 "정부가 수립되면 국군이 될 것"이라는 신념으로 미군정의 경비대에 입대한 자들과 정부가 수립되자 "건군의 초석이 되겠다"는 신념으로 대한민국 국군에 입대한 자를 공히 포함해야 할 것이다.

1948년 8월 15일 대한민국 정부가 수립되면서 국군이 창설되어가는 과정을 보면 ①군사영어학교 출신과 경비사관학교 출신으로 형성된 미군정의 경비대를 대한민국 국군에 편입시킨 데 이어, ②해방 직후 창군운동을 전개했던 주역들로 구성된 '육·해·공군출신동지회' 회원들을 육사 7기 특기 및 육사 8기 특기로 대거 입대시켜 경비대 시절에 배출된 장교만큼 임관·충원하고, ③광복군 수뇌들이 육성한 광복청년회, 조선민족청년단, 대동청년단, 건국실천원양성소 등의 청년단원들과 월남한 서북청년회, 대동강동지회, 압록강동지회 등의 우익청년단체 회원들을 육사 정규 7기로부터 육사 정규 10기에 이르기까지 경비대 시절에 배출된 장교의 배수(倍數)만큼 임관시켰다. 이러한 장교의 충원 과정을 통해서 볼 때 대한민국 국군의 창군 요원의 범위는 군사영어학교 출신으로부터 육사 제10기생 출신까지로 산정(算定)하는 것이 타당성을 가질 것이다.

이러한 맥락에서 일부 군영 출신들의 주장대로 군영 출신만이 창군 요원이라고 한다면 해방 직후 민족 자주적으로 전개된 창군운동을 외면하게 될 뿐 아니라 창군운동에 헌신하다가 국군 창설과 더불어 입대하여 군의 리더십을 확립함으로써 경비대의 체질을 개선한 광복군 및 일본군 출신 중진들의 역할은 무시하게 되는 것이다. 창군 시 이범석 초대 국방장관을 비롯한 군의 리더십에서는 경비대의 체질을 국군의 체질로 바꾸려고 노력하였고, 그 방법의 일환으로 일본군 출신을 희석시켜 왔기 때문에 1950년 6·25전쟁

---

11) 한용원, 『남북한의 창군』(오름, 2008), 213-221쪽.

직전에 일본군 출신은 1/5 수준으로 희석된 상태였다.[12] 이는 창군운동 과
정에서 일부 좌익 군사단체의 간부를 제외한 대부분의 군사단체 요원들이
견지했던 '국군의 광복군 정통성 계승'의 이상(理想)이 실현되어간 증좌였
다. 이때 우리 국군의 창군 요원은 앞서 장교 충원 과정에서 논의했듯이
①광복군 출신, ②일본군 출신, ③만주군 출신 등 군사경력자들과 ④월남한
우익 청년단체의 회원 ⑤광복군의 수뇌들이 육성한 청년단 단원 등 민간인
출신으로 구성되었다.

국군 창설의 주역은 광복군 출신, 일본군 출신, 만주군 출신 등 군사경력
자들이었는데, 우선 광복군 출신에 관해서 살펴보면 ①1911년 6월부터
1920년 8월까지 1910년대에는 신흥무관학교에서 3,500여 명을 배출하였고,
②1920년대에는 1919년 4월 임시정부가 수립됨에 따라 임시정부와 노병회
같은 군 관련 단체의 지원으로 독립운동에 투신한 청년들을 운남강무당, 하
남군관강습소, 낙양강무당, 황포군관학교 등 중국 군관학교에 유학을 시켜
서 중국군에 복무하거나 독립군으로 활약하도록 했으며, ③1930년대에는
한·중 정부 간 합의로 낙양군관학교 한인특별반을 운영하여 독립군에 대한
재교육을 실시하였고, 이를 수료한 자는 대부분 독립운동 단체에서 활동하
다가 광복군 창설의 주역을 담당하게 되었는데, 지도급 인사들은 대한제국
무관학교 출신들이 대종을 이루었으나 중진급 인사들 및 실무급 인사들은
신흥무관학교 출신들이 대종을 이루었다.[13]

다음으로 일본군 출신들은 창군의 인적 자원이 다른 출신에 비해 가장
풍부하였고, 일본육사 출신은 물론 지원병 출신과 학도병 출신 그리고 항공
학교 출신 등은 태평양전쟁에 참전하여 현대전을 경험한 우수한 자원이었
다. 일본육사 출신의 경우 11기 노백린, 15기 이갑·유동열, 23기 김광서,
26기 이청천, 27기 이종혁 등은 독립군과 광복군에서 활약하였고, 일본군

---

12) 전쟁기념사업회, 앞의 책, 329쪽.
13) 한용원, 「대한민국 국군의 창설과 신흥무관학교의 정통성 계승」, 『신흥무관학교와
    항일무장독립운동』(신흥무관학교 100주년 기념사업회, 2011), 65쪽.

학도병 출신의 경우 중국 전선에 배치된 상당수는 장준하(張俊河), 김준엽 (金俊燁) 등과 같이 1944년 이후부터 일본군 군대를 탈출하여 광복군 대열 에 참여, 미 OSS 훈련을 받고 국내정진군에 편성되기도 했다.

끝으로 만주군 출신은 일본군에 의해 세워진 만주국 국방군에서 복무한 자들인데, 장교들은 대개 봉천군관학교와 신경군관학교 출신들이었으며, 이 중에서 능력과 자질이 우수한 자들은 발탁되어 일본육사로 편입될 수 있었 는데, 일본육사 54기로부터 60기에 이르기까지 26명이 편입될 수 있었다. 만주군 출신들은 만주군 국방군에 복무할 때 일본군사고문단의 고문을 받아 왔고, 따라서 해방 직후 귀국하여 일본군 출신 소장층과 행동을 같이 해왔 다. 즉 일본군 출신들이 '조선임시군사위원회'를 조직하자 이에 참여하였고, 일본군 출신들이 광복군 국내지대의 편성에 참여하자 장석윤, 강문봉 등이 간부로 참여했으며, 미군정이 경비대를 창설하자 대부분의 만주군 출신은 일본군 출신 소장층과 함께 조기에 경비대에 입대하였다.

만주군 출신 장교들의 경우 대부분 군사영어학교나 경비사관학교 제1기 와 제2기 및 제3기로 경비대에 입대하였다. 또한 김창룡(金昌龍)과 같은 하 사관 출신은 경비사관학교 제3기와 제4기로 입대하였다. 그리고 경비대에 입대하지 않고 있던 이주일·박림항·윤태일 등은 국군이 창설되자 특별 임 관하거나 육사 7기 특기로 입대했으며, 신현준·김동하·김대식 등은 해병대 에 특별 임관되어 주역으로 성장하였다. 그러나 만주군 출신은 백선엽·김 백일·신현준·박춘식·윤수현·이용·임충식 등과 같이 간도특설대에 복무 했거나 정일권·문용채·김창룡 등과 같이 헌병대에 복무한 자들이 많아 간 도지방을 중심으로 활동하던 독립군과의 대립·갈등 문제를 과거사로 남기 게 되었다. 따라서 이 같은 여건관계로 인해 만주군 출신들은 일본군 출신 들에 비해 심화된 경비대모체론을 견지한 것으로 보인다.

한편 미군정은 군사단체의 에너지를 경비대로 전환시킬 뿐만 아니라 단 기간 내에 경비대를 육성시키기 위해서 군사경력자들을 군사영어학교 및 경 비사관학교 제1기로부터 제4기까지 입대케 하였다. 그리고 미군 장교들이 경비대의 육성은 물론 초창기 국군의 군사고문을 계속 담당하여 군사기술을 중시함으로써 군사경력자들이 유리한 위치를 점하도록 지원하였다. 그러므로 인적 자원 면에서 일본군 출신이 풍부하여 군에 많이 입대했기 때문에 승진자도 자연히 일본군 출신이 많을 수밖에 없었고, 이러한 가운데 국방장관이 이범석으로부터 신성모로 바뀌면서 정치적 이유로 광복군 출신이 피해를 입게 되는 상황마저 전개되어 일본군 출신들에게는 유리한 상황이 전개된 셈이었다. 따라서 군사경력자 중 국군에서 장군 승진자는 일본군 출신이 226명(일본육사 출신 26명, 일본학도병 출신 95명, 일본지원병 출신 105명), 만주군 출신 44명(이 중 일본육사 편입자 11명), 광복군 출신 32명이었다.[14]

그러나 경비대에서 주류를 형성했던 일본군 출신은 민간인 입대자의 증대로 인해 점차 희석되어갔다. 군사영어학교로부터 경비사관학교 제4기까지 임관자 총 749명 중 장군으로 250명이 승진했는데, 이 중 일본군 출신이 그 절반 수준인 127명인 것으로 보아 1947년까지는 장교단의 절반 수준을 일본군 출신이 점한 것으로 평가할 수 있겠으나 경비사관학교 제5기가 대부분 민간인을 대상으로 하였고, 제6기도 민간인으로 입대했던 사병을 대상으로 모집했기 때문에 정부 수립 직전 경비대의 장교 1,400명 중 일본군 출신은 1/3 이하 수준으로 줄어들었고, 육사 10기가 임관하자 장교단 5,400여 명 중 일본군 출신은 1/5 이하 수준으로 희석되었다.

비록 광복군 출신이 일본군 출신에 비해 수적으로 적었을 뿐 아니라 군사기술이 부족하고 고령이어서 경쟁에 뒤질 수밖에 없었고, 정치적 이유로 인해 피해를 볼 수 있었겠으나 항일투쟁의 과정에서 대한제국 국군 출신이 독립군의 주요 간부로 활약하였고, 독립군 출신이 광복군의 주요 간부로 활약했으며, 광복군 출신이 경비대의 상징적 지위인 통위부장과 경비대총사령관을 역임했을 뿐 아니라 대한민국 국군의 상징적 존재인 국방장관과 국방차관 그리고 주요 간부로 등장됨으로써 국권회복의 자주독립 정신은 의병 → 독립군 → 광복군을 거쳐 대한민국 국군에 명백히 계승된 것으로 보아야

---

14) 한용원, 「국군의 정통성」, 『국군의 맥』, 472쪽.

할 것이다. 그리고 우리가 창군의 인적 정통성을 논의할 때에는 미군정이
"한국의 정규군은 한국이 독립할 때 창설될 문제"라는 점을 분명히 하고 경
비대를 창설했음을 유념해야 할 것이다.

III. 창군의 이념적 맥락

원래 정통성의 개념은 법에 해당하는 라틴어 'legitimus'로부터 나왔으며,
정치질서의 정통성은 그것이 지닌 가치로움이며, 그것이 민의(民意)의 소재
라는 의미인 것이다. 이러한 맥락에서 1948년 제정된 헌법에 대한민국의
건국 정신은 "기미 3·1운동으로 대한민국을 건립하여 세계에 선포한 위대
한 독립정신을 계승하여 이제 민주독립국가를 재건"하는 정신이라고 하였
다. 그러므로 이범석 장관이 "국군의 정신은 광복군의 독립투쟁정신을 계승
하는 데 둔다"고 한 것은 적절한 언급이었다. 임시정부의 수립 정신이 광복
군의 성립 정신이라면 광복군의 성립 정신은 자주독립주의, 민주공화주의,
민족통일주의라고 할 수 있을 것이다.

1895년부터 1945년까지 50년간 지속된 항일투쟁에서 일관된 정신은 어
떤 조건부 독립에도 타협하지 않는 자주독립주의였으며, 이 목적을 달성하
기 위해 무력으로 일제를 추방한다는 독립전쟁주의를 지향하였다. 그리고
1919년 4월 수립된 임시정부는 「대한민국 임시헌장」을 통해 자유와 평등에
바탕을 둔 민주공화국임을 분명히 하였고, 1940년 10월 「광복군총사령부
성립보고서」를 통해 "광복군은 국토와 주권을 완전 광복하여 민주공화국을
건설해야 할 혁명군으로서의 소명이 부여되었다"고 강조하였다. 나아가 민
족독립운동 진영은 광복군의 성립이 "우리 민족적 통일독립을 유감없이 실
현할 것"이라고 하여 독립운동의 목표를 '국권회복'과 더불어 '통일독립'에
두었고,[15] 실제로 1942년 조선의용대가 광복군에 편입되어 군사적 통일을

이룩하자 조선민족혁명당 등 사회주의 독립운동 단체들이 임시정부에 참여하여 정치적 통일을 달성하였다.

국군이 창설되자 대한민국의 건국이념을 국군에 구현시키려는 노력이 추진되었으며, 이는 경비대가 사상 문제와 리더십 문제에 취약성이 있었으므로 더욱 절실히 요청되었다. 그러므로 군의 지도부에서는 광복군 출신·일본군 출신·만주군 출신 중진 군사경력자들을 충원시켜 군의 리더십을 확립함과 동시에 광복군의 수뇌들이 육성한 청년단 단원들과 월남한 우익청년단체의 회원들을 충원시켜 군의 자주·독립정신과 반공·민주정신을 고양시키고자 하였다. 이는 광복 후 미군정의 경비대에 입대한 자들이나 정부수립 후 국군에 입대한 자들이 다 같이 '광복군의 후예'가 된다는 합의된 인식을 하고 있었을 뿐 아니라 광복군의 독립투쟁정신 계승에 관해 어느 정도 공감대를 형성하고 있었기 때문에 기대감을 갖게 하였다.

하지만 해방공간에서 경비대에 입대한 장병들의 경우 미군정이 입대자들의 신원과 사상은 문제삼지 않으면서 불편부당을 강조하는 데 불만했을 뿐 아니라, 일부 장교들의 사상적 경향과 자주성을 결여한 부대 지휘에 불만하여 소요사태를 일으키고 "빨갱이 노랭이 같은 놈 몰아내자"고 주장하였다. 여기에서 빨갱이는 공산주의자를, 노랭이 같은 놈은 미국 편에 서서 자주성을 상실한 자를 가리킨 것이었지만,[16] 이념의 대결장이 된 한반도에서 불편부당은 통할 수가 없음을 여실히 입증하였다.

당시 경비대는 혼란한 해방정국의 축소판을 면할 수가 없어 찬탁파와 반탁파 간의 대결, 광복군 출신과 일본군 출신과의 갈등, 학도병 출신과 지원병 출신 간의 대립, 김구파·이승만파·김일성파 간의 분열상이 노정되었다. 특히 미군정하의 경비대는 1946년 추수폭동으로 인해 경찰에 쫓기던 '조선국군준비대' 요원이 상당수 잠입함으로써 사상문제가 심각했을 뿐만 아니라 대부분의 장교가 군사경험이 부족하고 군사교육 기간도 짧았던 데다가 빈번

15) 육군본부, 『국군의 맥』, 478-480쪽.
16) 국방부 전사편찬위원회, 『한국전쟁사 제1권』(1977), 399쪽.

한 교체로 인해 하사관들이 부대를 장악하고 있던 상황이어서 리더십 문제
도 심각하였다. 하지만 미군정이 경비대의 한국화 작업을 추진하면서 통위
부장과 경비대총사령관을 광복군 출신으로 임명하여 광복군 출신들의 입대
를 유도했을 뿐 아니라 경비대를 민주군대의 훈련도장이 되게 함으로써 다
양한 출신 배경을 가진 자들을 동화시키는 용광로 역할을 하게 하였다.

즉 경비대의 리더십에서는 ①일제 치하에서 군국주의적으로 훈련된 일본
군 및 만주군 출신을 민주교육을 통해 민주군대로 개조하고, ②광복군 출신
과 학도병 출신에게는 군사기술적 전문성과 군직업주의를 보강시키며, ③이
를 통해 다양한 출신 배경을 가진 자들이 서로 동화될 수 있는 바탕을 상당
수준 마련하였다. 그리고 국군의 리더십에서는 국군의 창설과 더불어 반란
사건이 빈발하자 숙군은 물론 정훈교육을 강화시켜 군의 반공·민주정신을
고양시키고, 여수·순천 반란사건을 계기로 하여 국가보안법 제정과 특무부
대 설치 등 제도적 기제도 마련하였다. 나아가 국군의 반란부대가 지리산으
로 잠입하여 공비가 되고, 남파한 인민유격대가 태백산에 잠입하여 공비가
되자 국군은 공비토벌을 통해 반공사상을 확산시켰다.

한편 독립운동가들은 1917년 '대동단결 선언'을 통해 임시정부의 수립과
공화정의 수립을 제창한 데 이어 1919년 「대한민국 임시헌장」을 통해 임시
정부가 자유와 평등에 바탕을 둔 민주공화국이어야 한다고 천명하였다.[17]
특히 조소앙은 삼균주의(三均主義)를 정립하여 1940년 통합된 한국독립당
의 기본 강령으로 채택되게 했을 뿐 아니라 1941년 11월 「대한민국 건국강
령」을 기초하면서 삼균제도를 건국의 이념으로 삼았다. 삼균제도는 정치·경
제·교육의 균등을 기초로 한 신민주국을 건설하여 안으로는 국민 각개의
균등생활을 확보하고, 밖으로는 족여족(族與族), 국여국(國與國)의 평등을
실현하며, 나아가 세계일가의 진로를 향한다고 강조하였다.

그리고 광복군총사령부 성립보고서를 통해 "광복군은 국토와 주권을 완

---

17) 조동걸, 「임시정부 수립을 위한 1917년 대동단결 선언」, 『삼균주의 노선』(삼성출판
사, 1990), 195쪽.

전 광복하여 민주공화국을 건설해야 할 혁명군으로서의 소명이 부여되었다"
고 강조하고, 광복군은 파괴 면에서 ①일제의 각종 침략적 기구의 박멸, ②
일제에 추수하는 세력의 숙청, ③재래의 악풍·오속의 타파 등 임무를 수행
하고, 건설 면에서는 ①정치·경제·교육의 균등제도 수립, ②민족과 민족,
국가와 국가 간의 평등한 지위 실현, ③세계 인류의 화평과 행복을 위한
협력의 촉진 등 임무를 수행해야 한다고 규정하였다.[18] 더욱이 임시정부는
광복군의 정신무장을 강화시키기 위해 1941년 12월 28일 「한국광복군 공약」
을 공포하여 광복군이 대한민국의 건국강령과 한국광복군의 지도정신에 충
실해 줄 것을 당부하였다. 이러한 맥락에서 볼 때 임정 요인들은 광복군이
민중에 뿌리박은 혁명군으로서 삼균주의에 입각한 민주주의의 이념으로 무
장된 국민의 군대, 민주적 군대로 성장해 주기를 바란 것으로 볼 수 있는
것이다.

한편 대한민국 정부가 수립되고 주한미군의 철수와 더불어 군의 반란사
건이 연발하자 초창기의 국군은 국군3대선서문과 국군맹세를 통해 ①선열
의 혈적(血跡)을 따라 죽음으로써 민족국가를 지키고, ②강철같이 단결하여
공산침략자를 쳐부수어, ③민족통일의 사명을 다하자고 좌표가 설정되었다.
더욱이 국군이 공비토벌과 6·25전쟁을 통해 대북 적개심과 피해의식이 심
화됨으로써 군의 이데올로기는 보수반공주의를 위주로 하는 실재적 이데올
로기가 지배적이 되었고, 상대적으로 자유민주주의의 헌법 및 경쟁규칙
(game rule)을 위주로 하는 절차적 이데올로기는 발전이 저해받았다.[19]

하지만 독립운동 초기에 이념적으로 분열되지 않았던 독립운동 진영이
볼셰비키 혁명 후에 민족주의와 공산주의로 분열되어 1920년대 후반으로부
터 1940년대 전반까지 민족진영은 공산주의자들과 싸우는 것이 제1의(第1
義)의 사명으로 되었고, 독립전쟁은 제2의 노선이 되고 말았다.[20] 그러므로

---

18) 삼균학회, 『소앙선생문집 (상)』(횃불사, 1979), 206-222쪽.
19) 육군본부, 『국군의 맥』, 482-483쪽.
20) 육군본부, 『창군전사』(1980), 171쪽.

민족진영은 독립운동의 목표를 국권회복으로부터 '통일독립'으로의 변화를 고려해야 했다. 그러나 해방과 더불어 38선을 경계로 미·소 양군이 진주하여 군정을 실시하자 국토는 분단되었다.

단정(單政)이 수립되고 국군이 창설되자 초창기에는 '광복군이 국군의 정신적 모체'라고 보는 광복군모체론이 주류(主流)를 형성하였다. 즉 대한민국 임시정부가 1940년 9월 17일 창설한 광복군은 의병과 독립군의 후신으로서 정통·합법적 군대일 뿐 아니라 대한민국 국군의 정신적 모체이므로 군맥(軍脈)은 의당 대한제국 국군 → 의병 → 독립군 → 광복군 → 대한민국 국군으로 이어진다는 것이다. 이는 초대국방장관 이범석(李範奭) 장군이 1948년 8월 15일 국방부본부 편성에 이어 8월 16일 미군정의 경비대를 대한민국 국군에 편입시킨다고 선언했기 때문에 국군사를 미군정의 경비대가 아닌 민족자생의 창군운동단체로부터 시작하게 만들었던 덕분에 기인하였다.

그러나 군사영어학교 출신으로 구성된 창군동우회(創軍同友會)는 기득권의 유지 차원에서 경비대모체론을 옹호하였고, 이에 영향을 받은 군부의 일각에서는 군사영어학교 출신들이 1968년까지, 경비사관학교 출신들이 1980년까지 각각 군의 수뇌부를 형성해 왔기 때문에 "경비대를 모체로 국군을 편성하였다"고 주장해 왔다. 더욱이 해방공간에서 한국군의 건설방향을 좌우해 왔던 미군정이 경비대를 창설할 때에 독립투쟁전선에서 활약한 광복군 출신을 도외시하고 반독립투쟁전선에서 복무한 일본군 출신을 선호함으로써 경비대의 정신적 측면을 중시하지 않았을 뿐 아니라 경비대를 비이념적 집단으로 만들기 위해 불편부당과 기술주의를 강조하였다. 그리고 미군사고문관들은 경비사관학교 출신들의 성장을 지원하였다.

더욱이 대한민국 국군은 성장 과정에서 구군부의 헤게모니 시대와 신군부의 헤게모니 시대가 전개되었기 때문에 제도적 군부가 민족사적 정통성을 제고시키는 데 지장을 받아왔다. 그러므로 이러한 군부 내외의 분위기를 반영한 때문이었는지 국군의 정통성은 제자리를 찾지 못하였다. 특히 육군사관학교 교수부에서는 1978년에 『육군사관학교 30년사』를 편찬하면서 경비사관학교 출신과 정규육군사관학교 출신 간의 상생론을 내세워 경비사모체

론을 주장했으며, 이를 합리화시키기 위한 방편의 하나로 1992년에 군의
정통성에 관한 워크숍까지 개최하였다. 이는 그들이 주장한 경비사모체론이
수단적 정통성에 의해 타당성을 갖는지를 검토하기 위한 것이었다고 할
것이다.[21)

그러면 이제 한국군의 정통성과 북한군의 정통성을 비교하는 한편, 통일
의 지향 차원에서 남과 북이 어떤 방식으로 정통성 논쟁을 전개해야 할 것
인지를 살펴보기로 한다. 우선 한국군은 대한제국 국군이 해산된 이후 의병
→ 독립군 → 광복군으로 이어져 온 군맥의 선상에서 창설되어 광복군의 법
통을 계승하고 있다. 그러나 탈식민지사회의 국가와 그 기구의 형성은 외세
에 의해 구조적으로 조건지워지기 마련이므로 한국군의 창설에는 미군정의
역할과 경비대의 영향이 컸다고 할 것이다. 다음 북한군의 창설 과정은 보
안대 창설, 인민집단군 창설, 조선인민군 창설 등 3단계로 전개되었다. 즉
1945년 10월 21일 평민대원(平民隊員)들을 통합하여 창설한 보안대는 1946
년 8월 15일 보안대 및 교육기관을 통합 지휘할 「보안간부훈련대대부」과
정을 거쳐서 1947년 5월 17일 인민집단군사령부로 개편되었다.

그러나 북한은 1947년 2월 22일 선거에 의해 「북조선인민위원회」라는
단독정권을 수립해놓고 있었기 때문에 1948년 2월 8일 「조선인민군」의 창
설을 선언했는데, 이 과정에서 소련의 민정청은 김일성의 빨치산 동료들이
보안대를 장악할 수 있도록 지원하였다. 환언하면 소련의 민정청은 북한군
의 전력 증강 지원은 물론 김일성의 빨치산 동료들이 군대와 경찰의 리더십
을 장악토록 지원해 주었다. 그러므로 서대숙은 "북한에서의 김일성의 권력
인수는 소련의 후견하에 군사적인 접수라고 특징지을 수 있을 것"이라고 평
가하였다.[22) 이처럼 1948년 2월 8일 창설된 북한군은 2월 8일을 창군기념
일로 정하여 1948년부터 1977년까지 29년 동안 경축해 왔으나 1978년부터

21) 이 워크숍에는 하와이대학에서 사학을 전공한 김기훈 박사와 한국교원대학 교수였던
    필자(한용원)가 참여하여 김 박사는 수단적 측면에서의 정통성을, 필자는 목적적 측
    면에서의 정통성을 각각 발제하였음.
22) 서대숙, 『북한의 지도자 김일성』(청계연구소, 1989), 94쪽.

는 4월 25일이 창군기념일이라면서 그해 4월 25일을 46주년이라고 선언하였다.[23]

이는 김일성이 1932년 4월 25일에 남만주의 작은 마을인 안투(安圖)에서 항일유격대(최초의 빨치산부대)를 조직했다는 데 근거한다. 북한의 이론가들은 김일성의 항일혁명전통으로 ①1926년 '타도(ㅌ·ㄷ) 제국주의동맹' 결성, ②1927년 '조선공산주의청년동맹' 결성, ③1930년 카륜(卡倫)회의에서 주체적 정당과 노선의 제시, ④1932년 '항일유격대' 조직, ⑤1936년 '조선광복회' 창건, ⑥1937년 '보천보전투'를 승리적으로 진행 등을 주장한다. 더욱이『현대조선력사』에서는 김일성을 비롯한 한인들이 1945년 9월 19일 뿌가쵸프 호로 원산에 상륙했음에도 "김일성은 드디어 1945년 8월 9일 조선인민혁명군 전체부대에 조국해방의 최후공격작전을 개시할 전투명령을 내렸다. … 아군부대들의 드센 공격과 인민들의 혁명적 진출 앞에서 더는 견딜 수 없게 된 일제의 대본영은 조선인민혁명군의 최후공격작전이 개시된지 불과 1주일도 못되는 1945년 8월 15일에 황급히 무조건 항복을 선언하였다[24]고 날조하였다.

하지만 역사적 사실은 엄연한 것이기 때문에 역사의 왜곡·날조로 인해 김일성의 항일빨치산전통은 그 허구성을 드러내게 되었다. 첫째, 항일무장투쟁의 주류를 형성한 것은 민족주의 진영이었다. 예컨대 김일성이 주도한 보천보전투는 홍범도의 봉오동전투, 김좌진의 청산리전투, 이청천의 대전자령전투, 양세봉의 홍경현전투 등에 도저히 비견될 수 없다. 둘째, 1930년대 만주에서의 항일무장투쟁으로 국한시킨다면 그 투쟁은 한인공산주의자가 아닌 중국공산주의자들이 영도한 것으로 보아야 할 것이며, 셋째, 한인공산주의자들의 항일무장투쟁으로 국한시킨다면 그 중심적 지도자는 김일성이라기보다 김무정(金武亭)이었고, 넷째, 김일성이 1932년 4월 25일 안투에서 항일유격대를 조직했다고 주장하지만 허동찬은 "당시 김일성은 무송지역 청

23)『로동신문』, 1978년 2월 8일자 및 4월 25일자(정론).
24) 김한길,『현대조선력사』(평양: 사회과학출판사, 1983) 참조.

년 수명과 고동뢰소대 참살사건을 일으켜 안투로 도피해 왔을 따름이라는 반론을 제기하였다.[25]

이러한 맥락에서 볼 때 ①1930년대 만주에서의 항일무장투쟁이 마치 김일성에 의해 영도된 것처럼 묘사된 것은 잘못이며, ②1940년대 전반 최후의 결전의 시기에 적극적인 항일투쟁을 전개한 김무정의 조선의용군의 활약상을 매장시켜 버린 것도 과오이고, ③현대사의 시점을 김일성이 1926년 '타도 제국주의동맹'을 결성한 때로 설정한 것도 큰 약점으로 지적하지 않을 수 없다. 나아가 북한군이 창군기념일을 변경시키자 한국군에서도 '국군의 날' 변경 문제가 제기되었다. 1955년 8월 30일 국무회의의 의결을 거쳐 대통령령 제1084호로 종전에 기념해온 바에 따라 각군의 기념일을 제정했는데, 해군은 11월 11일, 해병대는 4월 15일, 공군은 10월 1일로 각각 기념일을 제정했으나 육군은 38선을 돌파한 것을 기념할 목적으로 10월 2일을 기념일로 제정하였다.

그러나 대대급부대가 38선을 돌파한 것은 10월 1일이기 때문에 기념일의 재제정론이 제기되어 1956년 9월 21일 대통령령 제1173호로 제3사단 제23연대 제3대대가 최초로 38선을 돌파한 10월 1일을 '국군의 날'로 제정·공포하였다. 하지만 1950년대 후반에는 38선을 돌파한 역사적 사건이 큰 의미를 지녔기 때문에 국군의 날 제정의 명분이 될 수 있었으나 통일된 조국의 새로운 국군의 위상을 정립해야 할 2000년대에는 통일조국의 국군에 걸맞은 명분을 새로이 설정해야 할 것이다. 논의야 여하튼 국군의 날을 육·해·공군의 창설이 완료된 날로 본다면 10월 1일이 합당할 것이고, 국방부 본부의 편성일로 본다면 8월 15일이 타당할 것이며, 광복군의 정통성 계승을 중시한다면 9월 17일이 그대로 좋을 것이고, 대한제국 국군의 해산의 날을 광복군의 창립일로 생각한다면 8월 1일이 온당할 것이다.

그러면 이제 전통을 달리하는 한국군과 북한군이 통일을 지향하여 어떻게 정통성 논의를 전개할 것인지를 살펴보기로 한다. 정통성은 올바른 계통

---

25) 허동찬, 『김일성 항일투쟁공방』(도서출판 원일정보, 1989), 95쪽.

(orthodoxy)이나 합법성(legitimacy)을 지칭하는데, 전제시대에는 전자의 개념이, 민주시대에는 후자의 개념이 대체로 활용되고 있다. 그러나 이러한 점을 고려치 않는다면 정통성이란 '독존적이고 배타적인 권위를 과시하는 가치개념'이기 때문에 정통성 논의는 ①당파성(党派性)을 띤 이데올로기 논쟁을 촉진시키거나, ②화합보다 편가르기를 조장할 우려가 있다는 주장이 제기될 수 있는 것이다. 그러나 정통성 개념이 전제시대에는 배타적 권위를 과시하는 가치개념으로 사용되었지만 민주시대에는 '정의와 사람을 공유하는 도덕감정(Kolberg의 '정의공동체' 개념과 유사)'으로 이해되고 있는 것이다.

즉 민주시대에는 정(正)과 부정(不正)은 분명히 가리되, 사랑으로 포용하는 방식의 논쟁을 전개하는 것으로 이해되고 있다. 그러므로 정통성 논쟁은 전제사회의 타도논리에서처럼 '정통(正統)을 살리고 이단(異端)을 척결'하는 방식으로 진행할 것이 아니라 원효대사가 화쟁론에서 "시시비비를 따져 그 본질이 같다는 것을 규명토록 해야 한다"고 강조했듯이 민주사회의 공존논리에서는 정과 부정은 가리되, 사랑으로 포용하는 방식으로 진행할 필요가 있는 것이다. 따라서 남북한의 정통성 논쟁도 이데올로기 논쟁이 아니라 역사적·과학적 논쟁을 해야 하고, 시시비비를 따져 그 본질이 같음을 규명하여 동포애로서 포용하는 방향으로 전개해야 할 것이다.

IV. 광복군의 법통 계승

해방공간의 창군운동 과정에서 독립투쟁전선에 투신했던 광복군 출신들이 대중적 지지를 받게 되자 일본군 및 만주군 출신들도 광복군을 모체로 국군을 편성하는 데 '공동의 동의'를 하였다. 그러나 미군정이 경비대를 창설하자 창군운동 세력이 분열된 데다가 광복군의 주력이 중국 땅에 머물고 있었기 때문에 대한민국 국군은 광복군의 주력을 형성했던 신흥무관학교 출신들과 연계성이 결여될 수밖에 없었다. 이에 반해 미군정은 해방공간에서 광복군 출신을 도외시하고 일본군 출신을 골간으로 하여 경비대를 창설한 데다가 경비대의 조직과 육성 과정에서 검증된 군영 및 경비사 출신 장교들의 성장을 뒷받침해 왔기 때문에 미군정과 경비대 출신 간의 연계성은 시간이 흐를수록 심화되어 갔다.

이러한 현상은 6·25전쟁 후 반공세력이 득세하고 항일세력이 뒷전으로 밀려나게 되자 더욱 공고화되었을 뿐 아니라 군영 및 경비사 출신들이 헤게모니를 장악한 국군의 리더십에서는 국군의 광복군 정통성 계승 노력을 약화 내지 변질시키기조차 하였다. 더욱이 미군정은 해방공간에서 경비대를 육성하면서 전통 군대의 명맥을 역사적으로 이어온 광복군 출신을 도외시하고 반독립투쟁전선에서 복무한 일본군 출신이 대종(大宗)을 이루도록 경비대를 창설함으로써 창군사가 비뚤어지게 전개되게 하였으며, 그 결과 광복군의 정통성을 계승해야 할 국군 중의 일부가 '경비대모체론'을 신봉하게 되는 비정상적 상황이 전개되게 만들었다.

그리고 국군은 성장 과정에서 구군부의 헤게모니 시대(1961~1979)와 신군부의 헤게모니 시대(1980~1996)가 전개됨으로써 제도적 군부가 민족사적 정통성을 제고시키는 데 걸림돌로 작용하였다. 특히 군사영어학교 출신들은 1968년까지, 경비사관학교 출신들은 1980년까지 각각 군의 리더십을 장악하게 되자 경비대모체론(警備隊母體論)을 기정사실화시켜 군부에 확산시켰다. 이러한 상황하에서 육군사관학교는 1978년에『육군사관학교 30년사』를 펴내면서 "대한민국 육군사관학교의 연원을 밝힘에 있어 대한제국의 무관학교를 그 시초로 삼을 수는 없다. … 경비사관학교는 고난의 가시밭길을 헤치고 창군과 그 후 군 발전의 위업을 이룩한 군 간부들의 배움의 요람이었으며, 명실상부한 육군사관학교의 모체였다"고 기술하였다.

나아가 대한민국 임시정부는 독립운동가들이 대동단결(大同團結)을 하지 않았기 때문에 국제적으로 승인받지 못했다는 비판이 제기되는 데다가, 한민족은 한편으로 독립운동세력으로서 활약했으나 다른 한편으로는 일본제

국주의의 대리전쟁인으로서 활약했다는 비판이 제기됨으로써 이는 국군의
정통성 제고에 걸림돌로 작용하였다. 우선 대한민국 임시정부는 태극기 아
래 존재하고 있는 데다가 '광복군'이라는 군대를 가졌을 뿐 아니라 광복군의
규모와 활동은 태평양전쟁에 참전한 28개 연합국 중에서 중간 이상의 위치
를 차지한 것으로 평가되고 있었다.26) 그럼에도 임정이 국제적 승인을 받지
못함으로써 ①1941년 12월 9일 일본군에 대한 선전포고가 그 효력이 별무
하였고, ②선전포고에 이은 무력항쟁도 광복군이 싸울 수 있는 실력이나 무
장이 결여되었기 때문에 각광을 받지 못했다는 것이다.

이는 독립운동가들이 공리(功利)를 추구한 나머지 분열·반목·시기 등으
로 대동단결을 못했을 뿐 아니라 임정을 약화시켜 제구실을 못하게 만들었
다고 볼 수 있을 것이다. 특히 우리 민족의 분열을 재촉한 원인은 민족주의
대 공산주의의 대립에 있었는데, 종전 직후 연안의 독립동맹 측에서는 광복
군의 재편성 계획의 추진을 방해할 목적으로 조덕진(趙德晋) 이하 65명의
공산분자를 광복군 조직 내에 침투시켜 광복군 간부 간 서로를 이간시키는
공작을 수행토록 하였다. 이로 인해 광복군의 간부 간 대립이 심화되었음은
물론, 광복군에의 편성을 기다리고 있던 일본군적의 한적장병들이 공산주의
자의 음모와 협박에 못 견디고 병영을 떠나는 사례가 발생하였다.27)

다음 우리 민족은 제2차 세계대전 중에 일본제국주의의 대리전쟁인으로
서 활약했는데, 이는 일제가 1943년 8월 1일 한국 청년들에게 일반징병제를
실시하여 24만여 명을 전쟁에 동원함으로써 본격화되었다. 징병제가 실시
되기 전인 1938년 2월 2일 조선총독부는 육군특별지원병제를 공표하여 한
국 청년들에게 군인으로서 복무할 수 있는 길을 터놓았으며, 태평양전쟁의
후반기인 1943년 5월 11일에 해군특별지원병제를 실시하여 부족한 인적 동
원에 급급함으로써 2만여 명을 동원하였다. 이어서 1944년 1월 20일에는
학도특별지원병제를 공표하여 전문·대학생들을 위협과 공갈의 강제수단으

---

26) 신재홍, 「독립전쟁」, 『현대사 속의 국군』, 33쪽.
27) 육군본부, 『창군전사』, 251-253쪽.

로 지원케 하여 4,385명을 전쟁터로 동원하였다. 이외에도 군속으로 15만여 명이 동원됨으로써 우리 민족은 일본제국주의 전쟁대리인으로 42만여 명이 동원되어 2만여 명의 전사자와 16만여 명의 행방불명자를 낳았다.

그러므로 일제가 전쟁 수행을 위해 방패막이로 동원한 42만여 명 중에서 18만여 명의 희생자를 제외한 24만여 명은 생존하여 전후 남북한 사회로 10만여 명 정도씩 복귀하였다. 한편 간도 및 연해주와 중국대륙에서 조국의 광복을 위해 활약하던 광복군의 간부진은 신흥무관학교 출신들이 중견 간부로 성장할 수 있도록 지원해 왔는데, 이들 가운데 이범석·최용덕·이준식·김홍일·김관오·조개옥·오동기·박시창·장흥·최덕신·박기성·유해준·이성가 등은 송호성·권준·김원봉 등 신흥무관학교 출신들과 더불어 대한민국 국군의 건군에 참여하였다.

이러한 차원에서 광복군의 정통성 의식을 일본군 및 만주군 출신의 정통성 의식과 비교 맥락에서 살펴볼 수 있는 방법이 있다면 좋겠지만, 그렇게 할 수 없어 유감스럽다. 필자가 1980년 육군본부가 발간한 창군전사(創軍前史)에 반영된 일본군 및 만주군에 복무한 군영·경비사 출신들의 정통성 의식의 표출에 대해 고찰한 바에 의하면 ①일제시 한국인의 대리전쟁인으로서의 역할은 해방 후 분단된 국토의 수호에 유리한 유산이 되었고, ②많은 한국인들이 일제의 침략자에 대한 반항의식과 그들의 멸시로부터 벗어나고자 찾은 돌파구가 일본군 복무였으며, ③만주군의 복장을 입고 계급장을 달았어도 정신적 내면에는 독립군의 피가 흐르고 있었다는 허위 주장을 담고 있다고 느끼지 않을 수 없었다.

첫째, 일제 시기 한국인의 대리전쟁인으로서의 역할은 해방 후 분단된 국토의 수호에 유리한 유산이 되었다는 주장을 담고 있다. 즉 "우리민족은 일본제국주의의 대리전쟁인으로 40만여 명이 동원되어 2만여 명의 전사자와 16만 명의 행방불명자를 내는 민족적 희생을 보았다"면서 "… 일제가 전쟁 수행을 위하여 방패로 내세운 20여만 명의 군사동원자를 남겼다는 것은 그 군사적 경험이 우리에게는 어차피 국토를 수호하는 데 유리한 해방된 유산이 아닐 수 없었다"는 주장이 그것이다.[28] 이는 독립운동세력을 뒷전으로 내몰고 반공주의 세력을 전면에 내세우는 논리의 단초로서 작용하게 된 것으로 보인다.

둘째, 이국에서 독립운동을 하는 것에 못지않게 고국에서 조상이 물려준 땅을 지키는 것이 더욱 어려웠다는 주장을 담고 있다. 즉 "망국 후에 우리민족이 일제의 탄압하에서 많은 동포들이 만주로 이주한 사실은 한 마디로 저항의식이 작용한 민족 이동이 아닐 수 없었다. 그러기에 여기서 독립군이 탄생한 것이다. 그러나 조상이 물려준 땅을 지키고자 남은 후예들은 일제 탄압에서 신음해야 했다"면서 "… 여기서 젊은 혈기에 찬 청년들은 침략자에 대한 반항의식과 그들의 멸시를 벗어나고자 찾은 돌파구가 바로 일본 군복을 택하였던 것이 공통된 심리작용이었다"29)고 주장한다. 이는 일본군 출신 (만주군 출신 포함)이 된 것을 합리화시킨 논리의 단초가 된 것이다.

셋째, 만주군의 복장을 입고 계급장을 달았어도 정신적 내면에는 독립군의 피가 흐르고 있었다는 허위 주장을 담고 있다. 즉 "해방 이전에 만주에 거주하던 동포 수는 1945년 8월 현재 300만 명이 되었다. 만주의 동북삼성은 한일합방 이후 우리 독립군의 활동무대였던 연고지였지만 만주제국이 1932년에 건국되고 나서는 점차로 독립군도 소멸되었으니 그것은 발붙일 곳이 없었기 때문이었다"면서 "… 독립군을 동경하였던 우리의 2세들은 다 없어진 독립군을 찾다가 들어간 곳이 만주국군(만주군은 五族協和라 해서 만주족·중국족·몽고족·조선족·일본족의 5족으로 구성되어 있다)이었다. 나중에는 한국인들의 병력이 많아지자 한국인 특설부대를 한국인들만으로 편성하였으니 장교나 사병은 떳떳하게 군대생활을 할 수 있었던 것이다"30) 라고 주장하고 있다. 이는 한국인 특설대를 미화시킨 논리의 단초가 되었으나, 친일인명사전 등 친일문제연구총서의 편찬으로 인해 허위 주장임이 밝혀지고 있는 것이다.

---

28) 육군본부, 앞의 책, 263쪽.
29) 육군본부, 앞의 책, 266쪽.
30) 육군본부, 앞의 책, 272쪽.

이상의 논의는 수단적 차원을 중심으로 하여 제한적 차원에서 광복군의 정통성 계승 문제를 본 것이다. 그러나 군의 정통성 계승 문제는 감정적 차원에서 거시적으로 볼 필요가 있는 것이다. 즉 군의 정통성은 인적 구성이나 제도 채택 등 수단적 차원의 것이 아니라 이념이나 정신과 같은 감정적 차원의 것으로서 대체로 시대정신이나 국민정신을 반영한 측면에서 볼 필요가 있는 것이다. 해방 직후 군사경력자들이 창군운동을 전개하는 과정에서 "광복군을 모체로 국군을 편성해야 한다"는 합의된 인식을 하고 있었던 데다가 법적 차원에서도 대한민국 정부가 임시정부의 법통을 계승했기 때문에 국군은 광복군의 정통성, 즉 광복군의 독립투쟁정신을 계승하려고 노력하였으며, 이는 독립운동 세력이 정치적 지배세력으로 등장했기 때문에 당연한 귀결이기도 하였다. 독립운동 세력은 미군정의 경비대를 '남조선 과도정부의 행정권 이양 절차'에 의해 대한민국 국군에 편입시켜 주기는 했지만 국군이 광복군의 정통성을 계승해야 한다는 관점에 입각하여 국방장관과 차관은 물론 육사 교장과 육군 정훈감을 광복군 출신으로 임명해 주기를 바랐고, 건국 초기에는 그렇게 하는 것이 관례라고 인식해 왔었다.

그러나 6·25전쟁 후 반공세력이 득세하고 항일세력이 뒷전으로 밀려나게 되자 국군의 광복군 정통성 계승 노력이 약화 내지 변질되었다.[31] 미군정이 경비대를 창설 시 경비대에 입대한 장병들은 "비록 현재는 경비대이지만 정부가 수립되면 국군이 된다"는 신념을 가졌다. 그러나 군사영어학교 출신들이 1968년까지, 경비사관학교 출신들이 1980년까지 각각 군의 리더십을 장악하게 되자 사정이 달라졌다. 원래 미군정은 경비대의 간부를 선발함에 있어 20~30대의 젊은 층을 선호했는데, 이들 젊은 층은 군의 수뇌부를 형성하여 요직에 있게 되자 더 오래 그 자리에 머물고자 했기 때문에 후진들은 성장할 기회가 제한받게 되었다. 이러한 상황하에서 군영 출신으로 구성된 '창군동우회'가 경비대모체론을 기정사실화시키는 비정상적인 상황마저 전개되었다.

---

31) 한용원, 『한국의 군부정치』(대왕사, 1993), 142쪽.

더욱이 한국군 장교들을 친미적이고 기능적인 적응의 전문가로 만들고자
했던 미군사고문관들은, 경비대의 조직과 육성의 과정에서 검증된 군영 및
경비사 출신들의 성장을 뒷받침까지 하였다. 미군사고문관들은 경비대 시절
에는 한국군 장교들에게 영어 지식과 미군 장교들과의 긴밀한 관계 유지를
강조하였고, 한국군 시절에는 군사원조를 무기로 하여 무능하고 유해한 인
물들을 제거하도록 인사정책에 간여하고 경비대로부터 키워온 장교들을 '민
주국가의 군사 지식을 습득한 자'라고 하여 특별히 보호까지 해주었다.[32]
그러므로 이처럼 미군사고문단의 비호를 받아왔던 군영 및 경비사 출신들은
제5공화국이 수립될 때까지 군의 수뇌부를 형성하고 있었을 뿐 아니라 전역
자 중에는 박정희 군부정권의 비호를 받아 정계·관계·재계의 요직을 차지
한 자들도 있었다.

그러나 경비대모체론의 기정사실화에도 경비대 시절에 주류(主流)를 형
성했던 일본군 출신이 민간인 입대자들로 인해 희석이 되어 1/5 이하의 수
준으로 축소되는 상황이 전개되었다. 그러나 이와 같은 상황이 도래하기 전
에 경비대 장병들은 소요사태를 통해 정통성 계승 문제를 제기하였다. 1946
년 5월 25일 태릉의 제1연대 제1대대에서 발생한 소요사태는 경비대의 사
병들이 주체의식을 제시하지 못하는 간부들에게 그 정립을 요구한데서 발단
하였다. 그들은 "①비애국적 좌익성 장교들은 자진해서 물러가라! ②불편부
당이 무엇이냐? 경비대의 이념을 확립하라!"며 하극상 시위를 전개하고, 일
부 일본군 지원병 출신은 경비사 1기생으로 발탁되는데, 민간인 출신 사병
은 시험에 합격해도 못 들어가니 불공평한 것이 아니냐는 항의도 제기되
었다.

미군정은 사상적 혼란이 심화된 한국사회에서 경비대를 비이념적으로 육
성하기 위해 불편부당과 기술주의를 강조하는 입장을 취했으나 경비대는 오
히려 혼란된 해방정국의 축소판을 면할 수 없었기 때문에 이념의 대결장이
되었고, 또한 이로 인해 경비대가 그 존재가치를 공산주의에 대항할 무장력

---

32) Robert K. Sawyer, op. cit., pp.60-66.

으로 인정치 않았을 뿐만 아니라 대응태세를 갖추지 않고 있다가 군부반란 사건의 연발에 직면하였다. 그리고 대한민국 국군이 광복군의 정통성을 계승한다고 함은 국군의 전통이 의병 → 독립군 → 광복군으로 이어지는 민족독립운동의 선상에 있음을 의미하는 것인데, 미군정이 전통 군대의 명맥을 역사적으로 이어온 광복군 출신을 도외시하고 일본군 출신을 골간으로 경비대를 창설했기 때문에 민족독립운동의 선상에 있지 않았던 자들(일본군 출신)과 그 기구(경비대)로 인해 광복군의 정통성 계승이 방해받을 소지가 있는 데다가 창군에서 가장 중요한 정신적 요소를 근본적으로 저해시킬 소지마저 있다고 장병들은 불만한 것이었다.[33]

그러나 경비대의 창설 및 증편 과정에서 볼 때 미군정은 한국의 정규군은 한국이 독립할 때 창설됨을 분명히 하고 치안유지에 목적을 둔 경비대를 창설하였다. 그리고 정치적 이유로 임정을 부인하면서도 경비대의 한국화작업을 추진하면서 "광복군을 모체로 국군을 편성해야 한다"는 한국사회의 사회적 요구를 반영하여 경비대의 상징적 직책인 통위부장(국내경비부장)과 경비대총사령관을 광복군 출신 유동열과 송호성을 각각 임명하였다. 이렇게 되자 환국하여 경비대를 외면하고 청년운동에 투신했던 광복군 출신들이 많이 경비대에 입대하게 되었고, 따라서 유동열 부장과 송호성 총사령관은 경비대에 광복군 출신을 많이 충원시켜 경비대를 실질적인 광복군으로 개조하려는 구상까지 했던 것으로 알려지고 있다.

하지만 국가와 그 기구인 군대는 정통성을 공유하는 것이므로 대한민국이 임시정부의 법통을 계승한 것이 분명한 이상 대한민국 국군이 임정의 국군인 광복군의 정통성을 계승하는 것은 분명한 절차인데도 불구하고 우리 사회에는 미군정의 경비대를 창설하는 데 주역을 담당했던 군사영어학교 출신들이 창군동우회를 결성하고 '경비대모체론'을 주장하면서 지난 65년간 한국군의 창군 요원으로 자처하는 비정상적 상황이 전개되어 왔다. 더욱이 국군은 성장 과정에서 ①군영 출신의 헤게모니 시대(1945~1968), ②경비사

33) 한용원, 『창군』(박영사, 1984), 205-208쪽.

출신의 헤게모니 시대(1968~1980), ③신군부의 헤게모니 시대(1980~1996)가 전개됨으로써 제도적 군부가 민족사적 정통성을 제고시키는 데 걸림돌로 작용해 왔던 것이다.

나아가 군영 출신의 헤게모니 시대와 경비사 출신의 헤게모니 시대는 구군부의 헤게모니 시대(1961~1979)와 중첩되어 민족사적 정통성을 훼손시킨 정도가 더욱 심하였다.[34] 그러므로 5·16세력은 제3공화국 헌법을 제정하면서 1948년의 헌법 전문에서 선언한 "기미 3·1운동으로 대한민국을 건립하여 세계에 선포한 위대한 독립정신을 계승하여"라는 임시정부의 정통성 부분을 삭제하고, '3·1운동의 숭고한 독립정신'이라는 표현만 남기고 '4·19의거와 5·16혁명의 이념에 입각하여'라는 표현을 새로 추가하였다. 그리고 이는 1972년 유신헌법이나 1980년의 제5공화국 헌법에 그대로 지속되어 오다가 6·10민주항쟁 후 여·야의 합의로 제6공화국 헌법 제정 시에 비로소 "3·1운동으로 건립한 대한민국 임시정부의 법통을 계승한다"라고 바로잡았다.

하지만 제도적 군부에서는 헌법 개정에 수반하여 아무런 조치도 취하지 않았다. 육군사관학교의 경우 1996년 『육군사관학교 50년사』를 펴내면서 1978년에 펴낸 『육군사관학교 30년사』의 시각을 수정함이 없이 그대로 지속시켰다. 이는 1961년부터 1987년까지 제도적 군부의 정통성 의식이 정치적 군부의 정통성 의식에 의해 영향을 받아왔을지라도 문민우위(文民優位)의 민군관계 원칙을 저해시킨 행위양태라고 보지 않을 수 없는 것이다. 이러한 맥락에서 국가와 그 기구와의 관계논리와 관계도리는 반드시 집고 넘어가야 하는 것이다. 이에 신흥무관학교 기념사업회에서는 공동대표들의 결의로 2012년 3월 육사교장에게 육사의 학교사를 시정하도록 권고하였다. 그러나 육사교장은 "육사학교사는 국방부 공간사와 그 맥을 같이 하고 있다"는 평계를 대면서 "국방부 공간사의 변화없이 육사학교사의 내용수정은 고려될 수 없다"고 회시하였고, 따라서 육사학교사의 시정문제는 미해결의 과

---

34) 한용원, 『한국의 군부정치』(대왕사, 1993), 142쪽.

제로 남아 있는 상태에 있다.

하지만 대한민국 국군이 광복군의 정통성을 계승하는 것은 매우 영광스러운 일인 것이다. 이는 신흥무관학교 출신들의 민족사적 공헌이 지대함으로 인해 더욱 그러하다. 첫째, 신흥무관학교는 1910년대의 10년 동안 한시도 쉬지 않고 무장독립투쟁의 역군을 길러내어 독립투쟁사를 빛나게 하였다. 둘째, 독립군 연합부대의 '청산리 대승'에서 볼 수 있듯이 신흥무관학교 출신들의 훌륭한 지휘와 결사적 참여가 1920년 이후의 독립전쟁을 좌우해 왔다. 셋째, 신흥무관학교 출신들이 본격적으로 독립군에 참전함으로써 독립군은 만주에서의 유격전과 한반도 지역에서의 국내진공을 병행 추진할 수 있었다.

그리고 신흥무관학교 출신들이 주도했던 독립군은 1940년 광복군이 창설되자 광복군에 편입되어 임시정부 산하의 통합된 국군이 되었으며, 따라서 '신흥무관학교 출신들의 정신이 핵이 된 독립군의 독립투쟁정신'이 광복군의 정신으로 자리매김하게 되었다. 그러므로 1948년 대한민국 국군이 창설될 때에는 '신흥무관학교 출신들의 정신이 핵을 이룬 광복군의 정신'이 대한민국 국군의 정신으로 계승된 것이라고 할 수 있을 것이다. 이러한 맥락에서 볼 때 '신흥무관학교가 전신이고, 육군사관학교가 후신'인 것은 매우 자연스러운 것이다. 그리고 공동체의 역사를 선대의 지혜 및 행동거지의 총화(總和)인 동시 절차탁마의 산물로 보듯이 대한민국의 국군도 군에 몸담은 자들의 지혜가 모아져 군의 조직·편성·교육·훈련·관리의 법도가 확립되었으며, 공비토벌과 6·25전쟁 등에서 피를 흘려 유형·무형의 전력과 부대 전통이 확립된 것이라고 할 수 있을 것이다. 그러므로 군은 우리의 역사적 정통성을 신흥무관학교 출신들이 중심이 된 독립군의 활동에서 찾으려는 노력부터 해야 할 것이다.

논의야 여하튼 우리 사회에서는 군영 및 경비사 출신의 경비대모체론과 일부 육사 출신의 경비사모체론에 의해 광복군모체론의 신봉을 지향하는 우리 국군의 정통성이 손상을 입어 왔다. 하지만 군영 및 경비사 출신들이 자연사(自然死)하게 되면 경비사모체론은 점차 약화되어 결국 종지부를 찍게 될 것으로 전망된다. 그러나 그간 군부 내의 공감대 형성을 위한 정통성 계승의 여건이 불량하게 전개되어 왔기 때문에 군부의 정통성 계승이 원활하게 전개되도록 유도하는 노력이 필요할 것이다. 그러한 노력의 방향은 ① 국가와 그 기구인 군대의 정통성 공유, ②군맥의 의병 → 독립군 → 광복군 으로의 체계화, ③수단적 차원의 정통성이 아닌 목적적 차원의 정통성 인식을 확산시켜 나가는 것이어야 할 것이다.

제8장

종장

I. 노블레스 오블리주

독립군의 지도자 그룹을 형성했던 신민회의 간부들은 기득권을 포기했을 뿐 아니라 가진 자의 도덕적 의무를 다하였다. 우당 이회영은 1910년 8월 서간도 지역을 둘러보고 돌아온 뒤 가족회의를 열고 독립군 기지를 세우기 위해 집단 망명 계획을 논의했는데, 이항복(李恒福)의 후예인 이들 6형제는 교목세신(喬木世臣)[1]으로서 대의를 위해 목숨을 버릴지언정 집안이 왜적 치하에서 노예가 되어 생명을 구차하게 도모하는 것은 불가하다고 하였다. 조선조 사대부들이 양반불역론(兩班不役論)[2]과 양병의 양화인식론(養兵의

---

1) 喬木世臣: 집안 대대로 중요한 지위에 있어 나라와 운명을 같이 하는 신하.
2) 兩班不役論: 양반이 군역을 지게 되면 반상의 구분이 없어진다고 강조하여 병역의 의무인 군포 부담에서 제외되려고 하는 주장.

養禍認識論)3)을 주장해온 이 땅에서 한일강제병합이 이루어지자 많은 양반 귀족들이 자신들의 기득권과 재산을 지키기 위해 일제에 협력하고 나섰다.

이러한 때에 이회영 6형제는 삼한갑족(三韓甲族)의 명예와 부귀영화를 모두 버리고 모든 가산을 처분한 데다가 영의정 이유승의 양자인 둘째형 이석영의 만여 석 농지와 가옥을 처분한 돈을 포함, 약 40만 원(지금의 화폐가치로 따지면 600억 원 내지 2,000억 원의 재산)을 마련하여 1910년 12월 30일 압록강을 건너 집단 망명을 결행했는데, 이는 한국판 노블레스 오블리주(가진 자의 도덕적 임무)의 집단적 실천이었다. 이러한 이회영 가문의 노블레스 오블리주에 관해 이상재 선생은 "동서 역사상 국가가 망한 나라를 떠난 충신의사가 수백 수천에 그치지 않는다. 그러나 우당 일가족처럼 6형제 가족 40여 명이 한마음으로 결의하고 일제히 나라를 떠난 일은 전무할 것이다. 장하다! 우당의 형제는 그 형에 그 동생이라 할 만하다. 6형제의 절의(節義)는 참으로 백세청풍(百世淸風)이 될 것이니 우리 동포의 절호(絶好)의 모범이 되리라고 믿는다"고 평가하였다.

서울의 이회영 가문에 뒤이어 1911년 1월 압록강을 건넌 망명지사는 안동의 이상룡, 김대락, 황호, 유인식, 김동삼 등 명망 높던 혁신유림 지사들(가족 포함 150명 집단 망명)이었다. 이 중에서 석주 이상룡은 전통 유림세력들이 자신의 고향에 안주하면서 정주민(定住民)적 삶의 방식을 고수하고 있을 때 일제에 맞서 실천하는 지식인으로서 리더십을 보여주었다. 즉 그는 망명생활을 통해 보수적인 유림의 낡은 틀을 깨고나와 혁신유림으로 재탄생하면서 국난극복기에 변혁적인 리더십을 발휘하였다. 그는 이회영 등과 함께 경학사와 신흥무관학교를 세우고, 대동역사를 편찬했을 뿐 아니라 1925년 임정의 초대 국무령으로 선출된 민족의 지도자였다.

이처럼 하여 이회영 6형제와 안동지방 혁신유림들은 서간도 유하현에 집결하여 1911년 4월 삼원포 추가가 태고산에서 노천 군중대회를 개최하고,

---

3) 養兵의 養禍認識論: 兵을 기르면 禍를 기르게 된다고 억지 주장을 펴 국방 부담에서 벗어나려고 하는 인식 논리.

교민단체인 경학사를 설립했는데, 그 설립 취지문에서 "자결과 단식을 하느니보다 힘을 길러야 한다"고 강조하였다. 이는 신민회가 1910년 3월 긴급 간부회의를 열고, 국외 독립운동기지 건설과 그 핵심체로서 무관학교 설립을 최고의 전략으로 채택했기 때문이었다. 이렇게 하여 신민회는 독립운동을 전개한 최초의 비밀결사로서 을사늑약 무효화 운동, 국민교육과 계몽운동, 무장투쟁을 위한 독립운동기지 건설운동 등을 전개하였다.

이러한 맥락에서 독립운동을 위해 만주로 망명한 동포들에게는 독립운동기지 건설작업이 가장 중요한 과제였다. 독립운동기지 건설작업은 독립군을 양성하는 무관학교를 설립하는 것으로 끝나는 것이 아니라 무관학교의 지속적인 발전을 지원하기 위해 망명인사로 구성된 주민조직과 이들의 생계를 위한 영농대책을 마련하고 청소년 교육을 위한 학교 설립까지 포함한 마스터플랜을 마련해야 했다. 더욱이 이 당시 일제가 독립운동은 소위 '상놈'들이나 하는 것으로 선전하는 데 편승하여 일부 부패한 고관들은 일제에 아부 협력하여 강제 합병에 동조, 기득권을 보호받고 부귀영화를 누렸다.

그러나 신민회를 중심으로 한 애국선열들은 기득권을 포기하고 풍토병에 시달려야 하는 망명지로 모여들었다. 특히 이회영 6형제와 이상룡 등 안동지방 혁신유림들은 당시 지배적인 양반귀족의 삶의 작태에서 벗어나 국민된 도리를 다하고 가솔들의 종의 신분마저 해방시켜주어 가진 자의 도덕적 의무를 다하면서 경학사(그 후 부민단)를 설치하여 신흥무관학교가 왕성한 활동을 할 수 있도록 강력히 뒷받침해주었다.

II. 신흥무관학교 전통

신흥무관학교는 국내 최대 규모의 항일조직이었던 신민회의 결의로 탄생하였고, 따라서 민족운동의 정통성을 갖고 출발한 학교였다. 일제의 침탈기에 우리의 항일독립운동은 독립전쟁론, 외교활동론, 실력양성론, 의열투쟁 등으로 다양하게 전개되었다. 그 가운데서도 국외에 독립군기지를 건설하고 독립군을 양성해 두었다가 일제가 더욱 팽창하여 중국·러시아·미국 등과 장차 전쟁을 일으키게 되면 우리는 이들과 함께 대일전쟁을 감행하여 우리의 독립을 쟁취한다는 방략인 독립전쟁론을 가장 중시하였다. 그러므로 1907년 4월 창립된 비밀결사 신민회는 국외에 독립운동기지를 건설하고 그 핵심체로서 무관학교 설립을 추진하였다.

1910년 12월 하순에 이회영 6형제를 비롯하여 혁신유림 김대락·이상룡 등이 간도로 집단 망명하여 유하현 삼원포에 집결하게 되자 1911년 1월 신한촌의 건설에 착수했으며, 4월에는 교민 자치단체인 경학사를 조직하고, 6월에 사관 양성기관으로 신흥강습소(초대 교장 이동녕)를 창설하였다. 그리하여 1912년 1월 신흥강습소에서 변영태·성주식·강일수 등 제1회 졸업생 40여 명을 배출했으나 서간도 지역에 풍토병이 만연하고 천재가 겹쳐 경학사가 해체되고 말았다.

이에 1912년 봄 여준·이탁 등이 중심이 되어 '신흥학교유지회'를 조직하고, 신흥학교를 합니하 지역으로 이전(교장 여준)하여 신교사의 건축에 착수하였다. 그리고 1913년 5월 신교사의 건축을 완료하자 신흥학교 졸업생을 중심으로 신흥학우단을 창단하고, 1914년에는 통화현 제8구 쏘배차 지역에 군영인 백서농장을 건설하였다. 그런데 망명지사들이 통화현 합니하로 이주하여 이곳을 제2의 독립운동기지로 삼으면서 신흥강습소는 신흥학교로 명칭을 바꾸었으며, 이때 신흥학교에는 본과와 특별과를 두었다.

1919년 3·1운동 후 서간도 지역에 망명해 오는 한인들의 수가 격증하자 이 지역의 독립운동자들을 중심으로 1919년 4월 한족회(정무총장 이탁)가 설립되었다. 그리고 신흥학교에서도 3·1운동 후 국내에서 대거 망명해 오는 청장년들을 수용하기 위해 신흥무관학교로 확대·개편해야 했으며, 이에 따라 신흥학교에서는 유하현 고산자 하동의 대두자 마을의 언덕에 40여 간의 병사를 짓고 그 아래 평지에 연병장을 설치하였다. 나아가 합니하, 쾌대무자 등지에는 분교를 두어 3개월간의 초등군사반과 6개월간의 간부후보과정을 담당케 하였다.

이처럼 1911년 유하현 삼원포에 설립된 신흥강습소는 1920년까지 통화현 합니하, 유하현 고산자 등으로 옮겨 다니며 10여 년 동안 3,500여 명에 달하는 독립군 간부를 양성하였다. 그리고 신흥무관학교가 배출한 인재들은 대한민국 임시정부뿐만 아니라 만주와 러시아령 및 중국 관내의 조선혁명군, 한국독립군 등에서 핵심적인 역할을 수행하였고, 50여 개에 달하는 독립군단에 지휘관 및 참모로 발탁되어 독립군을 관장하고 지도하였다. 그러므로 신흥무관학교 출신들은 1920년대와 1930년대 및 1940년대에 독립전쟁을 주도할 수 있었다.

한편 신흥무관학교의 졸업생을 중심으로 결성된 신흥학우단에서는 쏘배차 심산유곡에 백서농장을 경영하면서 독립군의 군영으로 활용했는 바, 이는 신흥무관학교 졸업생들의 독립을 향한 강렬한 의지의 분출을 진정시키기 위한 방안의 일환이기도 하였다. 즉 신흥무관학교 졸업생들은 무관교육을 마친 후 독립을 위해 즉각 싸울 것을 원했으나 독립전쟁전략은 일제가 더욱 팽창하여 미국·중국·러시아와 전쟁을 일으킬 때까지 항전전력(抗戰戰力)을 축적시키도록 요구하였다. 그러므로 백서농장에 참여자들은 영양실조와 각종 질병이 그들을 위협하는 극한상황에까지 내몰리면서도 전력의 축적에 매진하였다.

그러나 신흥무관학교는 마적의 습격 및 납치사건의 발생과 윤치국(尹致國)사건의 발생에 이어 일제의 만주독립군 토벌작전 전개로 인해 명목상 1920년 8월 폐교하였다. 사관생도들이 중심이 된 400여 명의 교성대를 지휘한 이청천(李靑天) 장군은 일제의 토벌이 시작되자 교성대가 무장이 없는 도수부대임을 감안하여 1920년 10월 피전책을 결정하고 대산림지대인 안도

현으로 부대를 이동시켰으며, 이곳에서 홍범도 부대가 제공한 무기로 무장하고 청산리대첩에 참가하였다. 그 후 이들 교성대는 북행하는 홍범도 부대를 따라 밀산으로 들어가 대한독립군단에 참여했으나 대한독립군단은 연해주로 이동했다가 자유 시 참변의 수난으로 조직에 큰 손상을 입었다.

논의야 여하튼 국내 최대 규모의 항일조직이었던 신민회의 조직적 결의로 탄생한 신흥무관학교는 바로 민족운동의 정통성을 갖고 출발한 학교였다. 그리고 신흥무관학교 출신들은 의병전쟁의 전투경험을 지닌 대한제국 무관학교 출신 군사교관들로부터 독립투쟁정신의 진수를 전수받은 애국전사들이었다. 그러므로 1910년대에 신흥무관학교가 '독립군 무관을 양성하는 기지'로서의 명성을 지녔다면 1920년대와 1930년대 및 1940년대에 신흥무관학교 출신들은 '독립전쟁의 수행을 주도'하여 만주지역의 모든 독립군단, 만주는 물론 노령과 중국 관내의 한국독립군, 조선혁명군 등으로 활약하였다. 그리고 이들은 1930년대에 중국의 관내 지역으로 이동하여 훗날 광복군의 모체가 되었을 뿐 아니라 조국이 광복되어 대한민국 국군이 창설되자 국군의 정신적 모체가 되었다.

III. 정통성 인식

국가와 그 기구인 군대는 정통성을 공유(共有)하는 것이므로 대한민국이 임시정부의 법통을 계승한 것이 분명한 이상 대한민국 국군이 임정의 국군인 광복군의 정통성을 계승하는 것은 분명한 절차인 것이다. 그럼에도 불구하고 우리사회에서는 미군정의 경비대를 창설하는 데 주역을 담당했던 군사영어학교 출신들이 창군동우회를 결성하고 '경비대모체론'을 주장하면서 지난 65년간 대한민국 국군의 창군 요원으로 자처하는 비정상적 상황이 전개되어 왔다.

더욱이 대한민국 국군은 성장 과정에서 구군부의 헤게모니 시대와 신군부의 헤게모니 시대가 전개되었기 때문에 제도적 군부의 정통성 인식은 정치적 군부의 정통성 인식에 영향을 받아 민족사적 정통성을 제고시키는 데지장이 초래되었다. 정치적 군부인 5·16세력(구군부 세력)이 제3공화국의 헌법을 제정하면서 1948년의 헌법 전문에서 선언한 "기미 3·1운동으로 대한민국을 건립하여 세계에 선포한 위대한 독립정신을 계승하여"라는 임시정부의 정통성 부분을 삭제하고, '3·1운동의 숭고한 독립정신'이라는 표현만 남기고 '4·19의거와 5·16혁명의 이념에 입각'하여 라는 표현을 새로 추가시켰다.

이는 1972년의 유신헌법이나 1980년 제5공화국 헌법에 그대로 지속되어 왔으며, 6·10민주항쟁 후 여·야 합의로 제6공화국 헌법제정 시에 비로소 "3·1운동으로 건립된 대한민국 임시정부의 법통을 계승하고"라고 바로잡았던 것이다. 그러므로 1961년부터 1987년까지 제도적 군부의 정통성 인식은 정치적 군부의 정통성 인식과 그 맥을 같이 했을 소지(素地)가 있었을 뿐아니라 정치적 군부의 정통성 인식이 만들어 낸 사회적 분위기에 민감한 반응을 시현했을 수도 있었을 것이다.

나아가 미군정은 해방공간에서 경비대를 육성하면서 전통 군대의 명맥을 역사적으로 이어온 광복군 출신을 도외시하고 반독립투쟁전선에서 복무한 일본군 출신이 대종을 이루도록 경비대를 창설함으로써 창군사가 비뚤어지게 전개되어 나갔다. 그 결과 광복군의 정통성을 계승해야 할 국군 중의 일부가 경비대모체론을 신봉하게 되는 비정상적 상황이 전개되도록 만든 결과를 빚었다. 이러한 맥락에서 우리의 국군은 정통성의 인식에 있어 문제점을 지닐 수밖에 없었다.

첫째, 우리 국군 중에는 국군의 정통성이 현행 헌법정신에 따른 법제도이며 법규범이라는 사실을 모르는 자들이 많다. 우리의 헌법 전문에 우리 정부는 "대한민국 임시정부의 법통을 계승한다"고 명시하고 있기 때문에 우리 국군은 당연히 임정의 국군인 광복군의 정통성을 계승해야 하는 것이다. 이는 국가와 그 기구인 군대가 정통성을 공유해야 하기 때문인 것이다.

둘째, 우리 국군은 군맥을 전통 군대의 명맥을 역사적으로 이어온 측이나 민족독립운동의 선상에 있는 측에서 찾아 체계화하려는 열정이 결여되어 있다. 우리 국군의 정통성을 현행 헌법정신에 따른 법제도·법규범으로 보지 않고 역사 연구의 대상으로만 본다고 해도 군맥은 의당 대한제국 국군 → 의병 → 독립군 → 광복군 → 대한민국 국군으로 이어지도록 체계화시켜야 할 것인데, '역사의 단절론'과 '경비사모체론'에 휘둘려 국군의 정통성과 정체성을 찾지 못하고 심지어 국군의 연원을 반독립투쟁전선에서 찾는 우를 범하는 자들이 있다.

셋째, 대한제국의 붕괴와 일제의 식민통치에 의한 역사의 단절론은 일제에의 저항을 우리의 자산으로 인식하지 못한 소치(所致)에서 비롯되었다고 할 것이다. 일제의 식민지시기에도 민족사는 결코 단절된 적이 없었고, 무관의 양성을 예로 들면 대한제국 무관학교에 이어 신흥무관학교가 설립되어 3,500명의 무관을 양성하였으며, 그 후에는 해방을 맞을 때까지 임정과 노병회의 주선으로 1,300여 명이 중국군관학교에서 양성되었다. 그리고 '경비사모체론'에 의하면 "한말의 무관학교와 독립전쟁기의 무관학교들이 법제사적 측면에서 해방 후의 육군사관학교 창설과는 연대성이 없었다"고 주장하는 집단이 없지 않지만 임시정부에서는 1919년 11월 국무회의에서 "서로군정서와 한족회를 임정의 군사조직으로 편입시킨다"는 등 많은 독립군단들을 임정 산하의 군사조직으로 편입시킨 바 있었기 때문에 이들이 육사 창설과 연대성이 없었다고 볼 수는 없는 것이다.

넷째, 우리 국군은 성장 과정에서 구군부의 헤게모니 시대와 신군부의 헤게모니 시대의 전개에 직면했기 때문에 정치적 군부의 정통성 인식에 의해 많은 영향을 받아 문민우위(文民優位)의 민군관계 원칙에 어긋나는 행위 양태를 시현하기도 하였다. 6·10민주항쟁 후 여·야의 합의로 제6공화국 헌법을 제정할 때에 임시정부의 법통성 부분을 부활시켰음에도 육군사관학교에서는 1996년에 『육군사관학교 50년사』를 펴내면서 육군사관학교의 모체를 경비사관학교라고 선언한 1978년의 『육군사관학교 30년사』 시각을 수정 없이 그대로 지속시키는 우를 범하고 있다.

다섯째, 육군사관학교에서는 정통성의 판별 기준을 이념이나 정신 등 형이상학적 차원에 두지 않고, 기능이나 수단 등 형이하학적 차원에 두었기 때문에 자주독립정신은 외면의 대상으로 인식하게 된 데 반해, 평화안보 수단은 부각의 대상으로 인식하게 된 것으로 보인다. 육군사관학교에서는 국군의 전통을 우리 전통 군대와 명맥을 역사적으로 이어온 바가 있는 정규군대에서 찾아야 하지 그러한 명맥을 역사적으로 이어온 바가 없는 미군정의 경비대에서 찾아서는 안 될 것임에도 미군정이 육사의 창설에 대한 기여도가 높았다는 수단적 차원을 감안하여 경비사를 육사의 모체로 삼음으로써 국군의 광복군 정통성 계승 노력에 찬물을 끼얹었다고 할 것이다.

논의야 여하튼 우리 국군의 정통성 계승 문제는 우리 국군의 미래지향적 발전과 직결되는 문제인데, 육사전통위원회의 정통성 인식은 특히 문제가 되는 것이다. 첫째, 우리 국군이 통일 과정과 통일 후에 민족군(民族軍)으로서 부끄럽지 않기 위해서는 국군의 맥(脈)에 대한 심오한 이해를 필요로 하는데, 육사전통위원회에서는 국군의 맥을 의병 → 독립군 → 광복군으로 체계화시킴에 부정적이다. 둘째, 『육군사관학교 30년사』를 편찬할 때 5대기조 중 하나를 '육사 존립의 정통성'으로 내세웠음에도 육사전통위원회에서는 국가와 그 기구가 정통성을 공유(共有)해야 한다는 사실을 부정하고 있는 실정이다.

셋째, 우리 국군이 미래지향적 선진군대로 나가기 위해서는 과거의 역사와 경험을 바탕으로 창조성을 발휘해야 할 것이며, 그러기 위해서는 역사의 단절론(斷絶論)에서 탈피할 뿐 아니라 일제에의 저항을 민족의 자산(資産)으로 인식해야 할 것이나 육사의 전통위원회는 이에 관해 부정적이다. 넷째, 장차 북한과의 정통성 논쟁에 있어 그 판별기준을 육사전통위원회에서처럼 합법성(legitimacy)에 두지 않고 올바른 계통(orthodoxy)에 둔다고 하면 백두혈통과 빨치산계통에 정통성을 부여하는 북한 측과 충돌이 불가피하게 제기되어 논쟁의 목적 즉 "시시비비를 따져 그 본질이 같다"는 것을 규명하기가 어려울 것이다.

이러한 맥락에서 우리 국군은 광복군의 정통성을 계승할 수 있는 정신적 바탕을 마련해야 할 것이며, 그러기 위해 정통성에 관한 잘못된 인식부터 수정해야 할 것이다. 즉 군부 내에서의 정통성 인식에 있어서의 문제점은 군영 및 경비사 출신들이 고령이어서 점차로 자연사하게 되면 해소되어 갈 것으로 전망되지만, 군부에 잘못 파급된 정통성 인식을 수정하기 위해서 ① 정통성 개념의 국가와 그 기구의 공유, ②민족독립운동 선상에서의 군맥의 체계화, ③수단보다 목적을 중시하는 정통성의 판별기준을 견지토록 교육해야 할 필요가 있다.

참고문헌

고정훈. 『비록 軍(상)』. 동방서원, 1967.

공군본부 전사편찬실. 『공군발전약사(空軍發展略史)』. 1954.

국가보훈처 편. 『독립운동사 제4권(임시정부사)』. 1975.

_____. 『독립운동사 제6권 ― 독립군전투사(하)』. 1979.

국가보훈처. 『100년만의 만남 신흥무관학교』. 2011.

국군보안사령부. 『대공삼십년사』. 1978.

국방부 전사편찬위원회. 『한국전쟁사 제1권』. 1977.

국방부. 『국방백서 1988』. 1988.

_____. 『국방사 III』. 1990.

국사편찬위원회 편. 『한국독립운동사, 3권』. 1967.

국사편찬위원회. 『자료 대한민국사(제1권~제7권)』. 탐구당, 1970.

_____. 『한국독립운동사, 자료 I』. 탐구당, 1970.

_____. 『대한민국 임시정부 의정원 문서』. 1974.

_____. 『한국현대사』. 탐구당, 1982.

국회도서관 편. 『한국민족운동사료』 중국편. 1976.

김국태 옮김. 『해방 3년과 미국 I , 미국의 대한정책 1945~1948』. 서울: 돌베개,
    1984.

김국헌. 「국방정책」. 『국방연구』 제41권 제1호. 1998.

김승학. 『한국독립사 (상)』. 통일문제연구회, 1972.

김점곤. 『한국전쟁과 노동당전략』. 박영사, 1973.

김정명. 『한국독립운동 II』. 동경 원서방, 1967.

김정열. 『김정열회고록』. 을유문화사, 1993.

김준엽·김창순. 『한국공산주의운동사(韓國共産主義運動史)』 제4권. 청계연구소, 1986.

김창수. 「한국 광복군의 조직과 그 활동」. 독립기념관 개관 1주년 기념 심포지엄. 1988.

김창순. 『북한 15년사』. 지문각, 1961.

김한길. 『현대조선력사』. 평양: 사회과학출판사, 1983.

노경채. 「광복군의 창설과 활동」. 『한민족독립운동사』 3. 국사편찬위원회, 1988.

노태우. 『노태우 회고록－상권』. 조선뉴스프레스, 2011.

독립운동사편찬위원회 편. 『독립운동사 자료집 제10권』. 1980.

문일평. 『한미오십년사』. 탐구당, 1975.

민주주의민족전선. 『해방조선 I』. 1946.

박은식. 『한국독립운동지혈사 (상)』. 서문당, 1975.

박재규. 『냉전과 미국의 대아시아정책』. 박영사, 1980.

백선엽. 『군과 나』. 대륙연구소, 1989.

삼균학회. 『소앙선생문집 (상)』. 횃불사, 1979.

서대숙. 『북한의 지도자 김일성』. 청계연구소, 1989.

송건호 외. 『해방전후사의 인식』. 한길사, 1979.

송남헌. 『해방 3년사 II』. 서울: 까치글방, 1985.

시사연구소. 『시사자료 광복20년사』. 1975.

신재홍. 『독립군의 전투』. 민국문화협회, 1980.

_____. 「독립군과 광복군」. 제6회 학술연구발표회. 삼균학회, 1989.

_____. 「독립군의 편성과 맥락」. 『현대사 속의 국군』. 전쟁기념사업회, 1991.

_____. 「독립전쟁」. 『현대사 속의 국군』. 전쟁기념사업회, 1991.

양호민. 『북한의 이데올로기와 정치 I』. 고려대 아시아문제연구소, 1967.

온창일. 『한민족전쟁사』. 집문당, 2000.

육군본부. 『창군전사』. 1980.

_____. 『국군의 맥』. 1992.

육군본부 군사감실. 『공비토벌사(共匪討伐史)』. 1954.

_____. 『육군역사일지: 1945~1950』. 1954.

_____. 『육군발전사 제1권』. 1955.

육군사관학교. 『육군사관학교 30년사』. 1978.

윤 우. 「8·15는 광복이다」. 『광복회보』. 1994.

_____. 「독립항쟁의 특성과 자발적 헌신의 민족사적 가치」. 『순국』. 2012.

윤병석. 『독립군사』. 지식산업사, 1990.

이기동. 『비극의 군인들』. 일조각, 1982.

이기하. 『한국정당발달사』. 의회정치사, 1961.

이선근. 『대한국사 7』. 신태양사, 1973.

_____. 『대한국사 8』. 신태양사, 1973.

_____. 『대한국사 10』. 신태양사, 1973.

이연복. 「광복군의 참전」. 『한미수교 100년사』. 1982.

이응준. 『자서전 회고 90년: 1890~1981』. 선운기념사업회, 1982.

이재화. 『한국 근·현대 민족해방운동사』. 백산서당, 1988.

이종학. 「대한민국임시정부의 군사활동」. 『한국사론(韓國史論)』 10. 국사편찬위원
　　　회, 1981.

이현희. 『임정과 이동녕 연구』. 일조각, 1989.

_____. 「중경 임정과 한국광복군 연구」. 『군사(軍史) 제22호』. 1991.

이호재. 『한국외교정책의 이상과 현실(제3증보판)』. 법문사, 1980.

전쟁기념사업회. 『현대사 속의 국군』. 1990.

채근식. 『무장독립운동비사』. 대한민국 공보처, 1949.

최병옥. 「국군의 정통성을 논함」. 『군사(軍史) 제21호』. 1990.

최창규. 『새한민족사』. 금오출판사, 1974.

한국광복군동지회. 『한국광복군약사』. 1989.

한국일보사 편. 『재발굴 한국독립운동사』. 1987.

한시준. 「신흥무관학교 이후 독립군 군사간부 양성」. 『신흥무관학교와 항일무장독립
　　　운동』. 신흥무관학교 100주년 기념사업회, 2011.

한용원. 『군사발전론』. 박영사, 1969.

_____. 『현대군대』. 학림출판사, 1975.

_____. 『창군』. 박영사, 1984.

_____. 「국군」. 『현대사 속의 국군』. 전쟁기념사업회, 1990.

_____. 「국군의 정통성」. 『국군의 맥』. 육군본부, 1992.

_____. 「대한민국 국군」. 『국군의 맥』. 육군본부, 1992.

_____. 『한국의 군부정치』. 대왕사, 1993.

_____. 「5·10총선거를 둘러싼 좌우익 간의 투쟁」. 『한국사 시민강좌 38』. 일조각,
　　　2006.

_____. 「건국과 건군」. 『시대정신 39』. 2008.

_____. 『남북한의 창군』. 오름, 2008.

해군본부. 『해군 30년사 1945~1975』. 삼화인쇄(주), 1978.

해군본부 전사편찬관실. 『대한민국 해군사』 행정편 제1집. 1994.

허동찬. 『김일성 항일투쟁공방』. 도서출판 원일정보, 1989.

화랑대연구소. 『한국군과 국가발전』. 1992.

김삼웅. 「대한제국 육군무관학교와 신흥무관학교」. 『신흥무관학교와 항일 무장독립운동』. 신흥무관학교 100주년 기념사업회, 2011.

김상기. 「민족사를 통해서 본 의병의 역할과 평가」. 『의병정신 나라사랑 국민정신』. 의병정신선양회, 2012.

김홍대. 「소만국경(蘇滿國境)의 한국의용군」. 『사상계』. 1968.

서중석. 「민족운동사에서 차지하는 신흥무관학교의 위상」. 『신흥무관학교와 항일무장독립운동』. 신흥무관학교 100주년 기념사업회, 2011.

윤경로. 「1910년대 독립군기지 건설운동과 신흥무관학교」. 『신흥무관학교와 항일무장독립운동』. 신흥무관학교 100주년 기념사업회, 2011.

이원순. 「광복50년사의 역사적 조명」. 『광복50주년기념 종합학술대회 발표논문집』. 한국학술진흥재단, 1995.

조동걸. 「임시정부 수립을 위한 1917년 대동단결 선언」. 『삼균주의 노선』. 삼성출판사, 1990.

조항래. 「항일투쟁과 한국군의 맥락」. 대한민국 임시정부수립 제71주년 기념 학술발표회 논문. 한국학술진흥재단, 1990.

한용원. 「조소앙과 국군의 정통성」. 무오대한독립선언서 선포 제72주년 기념식 및 학술심포지엄 논문집. 삼균학회, 1991.

_____. 「국군 50년: 창군과 성장」. 『국방연구』 제41권 제1호. 국방대학교 안보문제연구소, 1998.

_____. 「대한민국 국군의 창설과 신흥무관학교의 정통성 계승」. 『신흥무관학교와 항일무장독립운동』. 신흥무관학교 100주년 기념사업회, 2011.

_____. 「신흥무관학교기념사업회의 주요 과제에 관하여」. 신흥무관학교기념사업회 창립총회 기조강연문. 2012.

_____. 「신흥무관학교와 대한제국육군무관학교출신 독립운동가들」. 『신흥무관학교, 어떤 인물들이 참여했나?』. 신흥무관학교기념사업회, 2012.

「오광선 장군」. 『신동아』, 1971년 2월호.

『독립신문』 제32호, 1919년 12월 25일자.

『조선민족운동연감』. 1995.
『증보 정치학대사전』. 박영사, 1983.

Appleman, Roy E. "South to the Naktong, North to the Yalu: June-November 1950." *United States Army in the Korean War*. Washington: USGPO (United States Government Printing Office), 1961.

Bradford Jr., Zeb B., & Frederic J. Broun. *The United States Army in Transition*. New York, 1973.

Cumings, Bruce. *The Origins of the Korean War, Liberation and the Emergence of Separate Regimes, 1945~1947*. Princeton: Princeton University Press, 1981.

Department of State. *Foreign Relations, Conferences at Cairo and Teheran, 1943*. Washington: USGPO, 1951.

_____. *The Conflict in Korea, Events Prior to the Attack on June 25, 1950*. Washington: USGPO, 1951.

_____. *The Record on Korean Unification 1943~1960*. Washington: USGPO, 1960.

_____. *North Korea: A Case Study in the Techniques of Takeover*. Washington: USGPO, 1961.

Fleming, Denna F. *The Cold War and Its Origin: 1917~1960*. Garden City: Doubleday, 1961.

Foreign Relation, Vol.VIII. 1946.

G-2 Summary, HQXXIV Corps. 1947.

Han, Sung Joo. *The Failure of Democracy in South Korea*. Berkeley: University of California Press, 1974.

Henderson, Gregory. *Korea: The Politics of the Vortex*. Cambridge: Harvard University Press, 1968.

Hoag, C. Leonard. *American Military Government in Korea — War Policy and the First Year of Occupation 1941~1946*. Washington: USGPO, 1970.

Janowitz, Morris. *The Professional Soldier*. Glencoe: Free Press, 1960.

_____. *The Professional Soldier: A Social and Political Portrait*. New York, 1961.

_____. *The Military in the Political Development of New Nations: An Essay in Comparative Analysis.* University of Chicago Press, 1964.

Kim, Se Jin. *The Politics of Military Revolution in Korea.* Chapel Hill: University of North Carolina Press, 1971.

McCune, George M. *Korea's Postwar Political Problems.* New York: Institute of Pacific Relations, 1947.

_____. *Korea Today.* Cambridge: Harvard University Press, 1950.

Meade, E. Grant. *American Military Government in Korea.* New York: King's Crown Press, 1950.

Paige, D. Glenn. *The Korean Decision-June 24~30 1950.* New York: The Free Press, 1968.

Sawyer, Robert K. *Military Advisors in Korea: KMAG in Peace and War.* Washington: USOCMH, 1962.

Schnabel, James F. *Policy and Direction: The First Year, United States Army in the Korean War.* Washington: USGPO, 1972.

Smith, Dale O. *U.S. Military Doctrine.* New York, 1956.

Suh, Dae-Sook. *The Korean Communist Movement, 1918~1948.* Princeton: Princeton University Press, 1967.

Truman, Harry S. *Years of Trial and Hope: 1946~1952.* Memoirs. Garden City, New York: Doubleday, 1967.

사항 색인

| ㅌ |

| ㅊ |

| ㅍ |

| ㅎ |

인명 색인

지은이 소개

한용원

【학력 및 주요 경력】

❖ 학력
- 1959.2~1963.2   육군사관학교 이학사
- 1965.3~1967.2   서울대학교 문리과대학 사학과 문학사
- 1967.3~1969.2   서울대학교 대학원 정치학과 정치학 석사
- 1978.3~1983.2   고려대학교 대학원 정외학과 정치학 박사

❖ 주요 경력
- 1967.2~1969.10 육군사관학교 교수부 전사학과 강사 및 전임강사
- 1973.3~1978.2   경남대학 극동문제연구소 정책전략연구위원(전임강사급)
- 1984.3~1985.8   경남대학 극동문제연구소 정책전략연구위원(조교수급)
- 1985.9~1991.9   한국교원대학교 윤리교육과 부교수
- 1991.10~2004.2 한국교원대학교 윤리교육과 교수

- 1990.1~1990.12   한국정치교육학회 충청지회장
- 1990.11~1992.10   한국사회교육학회 회장
- 1991.9~1992.8   한국이념교육교수협의회 부회장
- 1993.1~1993.12   한국정치학회 충청지회장
- 1996.1~1996.12   한국정치학회 감사
- 1997.1~1997.12   한국국제정치학회 감사
- 1999.1~1999.12   한국국제정치학회 충청지회장
- 1987.7~2002.7   민주평통자문위원
- 2004.4~현재   제주4.3위원회 중앙위원 겸 소위원회 위원
- 2010.1~2010.6   중학교 도덕2 심의위원장, 「한국교육과정 평가원」
- 2011.1~2011.12   신흥무관학교 창설 100주년 기념사업회 공동대표
- 2012.1~현재   신흥무관학교 기념사업회 공동대표
- 2013.4~현재   우성 박용만 선생 기념사업회 회장(상임대표)

【주요 저서 및 주요 논문】

❖ 주요 저서

- 『군사발전론』(박영사, 1969).
- 『현대군대』(학림출판사, 1975).
- 『창군』(박영사, 1984).
- 『공산주의와 급진주의』(박영사, 1986).
- 『민중민주주의의 정체』(박영사, 1987).
- 『통일을 위한 북한연구』(박영사, 1989).
- 『한국의 군부정치』(대왕사, 1993).
- 『북한학』(오름, 1998).
- 『통일정책·교육론』(오름, 2002).
- 『남북한의 창군: 미·소의 역할을 중심으로』(오름, 2008).

- 『현대사조와 한국사회』(공저, 형설출판사, 1987).
- 『오늘의 공산세계』(공저, 형설출판사, 1987).

- 『공산권체제론』(공저, 형설출판사, 1988).
- 『한국정치의 민주화』(공저, 법문사, 1989).
- 『한국현대정치론 I 』(공저, 나남, 1990).
- 『현대사 속의 국군』(공저, 전쟁기념사업회, 1990).
- 『한국의 자본주의와 민주주의』(공저, 법문사, 1992).
- 『남북한과 국제정치』(공저, 서울프레스, 1992).
- 『국군의 맥』(공저, 육군본부, 1993).
- 『한국현대정치론 II 』(공저, 오름, 1996).
- 『한국정치의 재성찰』(공저, 한울, 1996).
- 『한국현대정치론 I (증보판)』(공저, 오름, 2000).
- 『21세기의 남북한 정치』(공저, 한울, 2000).
- 『남북한의 최고지도자』(공저, 백산서당, 2001).

❖ 주요 논문
- 「군의 조직변화가 민군관계에 미치는 영향」, 서울대학교 대학원 석사학위논문, 1968.
- 「현대적 군인의 사회적 영향」, 육군사관학교 논문집 7, 1969.
- 「한국군의 창군과정과 미군의 역할」, 고려대학교 대학원 박사학위논문, 1982.
- 「한국사회와 급진주의」, 『현대사회』(1986 여름), 현대사회연구소, 1986.6.
- 「이념교육에 있어 고등학교와 대학의 연계성 문제」, 『대학사회와 이데올로기』 제1집, 대학이데올로기 비판교육 교수협의회, 1986.12.
- 「민중민주주의론」, 대학이데올로기 비판교육 교수협의회 논문집, 1987.7.
- 「러시아혁명의 과거와 현재」, 『대학사회와 이데올로기』 제3집, 1987.11.
- 「공산권의 변화실상」, 『대학사회와 이데올로기』 제4집, 1987.12.
- 「미국사회의 정치사회화에 관한 연구」, 교원대 교수논총, 1987.12.
- 「한국에서의 통일논의」, 숙명대통일논총, 1988.5.
- 「구미의 신좌파운동과 국내좌경운동과의 비교」, 『국제조사문제연구소 정책연구』 88년 4호, 1988.6.
- 「한국정치에 있어서 군의 역할」, 한국정치학회 학술회의 논문집, 1988.8.
- 「휴전협상과 제네바정치회담」, 『사상과 정책』, 경향신문사, 1989.6.
- 「대한민국 국군의 창설과 광복군의 정통성 계승」, 삼균학회 논문집, 1989.11.
- 「자유민주주의 발전과 당면과제」, 민주평화통일자문회의 논문집, 1989.11.

• 「변혁의 주체는 중산층」, 『89이념논단』, 한국이념교육교수협의회, 1989.11.
• 「노사분규와 정치적 노동운동」, 『89이념논단』, 한국이념교육교수협의회, 1989.12.
• 「민주화와 통일의 과제」, 한국정치교육학회 논문집, 1990.7.
• 「선진국으로의 도약을 위한 한국의 민주화」, 한국미래연구학회 논문집, 1990.5.
• 「한국전쟁에서 휴전협상의 쟁점」, 『90민족논단』, 한국이념교육교수협의회, 1990.6.
• 「북한의 개혁과 개방의 실상」, 한국이념교육교수협의회 논문집, 1990.7.
• 「제1공화국시대의 민군관계」, 『국방논집』 제12호, 한국국방연구원, 1990.12.
• 「군전문직업주의의 발전방향」, 『국방연구』 제1집 제2호, 국방대학원, 1990.12.
• 「조소앙과 국군의 정통성」, 삼균학회 논문집, 1991.1.
• 「군부의 정치개입과 그 내부의 파벌」, 『광장』 202호, 세계평화교수협의회, 1991.6.
• 「자율화시대에 있어서 민방위 운영의 개선 발전 방향」, 내무부 중앙민방위학교,
  민방위행정세미나 기조강연논문, 1991.8.
• 「교육적 시각에서의 미래사회 교련교육」, 중등교련교육연구회, 교련교육세미나
  기조강연논문, 1991.10.
• 「한국 군부의 정치개입과 권위주의 정치」, 한배호 교수 회갑기념 논문집, 법문
  사, 1991.11.
• 「한반도의 군사력과 군비통제」, 청주대 국제문제연구소 학술회의 논문집, 1991.11.
• 「남북한의 유엔가입과 한반도 통일전망」, 한국자유총연맹 논문집, 1991.12.
• 「민자당의 파벌구조 및 정치성향과 민주화」, 한국정치학회 91 학술회의 논문집,
  1991.12.
• 「한국군의 파벌구조와 민군관계」, 민군관계 워크숍 논문집, 인하대 국제관계연
  구소, 1992.5.
• 「민주화시대의 한국시민문화 발전연구」, 『성곡논총』 제23집, 성곡학술재단,
  1992.6.
• 「통일환경의 변화와 통일교육의 방향」, 김갑철 교수 회갑기념 논문집, 형설출판
  사, 1992.6.
• 「북한의 주체사상이론에 관한 연구」, 북한의 사회과학이론에 관한 연구, 한국교
  원대 사회과학연구소, 1992.12.
• 「북한의 대내정치이론에 관한 연구」, 북한의 사회과학이론에 관한 연구, 한국교
  원대 사회과학연구소, 1992.12.
• 「한민족 공동체 실현을 위한 통일환경 조성방안」, 통일세미나 논문집, 서원대
  사회과학연구소, 1993.5.
• 「북한의 핵 잠재능력과 남북한 관계」, 『사회과학연구』 제3집, 한남대 사회과학

연구소, 1993.5.
- 「창군과 국군의 정통성」, 제7회 국제학술심포지엄 논문집, 육사화랑대연구소, 1993.10.
- 「북한의 핵무기 개발과 한국의 안보」, 93남북관계조명학술세미나 논문집, 한국 자유총연맹, 1993.11.
- 「국군의 날 개정논의에 관한 소고」, 국군의 날 개정 검토안, 전쟁기념사업회, 1994.5.
- 「한국안보의 자주성과 종속성」, 제4회 한국정치세계학술대회 논문집, 한국정치 학회, 1994.7.
- 「건군의 역사와 국군의 정통성에 관한 이해」, 정신전력교육자료집, 국방대학원 안보문제연구소, 1994.8.
- 「김일성 사후 북한의 체제변화와 통일의 전망」, 94통일문제학술세미나 논문집, 원광대통일문제연구소, 1994.10.
- 「한국의 정치변동과 군부의 역할」, 제5회 한국정치세계학술대회 논문집, 한국정 치학회, 1996.6.
- 「남북한관계: 한국의 대북정책」, 『호남정치학회보』 제8집, 호남정치학회, 1996.12.
- 「한국경제의 침체요인과 희생요건」, 『새마을연구』 제5집, 한국교원대 새마을연 구소, 1996.12.
- 「건군과 한국군 군대문화: 전통과 유산」, 한국군 군대문화의 회고와 발전적 정 립, 화랑대연구소, 1998.6.
- 「박정희 대통령: 리더십과 치적공과, 남북한 정치지도자의 리더십과 치적공과」, 충청정치학회, 1998.6.
- 「북한의 이념과 체제의 상관관계와 변화전망」, 『교수논총』 제14권 제1호, 한국 교원대학교, 1998.6.
- 「군·사회관계 50년: 국가발전과 군의 역할」, 『한국군의 비전과 과제』, 한국국 방연구원, 1998.9.
- 「남한의 군사력과 군사정책」, 『한국군 50년과 한반도 안보환경』, 한국국제정치 학회, 1998.9.
- 「21세기 민군관계의 바람직한 모형: 비교정치학적 관점에서」, 『건국 50년과 한 국안보』, 한국정치학회, 1998.10.
- 「제2건국운동의 의의와 과제 방향」, 『새마을연구』 제6권, 한국교원대새마을연 구소, 1998.12.

- 「건국 50년 한국군이 국가발전에 미친 영향」, 『군사』 37호, 국방군사연구소, 1998.12.
- 「통일을 대비한 교과교육」, 연구보고 RR97-V-10, 한국교원대교과교육공동연구소, 1999.2.
- 「통일이념으로서의 삼균주의」, 『삼균주의 연구논집』 제25집, 삼균학회, 2004.2.
- 「군과 정치의 바람직한 관계 정립 방향」, 『한국군사』 제20호, 한국군사문제연구원, 2005.6.
- 「한국군 기원의 재조명」, 『국군 60년: 건군·성장·현재·미래』, 한국정치학회, 2005.11.
- 「5·10선거를 둘러싼 좌우익 간의 투쟁」, 『대한민국건국사의 새로운 이해: 한국사 시민강좌』 제38집, 일조각, 2006.2.
- 「대한민국 국군의 창설과 신흥무관학교의 정통성 계승」, 신흥무관학교와 항일무장독립운동, 신흥무관학교 100주년 기념사업회, 2011.6.
- 「신흥무관학교와 대한제국육군무관학교 출신 독립운동가들」, 『신흥무관학교, 어떤 인물들이 참여했나?』, 신흥무관학교기념사업회, 2012.6.
- 「신흥무관학교기념사업회의 주요과제에 대하여」, 기조강연문, 신흥무관학교기념사업회, 2012.6.